40の名詞からひろげる
中級者のための
フランス語

田中幸子　川合ジョルジェット

fois　cas　cours　face　pied
occasion　sens　bras
sujet　sorte　air　façon
tour　point　intention　cause
coup　rapport　effet　place　question
manière　fin　raison　chose　bout
tête　côté　main
vue　mesure　instant　part
mal　peine
droit　temps　compte　moment
lieu

40
mots dans tous les sens

白水社

装幀・本文デザイン　森デザイン室

はじめに

　これまでフランス語で最もよく使っているのは、どんなことばでしょうか。基本の動詞 être や avoir、à や en, sur, dans などの前置詞、疑問詞や代名詞、そしていくつかの名詞が頭に浮かんでくるのではないでしょうか。フランス語の世界はいろいろな種類の木の生えている深い森。学ぶ道筋を迷子にならずにたどっていきたいものですね。

　この本では、フランス語のコミュニケーションによく使われる頻度の高い名詞をとりあげ、名詞を土台にして、どんなふうに表現をひろげていくことができるのかをまとめました。

　air, bout, cas, cours, effet, face, lieu, moment, point, rapport, sens...。40 の名詞は、フランス語を読んでいても、話したり聴いたりするときにも、たびたび登場して、いろいろな姿を見せてくれます。フランス語の森のなかで、ひときわ美しく枝を広げている「大きな木々」のような存在です。

　毎日どこかで出会う「顔見知り」なのに、今まで近くで見ることもなく通り過ぎてしまったかもしれません。辞書で調べても例文があまり見つからずに「だいたいの意味」を想像していただけだったら、もったいないことです。冠詞や前置詞、動詞との組み合わせで、異なる意味やシチュエーションを限りなく生み出す力を持つ名詞。使い慣れた基本の意味から、「成句」といわれる表現、そしてコミュニケーションの組み立てに「めりはり」を与えてくれる使いかたまで。いろいろな例文や練習問題、コラムの解説で触れ合い、経験して、着実に次の段階へと進む足がかりにしてください。

　これからまだずっとフランス語と歩き続ける道のりが、ますます味わい深いものになりますように。

2023 年春　著者

目次

40
mots
dans
tous
les
sens

この本の使い方

　各課は 4 ページで構成されています。1 ページ目から 3 ページ目では、その名詞の基本的な意味や成句、応用表現などを実践的な例文とともに学んでいきます。同じ名詞を使っていても、組み合わせる冠詞や前置詞、動詞によって異なる意味になりますので、注意が必要です。まるごと覚えていきましょう。

各課の冒頭では、その名詞の語源や様々なことばへと展開した生い立ちを紹介しています。今のフランス語で使われるいろいろなことばのあいだの関係を理解する助けになるでしょう。

基本的な 40 の名詞をとりあげます。

29　place

place囡 の語源はギリシア語で「大きな通り、広い空間」を意味する plateia、ラテン語で「公共の場所」を意味する platea です。この同じことばが piazza（イタリア語）、placer（イスパニア語）、plaza（英語）という形をとりました。platea から place（場所、空間、座席、広場）、placer（置く、据える、位置付ける）、さらに remplacer（置き換える）、emplacement團（用地、跡地）のようなことばへと展開しました。物理的な「場所、スペース、席」という意味だけでなく、「～のかわりに、～の立場に立って」などの意味も幅広く表現できることばです。

場所、位置
rester [revenir] à la même place　同じ場所にとどまる [戻ってくる]
remettre qch en place [à sa place]　～をいつもあるところ [元の場所] に戻す
trouver sa place　自分にふさわしい場所をみつける

Tu nettoies la casserole et tu la rangeras *à sa place* dans l'armoire.
　鍋を洗って、戸棚の定位置に戻してね。

Je ne trouve plus le dossier
　あのファイルが見つからない

ラベルでは、その名詞の基本的な意味やよく使う言い回しを紹介しています。例文で使いかたをよく観察してみましょう。

mettre qch en place
se mettre en place

Mettez-vous en place, s'il vous plaît, on fait une photo de groupe maintenant.
　グループ写真を撮影しますので、どうぞ並んでください！

L'équipe de techniciens travaille pour *la mise en place* du nouvel équipement.
　技術者のチームが新しい設備を設置するため働いている。

スペース、空間、余地　de la place [= de l'espace]
avoir [prendre] de la place　スペースがある [スペースをとる]
faire de la place　空間をあける　　manquer de place　スペースが足りない

ポイント　「空間」を分量としてとらえるので複数で使わないことに注意。

Dans notre voiture, on n'a plus du tout *de place* dans le coffre ! C'est archi plein.
　うちの車のトランクには、もう全然スペースがないよ！　もうばんぱいだ。

Pour gagner *de la place* pour le texte sur cette page, il n'y a qu'à supprimer une ou deux photos.
　このページにもっと文字を入れるスペースを稼ぐには、写真を 1 枚か 2 枚、削除するだけで良い。

120

席
un canapé 3 places　3人掛けのソファー
réserver une place de concert [pour un concert]　コンサートに席を予約する
trouver une place dans le parking　駐車場に場所を見つける

On a réservé *des places* en première classe, côté fenêtre. C'est le train de 18h45.
　一等車の窓側に席をとりました。18 時 45 分発の列車です。

La pianiste Mitsuko Uchida va donner un concert dans un hall de 2000 *places*.
　ピアニストの内田光子が 2000 人収容のホールでコンサートをする。

地位　[= poste, emploi, fonction]
順位　[= rang dans un classement, un concours, une compétition]
obtenir [refuser] une place　職を得る [断る]　　perdre sa place　（自分の）職を失う
avoir une place intéressante　収入が良く有利な職に就いている

Il cherche *une place* de comptable mais ce n'est pas facile de trouver un emploi bien payé et stable.
　彼は会計士のポジションを探しているが、給料が良く安定した職を見つけるのは簡単ではない。

Félicitations ! Vous avez eu *la première place* à l'examen final.
　おめでとう！　あなたは最終の試験で一番の成績をおさめました。

広場
la place du village [du marché]　村の [市場の立つ] 広場
la Place Vendôme　ヴァンドーム広場　la Place Rouge à Moscou　モスクワの赤の広場

Je connais un très bon restaurant vietnamien près de la *Place d'Italie*.
　イタリー広場のそばに、とても美味しいベトナムレストランがある。

On n'oubliera jamais ce qui s'est passé *Place Tian'anmen* en juin 89.
　天安門広場で 89 年 6 月に起こったことを、私たちは決して忘れないだろう。

sur place　その場で、現地で

J'ai oublié le chargeur à la maison. Tant pis, je vais en acheter un *sur place* en arrivant là-bas.
　充電器を家に忘れてしまった。しょうがない、向こうへ着いたら現地でひとつ買おう。

Le personnel médical a improvisé un hôpital *sur place*.
　医療スタッフは現場に急遽、診療所を設けた。

121

間違えやすいポイントを押さえておくことが、中級への近道です。

6

3ページ目にはコラムを設けました。類語との使い分けやことばの新しい傾向、日々のコミュニケーションに役立つ表現などを紹介しています。

4ページ目は練習問題です。曖昧に覚えていると間違えやすいので、ここでしっかりご自分の習熟度を確認してください。解答と訳は巻末にあります。

名詞から展開した成句は、枠付きで示してあります。冠詞や前置詞、動詞との組み合わせで、いろいろな意味を表現できることを確認してください。

学んだことを確認する練習問題です。文脈や状況を想像しながら、よく似た成句を区別しましょう。

à la place そのかわりに [= en échange, en remplacement]
à la place de qch 〜のかわりに [= au lieu de]

La confiture que tu aimes est terminée. Tu veux du miel *à la place* ?
あなたの好きなジャムが切れてしまった。かわりに蜂蜜を食べる?

On a dû annuler notre rendez-vous le week-end dernier. On prévoit de se retrouver samedi prochain *à la place*.
先週末の約束をキャンセルしなければならなかったので、かわりに今度の土曜日に会う予定だ。

à la place de qn / à + 所有形容詞 **+ place** 〔人に対して〕〜のかわりに
se mettre à la place de qn / à + 所有形容詞 **+ place** 〜の立場になって考える

Madame Hayashi viendra nous rencontrer *à la place de* son collègue.
林さんが同僚のかわりに私たちに会いに来ます。

Qu'est-ce que tu ferais *à sa place* ?
彼(女)の立場だったら、あなたならどうする?

日本語の「場所」とフランス語の place, endroit

「場所」をフランス語で表現しようとするとき、place と endroit を使い分けていることに注意してください。place がもの・人のあるべき場所、空間、定位置を示すのに対して、endroit は広い範囲の中から限定された、特定の地域、界隈、箇所を指します。

※ endroit を使うが place は使わない例
C'est un *endroit* charmant, cette auberge.
あの旅籠は素敵なところだね。
Là, tu trouveras un bel *endroit* pour faire du camping.
キャンプに良い場所があそこなら見つかるよ。
J'ai passé deux jours dans un *endroit* tranquille.
静かなところで2日間過ごしました。

※ place を使うが endroit は使わない例
Au cinéma, je choisis toujours une *place* au fond de la salle.
映画館ではいつも後ろのほうの席を選ぶのだ。
J'ai trouvé ma *place* dans ce groupe d'amis.
この友だちのグループのなかに自分の居場所を見つけた。

ただし、下の例のように、place と endroit どちらでも表現できる場合もあるのです。数多くの例に触れることで少しずつ違いを感じ取って「場所を掴む」ことが必要です。
Aux alentours des gares, c'est vraiment difficile de trouver *de la place* [*une place* / *un endroit*] pour son vélo.
この駅の周辺では自転車を置く場所を見つけるのがほんとうに難しい。

122

---

exercices

1 ( ) の中に入れることばを選びましょう。

de la place	à ma place	à la place	à sa place	sur place	leurs endroits

1. Mathilde est occupée, je suis venue garder votre enfant ( ).
2. Il va venir habiter avec nous, on va lui faire ( ) dans cette pièce.
3. Pas la peine d'emporter des choses à manger, on trouve tout ( ).
4. Ils m'ont parlé de ( ) préférés au Japon.
5. Tu as mal aux dents depuis une semaine ? ( ), j'irais tout de suite chez le dentiste.
6. Mets-toi ( ), c'est vraiment compliqué, cette situation.

2 例のように適切な組み合わせを見つけて、文を完成しましょう。

例 On a renversé le puzzle ——→ il faut remettre toutes les pièces *en place* !

1. Il y a eu une restructuration dans mon entreprise, • • ⓐ laissez un peu *de place* aux autres !
2. A ce concert, il n'y avait que de jeunes ados, • • ⓑ j'ai perdu *ma place*, je suis au chômage.
3. L'entracte est terminé, • • ⓒ *Place* des Vosges à Paris.
4. Serrez-vous un peu plus, • • ⓓ je ne me sentais pas *à ma place*.
5. Il y a la maison de Victor Hugo • • ⓔ je vais préparer du tofu *à la place*.
6. L'appartement est agréable mais avec deux enfants • • ⓕ maintenant, on manque *de place*.
7. Elle ne mange pas de viande, • • ⓖ retournons *à nos places*.

3 place を使って下線部を置き換える表現を考えましょう。

1. Le décor est installé ? Les acteurs prennent position sur la scène... Parfait, on va commencer !
2. Tu aurais de l'espace dans ton garage pour mettre ce gros tracteur?
3. Cette table est trop encombrante dans la pièce. Il faudra la déplacer!
4. Je vais prendre du vin plutôt que de la bière.
5. Cette personne va prendre le poste du président le mois prochain.
6. Ce serait bien de nous retrouver en présentiel, au lieu de la réunion en ligne !

123

コラムでは、類語との使い分け、コミュニケーションの組み立てにめりはりを与えてくれる表現を紹介しています。

学んだ成句を他の表現に置き換える問題です。表現の幅が大きくひろがります。

【参考】ことばの働きについて確かめるためにオンライン辞書やアプリも使ってみてください。
https://www.larousse.fr/dictionnaires/francais/
https://www.antidote.info/fr/antidote-mobile
https://www.synonymes.com
https://www.littre.org/definition
https://context.reverso.net
https://fr.bab.la/exemples/francais

1　air

air 男 の語源は「空気」を意味するギリシア語の *aêr*、ラテン語の *aer* です。*aer* から aérer（換気する）、aéré(e) 形（風通しの良い）、aérien(ne) 形（航空の、空中の、大気の）などへ展開しました。またギリシア語の *aêr* から生まれた接頭辞 aéro- が aérogare 女（空港旅客ターミナル）、aéronautique 形（航空の、航空機の）、aéroport 男（空港）、aérosol 男（スプレー）、aérobic 女（エアロビクス）のようなことばを形づくっています。「空気、大気、風」という意味の他に「様子、態度、表情」という意味もあらわし、応用範囲の広いことばです。

空気、大気、風

courant d'*air* 男 すきま風	**pollution de l'*air*** 女 大気汚染
***air* conditionné** 男 エアコン	**purificateur d'*air*** 男 空気清浄機

Dans les maisons japonaises traditionnelles il est difficile d'éviter ***les courants d'air.***

> 日本の伝統家屋ではすきま風を避けるのが難しい。

La pollution de l'air est un des principaux problèmes de cette ville, ainsi que le manque de logements à un prix abordable.

> 大気汚染は、手の届く価格の住宅の不足と同様、この街の主要な問題のひとつだ。

J'ai laissé allumé ***l'air conditionné*** toute la nuit et j'ai eu les jambes enflées le lendemain matin.

> エアコンを一晩中つけっ放しにしたら、翌朝は脚がむくんでしまった。

le grand *air* 男 外気　　**le bon *air*** 良い空気
l'*air* de la mer [**de la campagne** / **de la montagne**] 海の［田舎の / 山の］空気
prendre l'*air* 散歩に出る [= sortir]　**changer d'*air*** 気分転換する

C'est tellement agréable de camper et de profiter ***du grand air.***

> 山でキャンプをして外の空気を吸うのはほんとうに気持ちが良い。

ポイント! changer d'air（気分転換する）と changer l'air（空気を入れ換える）を混同しないよう注意しましょう。

Il faut ***changer l'air*** de la salle de réunion toutes les 10 minutes.

> 会議室の空気を 10 分毎に入れ換えなければならない。

Je fixe l'écran de mon ordinateur depuis 3 jours, ça suffit, j'ai besoin de ***changer d'air*** !

> 3 日前からずっとコンピュータのスクリーンを見てばかり、もうたくさん、気分転換がしたい。

en plein _air_ 屋外で ［= à l'extérieur, dehors］

Vous jouez au tennis en salle ou _**en plein air**_ ?
> 屋内でテニスをするのですか？　それとも屋外で？

Nous avons organisé la table ronde _**en plein air**_ pour pouvoir profiter du cadre naturel.
> 周りの自然を満喫できるように、シンポジウムを屋外で行なった。

航空、空
armée de l'_air_ 女 空軍　　**pirate de l'_air_** 男 ハイジャッカー
hôtesse de l'_air_ 女 客室乗務員（CA）

Les contrôles de sécurité sont de plus en plus sévères pour se protéger _**des pirates de l'air**_.
> ハイジャック犯人から身を守るため、セキュリティチェックがますます厳しくなっている。

**Les hôtesses de l'air** et les stewards forment une équipe pour assurer le service des passagers pendant le vol.
> スチュワーデスとスチュワードはフライトのあいだチームで旅客サービスのために働く。

en l'_air_ 空中に、宙に ［= vers le haut］　　**dans les _airs_** 空高く

Ce drone est très stable _**en l'air**_ et permet de prendre de superbes photos.
> このドローンは空中でとても安定していて、素晴らしい写真を撮ることができるのだ。

Regarde où tu marches au lieu de regarder _**en l'air**_, tu vas tomber !
> 宙を眺めていないで足元をちゃんと見ないと、転んでしまうよ！

L'aigle plane _**dans les airs**_ en faisant de grands cercles.
> 鷲が大きく輪を描きながら空高く飛んでいる。

根拠・実質のない
mot ［parole / promesse］ en l'_air_ でたらめなことば ［空約束］

Je t'ai dit de mettre des gants et ce n'était pas _**des paroles en l'air**_, regarde tes mains maintenant !
> 手袋をしなさいと言ったでしょう、でたらめにそう言ったわけではなかったのよ、ほら見てごらん、こんな手になってしまって！

（人の）態度、様子、外観
(faire qch) _d'un air_ + 形容詞 ［décidé / timide / ironique / gêné / assuré, etc］
［きっぱりした / おずおずとした / 皮肉な/ 遠慮深い / 自信たっぷりな］様子（で～する）

Le touriste japonais s'est adressé à la réceptionniste _**d'un air timide**_.
> 日本人観光客はおずおずとした様子で受付係に話しかけた。

A la conférence de presse, elle *a répondu d'un air* assuré aux questions les plus délicates des journalistes. C'est vraiment impressionnant.

記者会見で彼女は、ジャーナリストたちのこれ以上ないほど答えにくい質問に自信たっぷりな態度で答えた。たいしたものだ。

> avoir l'*air* + 形容詞　〜のように見える、〜らしい［= paraître, sembler］
> avoir l'*air* d'un(e) qch［de + 不定詞］〜のようだ［〜しているらしい］

Cette tarte au citron *a l'air* vraiment délicieuse ! C'est toi qui l'as préparée ?

このレモンタルトはほんとうに美味しそう！　あなたが作ったの？

Votre petite-fille *a l'air d'*une poupée dans son kimono !

お孫さんはお着物姿でお人形さんのようですね！

Il *a l'air* de passer beaucoup de temps sur les réseaux sociaux.

彼は SNS にずいぶん時間を費やしているように見える。

Tu *as l'air de* vraiment bien aimer cette BD ! Pourquoi ? Raconte-moi.

この漫画がすごく好きみたいだね！　どうしてなの？　教えてもらえるかな。

ポイント!　自分のことを話す場合は avoir l'air を使い、sembler は使いません。

Elle *a l'air* un peu perdue［= Elle semble un peu perdue］dans sa nouvelle position. Il lui faudra du temps pour s'y habituer.

彼女は部署が変わって少しまごまごしているようだ。慣れるのに時間がかかるだろう。

Tu me dis que j'*ai l'air* fatiguée, mais non alors, pas du tout !

疲れたような顔をしていると言うけど、そんなことないんだってば！

＊この例文では je semble fatiguée とは言わないほうが良い。

Tout le monde vient m'encourager. Je dois *avoir l'air* inquiet.

皆が力づけてくれるところをみると、（私は）不安そうな顔をしているに違いない。

〈avoir l'air + 形容詞〉の性数一致について

〈 avoir l'air + 形容詞 〉の形容詞は、主語に一致、または air に一致して男性形のいずれも可能ですが、主語の性数に一致させるほうが一般的になっています。

　　Elle *a l'air* sportive. / Elle *a l'air* sportif.

　　彼女はよく運動しているように見える。

形容詞が malade, triste のように男女同形の場合や occupé(e), endormi(e), fatigué(e) のように発音が男性女性で変わらない場合は話すときは問題になりませんが、書くときに迷うのです。「主語に一致させるほうが自然」と感じる傾向が次第に強まっているので、将来は次第に規範として認識されるようになる可能性があります。こんなところに「常に変化を続けていることばのありかた」が観察できるのです。

exercices

1 （　　　）の中に入れることばを選びましょう。

| l'air | de l'air | au grand air | l'air de |

1. Pour la première fois, j'ai fait du yoga sur la plage. J'ai adoré respirer à fond
（　　）et sentir la mer. J'espère avoir d'autres occasions de le faire.

2. D'après une enquête réalisée en 2018, 12% des 18-23 ans se disent végétariens
en France. Les jeunes qui se convertissent au régime sans viande ont (　　)
choisir ce mode de vie pour la défense de l'environnement.

3. La mauvaise qualité (　　) a un très fort impact sur la santé. La pollution est
responsable de plus de 60,000 décès par an en France.

4. Ta collègue a (　　) très énervée. Qu'est-ce qui se passe ?

2 例のように適切な組み合わせを見つけて、文を完成しましょう。

例 Ce sont *des paroles en l'air*   •   • auxquelles on ne peut pas
faire confiance.

1. Ça n'*a* pas *l'air* bien ici.   •

2. Comment s'appelle un avion qui peut
se déplacer *en l'air* sans moteur ? •

3. Tu n'*as* pas l'*air* tranquille,   •

4. Le banquier m'a fait des affirmations
en l'air,   •

5. Cet appartement est assez grand et le
quartier *a l'air* calme,   •

  • ⓐ on le retient ?

  • ⓑ C'est un planeur.

  • ⓒ je n'ai plus envie d'écouter
ses conseils.

  • ⓓ On va dans un autre café ?

  • ⓔ qu'est-ce qui t'inquiète ?

3 air を使って下線部を置き換える表現を考えましょう。

1. Tu te sens abattu(e) après ta grande promenade sur la plage ? C'est l'air
extérieur qui fait ça. Repose-toi bien ce soir et tu seras en pleine forme
demain !

2. Ce politicien fait des promesses dans le vide et n'assume jamais sa
responsabilité.

3. Tout autour de notre bâtiment, il y a des espaces verts. Les enfants peuvent y
jouer et on peut même s'installer pour lire et travailler un peu dehors.

4. Ce petit chien semble tellement gentil, je vais craquer.

2 bout

bout囲 の語源となったのは、3 世紀頃から北と東から移動してガリアへやって
きたフランク族の言語 francique（フランク語）の *bôtan*「叩く」です。*bôtan* から
bouter（追い払う、駆逐する）という動詞が生まれ、さらに bout（端、先、終わり、
切れ端）、debout（立って、起きて、[病気から] 回復して）、aboutir（通じる、至る）、
aboutissement囲（結果、成果、帰結）などに展開しました。応用範囲が広く、空間
や時間、分量をあらわす表現に使われます。

（細長いものの）端、先端

le *bout* du nez　鼻の先
le *bout* du doigt [des doigts]　指先　　le *bout* des pieds　つま先
avoir un mot sur le *bout* de la langue　（人名や物の名前が）舌の先まで出かかっている

Prenez une petite quantité de crème et lissez votre peau avec *le bout des doigts*.
　このクリームを少量とって、指先で皮膚に伸ばしてください。

Ces chaussures me font mal *au bout du pied*.
　この靴を履くと足先が痛い。

Le lapin se cachait dans l'herbe, on ne voyait que *le bout* de ses oreilles.
　うさぎは草のなかに隠れていたので耳の先しか見えなかった。

Ah j'ai déjà rencontré cette personne, j'*ai son nom sur le bout de la langue*...
　あの人には会ったことがある、名前がここまで出かかっているのだけれども（思い出せない）。

（空間の）終わりに、果てに

au *bout* du chemin [du tunnel / du monde]*　道 [トンネル / 世界] の果てに
　　　　　　　　　　* rue, couloir, tableなど、長く延びているものとの組み合わせで使う。
partir à l'autre *bout* du monde　この世の果てへ行く
voir le *bout* du tunnel　トンネルの出口が見える
[= avoir une lueur d'espoir, après une période d'épreuves et de difficultés.]

C'est la dernière maison *au bout du chemin*, vous la verrez tout de suite.
　この道の一番はずれにある家ですから、すぐ見えますよ。

Elle a pris la décision, elle ira jusqu'*au bout du monde* avec lui.
　彼女は決心したのだ、彼と一緒にこの世の果てまでも行くと。

Cette maladie est interminable, mais j'espère arriver *au bout du tunnel* un jour.
　この病気はいつまで経っても終わらないのですが、長く苦しい時期を切り抜ける日がいつか来る
　ことを願っています。

au *bout* d'une semaine 1 週間後に   **au *bout* de quelques jours** 数日後に
jusqu'au *bout* 徹底的に、最後まで   **résister jusqu'au *bout*** 最後まで堪える

Je suis très fatigué *au bout de* la journée.
　一日の終わりにはとても疲れるのです。

Au bout de trois mois de traitement, il a enfin pu quitter l'hôpital.
　3ヶ月の治療の末に、彼はやっと退院できた。

Courage ! On va rester ensemble *jusqu'au bout* !
　がんばって！ 最後までいっしょにいようね！

Venez vers 21 heures et on s'amusera *jusqu'au bout de* la nuit.
　夜の9時頃いらっしゃい、夜中ずっと楽しくやりましょう。

être à *bout* 疲れ果てている ［= être épuisé physiquement ou nerveusement］
être à *bout* de souffle 息を切らしている、（才能などが）枯渇している
être à *bout* de forces [**nerfs** / **ressources**] 力［我慢／資力］の限界だ
pousser qn à *bout* ~を怒らせる ［= mettre qn en colère］

L'athlète s'est effondré *à bout de souffle*. Il n'avait pas l'habitude de cette chaleur.
　競技選手は息を切らして倒れこんでしまった。この暑さには慣れていなかったのだ。

Elle *est à bout de ressources*. Elle devra demander de l'aide publique.
　彼女は資力が限界だ。公的支援を求めなければならないだろう。

un (petit) *bout* de fromage チーズの（わずかな）ひとかけら
un *bout* de temps 少しの間
un bon *bout* de temps かなり長い間 ［= un temps assez long］〔くだけた会話〕
apprendre la nouvelle par petits *bouts* ニュースを断片的に知る

Il mange toujours *un bout de* fromage à la fin du repas.
　彼は食事の終わりにいつでもチーズを少し食べるのだ。

Tu as *un bon bout de* chemin à faire d'ici à la maison.
　ここから家まで結構な道のりだよ。

– Je t'ai attendu *un bon bout de temps*.

– Oh excuse-moi !
　「かなり長いこと待ったよ」
　「ごめん！」

> **d'un *bout* à l'autre**　すみずみまで、くまなく、ことごとに、始めから終わりまでずっと
> **d'un *bout* à l'autre de ...**　〜のあいだ中、ずっと
> [= du début à la fin]　[= d'une extrémité à l'autre, sur toute la longueur]

On est allés voir ce nouveau film avec des rebondissements ***d'un bout à l'autre***. Passionnant !

あの新しい映画を見に行ったよ、始めから終わりまで新しい展開の連続でわくわくしたよ！

L'ethnographe Tsuneichi Miyamoto (1907-1981) a marché ***d'un bout à l'autre de*** l'archipel japonais. Il a rencontré des milliers de Japonais, dont il a retranscrit de précieux récits de vies.

民俗学者の宮本常一（1907-1981）は日本列島をくまなく歩き回り、何千人もの人々に出会い、彼らの生活に関する貴重な話を書き遺した。

> **au *bout* du compte**　結局のところ、要するに　[= en fin de compte]　(→ p.34)

Je n'étais pas du tout d'accord avec lui, on a argumenté mais ***au bout du compte***, c'est lui qui avait raison.

私は彼と意見が全然違っていて、議論もしたが、結局のところ彼が正しかった。

似ていてもニュアンスの違う表現を意識する

「最後まで」という意味をあらわす表現を考えてみると、まず頭に浮かんでくるのは jusqu'à la fin ですが、これを jusqu'au bout に替えると「ぎりぎり、最後の最後まで」という強い意味を感じます。

　　Dans cette situation difficile, ils ont travaillé ensemble ***jusqu'au bout***.

　　　難しい状況にあって彼らは最後の最後まで一緒に働いた。

「1週間後に」という場合にも、une semaine plus tard よりも au bout d'une semaine とすることによって、「その1週間という時間がぎりぎり終わりに達したとき」というニュアンスを、よりはっきりと言い表すことができます。

「少し」という分量についても、実例から考えてみましょう。初級で学ぶ un peu de... が標準的ですが、un bout de... を使うことで表現の幅がぐっと広がります。

　　Tu veux manger quelque chose ?　　　　「何か食べる？」
　　– Oui, donne-moi ***un peu de*** pain.　　　「うん、パンを少し頂戴な」
　　– Oui, donne-moi ***un bout de*** pain.　　　「うん、パンをひとかけ、頂戴な」
　　– Oui, donne-moi ***un petit bout de*** pain.　「うん、パンをちょっとひとかけ、頂戴な」
　　– Oui, donne-moi juste ***un tout petit bout de*** pain.
　　　　　　　　　　　「うん、パンをほんのちょっとひとかけだけ、頂戴な」

このように、よく似た意味であっても少しずつニュアンスの異なる表現を意識すると、生き生きしたフランス語を使える力につながります。

exercices

1 （　）の中に入れることばを選びましょう。

| au bout | petits bouts | à bout | un petit bout | le bout |

1. Elle fait tout toute seule à la maison. Elle est (　　).

2. (　　) d'un an, elle a enfin compris qu'elle n'était pas faite pour ce travail.

3. Je cherche (　　) de papier pour noter des choses à acheter.

4. (　　) du nez de Simon est tout rouge. Il fait vraiment froid ce matin.

5. Il y aurait eu des dégâts considérables dans cette région. On ne sait pas encore
   en détails ce qui s'est passé, on n'apprend des nouvelles que par (　　).

2 例のように適切な組み合わせを見つけて、文を完成しましょう。

例 Elle a poussé son collègue *à bout.* ● ──────● Ça devait être insupportable
pour lui.

1. On se retrouve *au bout d'*une
   semaine ?　　　　　　　　●
   ● ⓐ Un sandwich au jambon,
   ça ira ?

2. Tu lui donneras *un bout* à
   grignoter ?　　　　　　　●
   ● ⓑ Non, on n'a qu'à l'appeler.

3. On va *jusqu'au bout du* quai pour
   voir si on trouve Mathieu ?　●
   ● ⓒ D'accord. J'aurai étudié le
   document d'ici là.

4. Vous avez *un bon bout de* chemin
   à faire jusqu'à la poste.　　●
   ● ⓓ La salle de bain est à
   gauche.

5. Tu vas *jusqu'au bout du* couloir. ●
   ● ⓔ Oui, Jean-Paul Belmondo
   a joué le rôle principal.

6. Tu as vu le film de Jean-Luc
   Godard « *A bout de souffle* » ?　●
   ● ⓕ Ça ne fait rien. Je n'ai rien
   d'autre à faire.

3 bout を使って下線部を置き換える表現を考えましょう。

1. Cet enfant est insupportable. Il pousse ses professeurs <u>au découragement</u>.

2. Jean Valjean est allé au bagne pour avoir volé <u>un morceau de</u> pain.

3. J'avais le nom de cette fleur <u>en tête</u> mais je n'ai pas pu le dire !

4. Dans le roman, Anne est prête à tout pour aller <u>à l'extrémité de</u> ses rêves.

5. Inscrivez-vous et nous nous occupons de votre commande <u>du début à la fin</u>.

6. Je n'ai pas aimé ce concert mais je suis resté <u>jusqu'à la fin</u> pour faire plaisir à
   mes amis.

3 bras

bras 男 はラテン語の *brachium*、ギリシャ語の *brakhion* から生まれたことばです。brasser（かきまぜる、醸造する）、embrasser（キスをする、視野におさめる）などの派生語があります。人間の「腕」の他、機械についている長い部分、河川や海の狭まった場所も bras と呼びます。また「働き」「仕事に取り組む人や気持ち」の意味へ展開します。main 女 (p.84) と似た表現が多いので、区別してみましょう。

腕（肩から肘まで）

avant-*bras* 男 前腕（肘から手首まで）
tendre le *bra*s（指し示したり、手が届くように）腕を伸ばす

Il faut ***tendre le bras*** pour mettre le ticket de parking dans l'horodateur.
駐車場のチケットを自動精算機に入れるのに腕を伸ばさなければならない。

Il suffit de ***tendre le bras*** pour atteindre tous les condiments, cette cuisine est pratique.
どの調味料にも腕を伸ばすだけで届く、このキッチンは便利です。

donner le *bras* à qn（一緒に歩くとき人に）腕を貸す [= aider gentiment]

Son fils ***lui a donné le bras*** pour l'aider à monter l'escalier.
息子は彼(女)に腕を貸して、階段を登る手助けをした。

比較 donner un coup de main à qn「〜に手を貸す、手助けする」(→ p.85)

ouvrir [**tendre**] **les *bras* à qn**
（抱擁しようと）腕を広げる、〜に腕を差し伸べる、罪をゆるしてやる
[= l'accueillir avec chaleur, lui offrir son aide]
tomber dans les *bras* de qn 〜の腕のなかに倒れこむ
prendre [**serrer**] **qn dans ses *bras*** 〜を腕に抱く、抱きしめる
à *bras* ouverts 両手を広げて、心から喜んで、大歓迎して
[= très cordialement, avec chaleur]

Quel séducteur ! Elodie aussi lui est ***tombée dans les bras*** !
何と魅力的な男性なんだろう！　エロディも彼の腕のなかに倒れこんでしまった！

L'enfant est arrivé en courant vers sa mère et elle l'***a serré dans ses bras***.
子どもが駆け寄ってくると、お母さんは子どもを抱きしめた。

A l'époque, la société allemande accueillait des réfugiés ***à bras ouverts.*** Depuis, la situation a changé.
あの頃はドイツ社会は難民を大歓迎で受け入れていたのだ。あれ以来、状況が変わった。

bras d'un fauteuil ソファーの肘掛け　　　**bras de grue** クレーンのアーム

Au bout **du bras** de cette machine il y a un aimant qui permet de recueillir les parties métalliques.

この機械のアームの先端には磁石がついていて、金属製の部品を集めることができる。

Le camion est équipé d'une grue dont **le bras** pivote à 360 degrés.

このトラックにはアームの 360 度回転するクレーンがついている。

（河などの）分流

bras de la rivière [**du fleuve**] 河の分流　　　**bras de mer** 海峡

Les pirates se dissimulaient avec leurs bateaux dans ce profond **bras de mer** entre les falaises.

海賊たちは、絶壁に挟まれた奥深い海峡に船もろとも隠れていた。

---

le bras droit de qn （人）の右腕 [= son principal collaborateur]

Il a confié tous les détails à **son bras droit**.

彼は細かいことは全部、右腕に任せた。

---

se croiser les bras 腕組みをする、何もしない
rester les bras croisés 何もせずにいる、腕をこまねいて何もしない

Certains discutent des heures, d'autres **se croisent les bras** en attendant la conclusion.

ある者は何時間も議論している、他の人たちは何もせずに結論の出るのを待っている。

Mais ne **restez pas les bras croisés** devant la télé, aidez-nous à faire le ménage.

何もせずにテレビの前に座っていないで、家事を手伝ってくださいよ。

---

avoir qch [qn] sur les bras （家族・やっかいな仕事などを）抱えている、背負い込んでいる

Ils se sont séparés et elle **a** maintenant trois jeunes enfants **sur les bras**.

彼らは別れたので、彼女は今では 3 人の小さな子どもを抱えている。

En ce moment j'**ai** beaucoup trop de problèmes **sur les bras.** Je suis débordée.

現在のところ、あまりにもたくさんの問題を抱えていて、目一杯に忙しい。

比較　avoir qch sous la main 「手元に～がある」（→ p.85）

Je n'**ai** pas son adresse mail *sous la main*, mais je m'en occupe très vite.

彼 (女) のメールアドレスが手元にないのですが、至急何とかします（任せておいてください）。

> **bras de fer** 腕相撲、（転じて）力くらべ、小競り合い、戦い
> **engager [poursuivre] un bras de fer avec...** 小競り合いを引き起こす［続ける］

ポイント！ 新聞の見出しなどでよく見られる表現です。

Le bras de fer entre Washington et Pékin se poursuit autour de la Mer de Chine méridionale, une région maritime qui risque d'être la cause de conflits entre les deux puissances mondiales.

南シナ海をめぐってワシントンと北京のあいだの小競り合いが続いている。世界の2大強国（である米中両国）間の紛争の種になりかねない海域である。

Les syndicats *ont engagé un bras de fer avec* la direction.

組合が経営陣とのあいだに小競り合いを始めた。

> **baisser les bras** （やりかけた仕事などを）投げ出す、放棄する、あきらめる
> [= abandonner, renoncer]

Les Français réclamaient des perspectives dans l'interminable crise du Covid-19. « Il ne faut pas *baisser les bras*, il faut tenir encore quelques semaines » a lancé le premier ministre.

フランス人たちは終わりの見えないコロナ禍にあって先の見通しを知りたいと言っていた。「あきらめてはいけません、あと数週間の辛抱です」と首相は述べた。

Tu as déjà bien avancé dans l'écriture de ton roman ! Continue, tu ne vas pas *baisser les bras* maintenant !

小説の執筆が順調だね！　この調子で続けなさい、今になって投げ出さないでね！

> **avoir le bras long** 影響力がある [= avoir beaucoup d'influence, de pouvoir]

Comme son père *a le bras long*, Toni a pu obtenir les autorisations nécessaires pour ouvrir son restaurant.

彼の父親は影響力があるから、トニーはレストランの開店に必要な許可が得られた。

---

bras と main の使い方の共通点

bras と main が近い意味をあらわす例として、「人手、働き手 [= Personne qui travaille, agit]」があります。「人手／働き手が足りない」とき manquer de bras [= manquer de main-d'œuvre / de personnel] という表現を使います。

Au XIXème siècle on avait besoin de *bras* dans les usines, on a fait appel à la main-d'œuvre étrangère.

19世紀には工場で働き手を必要としていたので、外国からの労働力を求めたのだ。

L'agriculture *manque de bras* [= manque de main-d'œuvre] dans cette région.

この地方では農業に携わる人手が足りない。

exercices

1 ( ) の中に入れることばを選びましょう。

| sur les bras | à bras ouverts | bras de fer | baisser les bras | le bras long |

1. Plusieurs pays ont décidé d'ouvrir leurs frontières aux touristes et ils les ont accueillis ( ).
2. Kitarô était très jeune quand il a eu ses frères et sœurs ( ). Ils avaient perdu leurs parents dans l'épidémie.
3. Il ne faut jamais ( ), si tu continues à bien étudier régulièrement, tu finiras par réussir à l'examen !
4. Elle s'est fait pistonner par son grand-père pour créer sa nouvelle entreprise. Il a ( ) dans le domaine.
5. Les journaux donnaient tous les jours des nouvelles du ( ) entre la France et les États Unis autour des problèmes des sous-marins nucléaires.

2 例のように適切な組み合わせを見つけて、文を完成しましょう。

例 Le petit garçon est sorti de l'école en pleurant et • • Madeleine l'*a serré dans ses bras*.

1. Ce film parle de la rivalité entre deux amies, mais finalement •
2. Il y a des valises dans la voiture, •
3. A force de s'asseoir dessus, •
4. Satoko Narumi est très compétente, •
5. Elle ne peut pas atteindre les livres les plus hauts •

• ⓐ même si elle *tend les bras*.
• ⓑ c'est *le bras droit* du nouveau directeur.
• ⓒ tu veux bien venir nous aider au lieu de *rester les bras croisés* ?
• ⓓ Elisa *ouvre les bras à* sa copine et ça finit bien.
• ⓔ il a cassé *le bras* du fauteuil.

3 bras を使って下線部を置き換える表現を考えましょう。

1. Après ces inondations, les habitants continuent leurs efforts sans se résigner.
2. Ils font face à de très graves problèmes économiques.
3. Pierre vient avec son grand-père. Il pourra l'aider pour marcher jusqu'à la salle de réunion.
4. Les différentes factions engagent souvent une lutte lors de la formation d'un gouvernement.

4 cas

cas 男 の語源はラテン語で「落ちる」を意味する動詞 *cadere* の過去分詞 *casus* です。*cadere* から生まれた古フランス語の動詞 *cheoir* は今のことばでいう tomber（落ちる）であり、そこから chute 男（転倒、落下）、chuter（落ちる）、parachute 男（パラシュート）などへ展開しました。また *cadere* を起源とする古フランス語の動詞 *meschoir*「悪いときに起こる」から méchant(e) 形（意地悪な）、méchanceté 囡（悪意）が生まれました。一方、*cadere* から生じた動詞 *accidere*「起こる」を元に、accident 男（事故）、accidentel(le) 形（偶発的な）などへ展開したのです。「事故」や「落下」のように何かが「起こる」こと、そして「起こった」結果が cas であると考えることができます。

場合、ケース、事例

un *cas* particulier 特殊なケース　　**un *cas* exceptionnel** 例外的なケース
un *cas* rare 稀なケース
signaler〔rapporter〕un *cas* 事例を知らせる〔報告する〕
être dans le même *cas* 同じ立場（状況）にある〔= dans la même situation〕

Le zoo de Singapour vient de fêter la naissance d'un bébé panda par insémination artificielle. C'est ***un cas rare*** de réussite.

> シンガポールの動物園が人工授精によるパンダの赤ちゃんの誕生を祝った。稀な成功例だ。

Pas mal de femmes souffrent de violences domestiques. On ***rapporte*** de plus en plus ***de cas***.

> かなりの女性が家庭内暴力に苦しんでいる。ますます多くのケースが報告されている。

Ses collègues n'ont pas assez de temps, ni d'énergie pour aborder les vrais problèmes de fond et la sous-directrice ***est*** exactement ***dans le même cas***.

> 彼女の同僚たちは根本的なほんとうの問題に取り組む時間もエネルギーもないのだ。そして副院長も全く同じ状況にある。

---

en *cas* de + 無冠詞名詞 〜の場合は
　en *cas* de maladie 病気の場合は　　**en *cas* de pluie** 雨天の際は
　en *cas* de besoin〔nécessité〕 必要なら
　en *cas* d'urgence 緊急の場合は　　**en *cas* d'empêchement** 差し障りができた場合
dans le *cas* de qch 〜の場合〔= dans l'éventualité de ...〕

Appelez-moi sur mon portable ***en cas de besoin***.

> 必要なら携帯へお電話ください。

On va recourir à des procédures de réanimation ***en cas d'urgence***.

> 緊急の場合には蘇生術を行なう。

au *cas* où / dans le cas où + 条件法　〜の場合は、もし〜ならば

Au cas où vous préféreriez une autre option, rien ne vous empêche de changer.

他の選択肢のほうが良いと思うのでしたら、いつでも変更できますよ。

On reportera la réunion seulement *au cas où* le directeur devrait s'absenter.

部長が欠席しなければならない場合にのみ、会議を延期するだろう。

Dans le cas où j'aurais un empêchement, je vous préviendrai.

都合が悪くなってしまった場合には、予め知らせますね。

selon le/les *cas*　場合に応じて

On a des participants de différentes nationalités et *selon les cas*, on a besoin d'interprètes particuliers pour assurer un service satisfaisant de traduction simultanée.

いろいろな国籍の参加者がいるので、満足のいく同時通訳のサービスを滞りなく行なうために、場合に応じて特別な通訳を必要とする。

dans la plupart des *cas*　たいていの場合、だいたいにおいて

Maintenant il y a beaucoup de réunions en ligne et *dans la plupart des cas*, tout se déroule sans problème. Disons qu'on en a tous pris l'habitude.

今ではオンラインの会議が多いが、たいていの場合問題なく実施される。皆、慣れたからね。

ne ... en aucun *cas*　どんな場合も〜ない　[= quoi qu'il arrive]

En aucun cas, notre équipe *n'*acceptera de travailler avec cette presonne.

私たちのチームはどんな場合にも、あの人と一緒に働くことは受け容れないだろう。

Vous *ne* pourrez retourner ces articles *en aucun cas*.

どんな場合であっても、この製品を返品することはできません。

症例、患者　[= manifestation d'une maladie]

signaler le premier *cas*　最初の症例を報告する
recenser x nouveaux *cas*　新たに×件を報告する
***cas* d'infection** [**d'hospitalisation** /**de transmission**]　感染［入院 / 伝染］例
***cas* de cancer** [**d'Ebola** / **d'infarctus**]　癌［エボラ熱 / 心筋梗塞］の症例

Autrefois mortelle dans la moitié *des cas*, la pneumonie continue à causer beaucoup de décès aujourd'hui, notamment chez les personnes âgées.

昔は症例のうち半分が死亡に至った肺炎は、現在でも特に高齢者において死亡の原因であることに変わりない。

Le dernier *cas* de variole au Japon remonte à 1955.

日本における最後の天然痘の症例は 1955 年に遡る。

– Il y aura une grève dans les aéroports français et hollandais.

– ***Dans ce cas-là***, on devra changer nos vols.

「フランスやオランダの空港でストライキがありますよ」

「それじゃ、フライトを変更しなければならないね」

Tu aimerais manger japonais ? ***En ce cas***, je réserverai un bon restaurant.

和食が食べたいって？　それなら私が美味しい店を予約しよう。

en tout *cas* / dans tous les *cas* / en tous les *cas* とにかく、いずれにしても
[= quoi qu'il en soit / quoi qu'il arrive]

Tu voudrais faire le tour du monde ? Comme touriste ou en travaillant ? ***En tout cas***, tu vas avoir besoin d'argent pour réaliser ton rêve.

世界一周したいと思っているの？　観光で、あるいは仕事で？　とにかく、夢を実現するのには
お金がいるね。

Ce n'est pas le *cas* （事実は）そうではない
C'est （bien） le *cas* de + 不定詞 まさに～すべき時である

Au départ j'ai trouvé cette gynécologue vraiment désagréable et j'avais imaginé que c'était quelqu'un de très froid, mais *ce n'est pas le cas*. Elle est un peu distante au premier contact, mais elle est très compétente.

はじめはあの産婦人科医がすごく感じが悪いような気がして、とても冷たい人なのかと思ったが、
実はそんなことはない。初対面だとちょっと打ち解けないが、とても有能だ。

– C'est un tyran, cet enfant. Il est trop gâté par ses parents !

– Oui, tout à fait ! ***C'est bien le cas de*** le dire, que c'est un tyran !

「あの子どもは暴君のようだ。両親に甘やかされすぎなんだね！」

「ほんとうにそのとおり！　まさに怪物と言うしかないね」

フランス語の cas と英語の case

フランス語 cas と英語の case は語源（ラテン語の *casus*）が共通で、使いかたがよ
く似ています。下の例文とほぼ同じ意味の例文をこの課から探してみましょう。

1. Panda baby in Singapore Zoo: *a rare case* of success for artificial insemination.

2. *In case* I can't make it, I will let you know.

3. Strike in the airports in France and Holland ? *In this case* ［= If so］ we will have to change our flights.

比較してみることで英語もフランス語も使える表現が増えれば、一挙両得ですね。

exercices

1 ( ) の中に入れることばを選びましょう。

| nouveaux cas | en tout cas | en cas de pluie | selon les cas | au cas où |

1. Prends ton parapluie avec toi ( ) il pleuvrait cet après-midi.
2. La fête sera remise à une date ultérieure ( ).
3. Selon une estimation du bulletin épidémiologique, la région de Tokyo compte chaque mois plus de 2 000 ( ) et une dizaine de décès.
4. On dit que le café empêche de dormir, ( ) pour moi c'est vrai.
5. Les fromages des producteurs de cette région sont vendus ( ) sur les marchés locaux ou à des distributeurs.

2 例のように適切な組み合わせを見つけて、文を完成しましょう。

例 On essaiera d'y être, mais je vous préviens • — • *en cas d'*empêchement, d'accord ?

1. Ils ont déménagé dans le même quartier, •
2. Avant de déplacer un pion, le joueur d'Othello •
3. Dans une voiture le volant est à gauche •
4. Son ami est américain et il va aller travailler à NY, •
5. A la suite d'un divorce, *dans la plupart des cas* au Japon, •
6. En arrivant à Paris, nous étions 5 voyageurs *dans le même cas*, •

• ⓐ alors, *dans ce cas-là*, elle va sûrement partir avec lui.
• ⓑ prévoit *tous les cas de mouvements* possibles de son adversaire.
• ⓒ nos bagages s'étaient perdus.
• ⓓ la garde de l'enfant est confiée à la mère.
• ⓔ mais *ce n'est pas le cas* en Angleterre et au Japon.
• ⓕ leurs enfants ne voulaient changer d'école *en aucun cas*.

3 下線部にはこの課で扱っていない表現が含まれています。文脈を考えて [ ] の中から最も意味の近いことばを選びましょう。

1. Je n'ai pas pu vous rejoindre à la gare comme prévu, un cas de force majeure m'a retenue à la maison. [une obligation / une distraction / mon mari]
2. Le blocage des ressources naturelles par les pays producteurs pourrait dans le pire des cas entraîner une crise économique incontrôlable. [peut-être / au maximum / certainement]

5 cause

cause囡 の語源はラテン語で「理由、訳(わけ)」を意味する *causa* です。*causa* からのつながりで chose囡（もの、こと）、(pas) grand-chose囡（大したこと）、quelque chose（何か）、さらに cause（原因、理由、訴訟）、causer（原因となる、引き起こす）へと展開しました。また *causa* から生まれたラテン語の *causalis* から causal(e)囲（原因の）、causalité囡（因果関係）、accuser（非難する、責任を負わせる）などのことばへ展開しました。「原因、理由」という意味だけでなく「〜を問題にする、再検討する」という意味でもよく使われる、日常に頻度の高いことばです。

原因、理由

cause de l'accident [l'incendie / la maladie]　事故［火災 / 病気］の原因
cause du conflit [de la guerre]　紛争［戦争］の原因
cause du décès [du stress]　死因［ストレスの原因］
cause du réchauffement climatique　気候温暖化の原因

Un groupe de scientifiques essaie d'identifier *les causes de l'incendie*, mais elles restent inconnues.
　科学者のグループが火災の原因を突き止めようとしているが、未だ不明である。

Quelle est *la cause de* ces grèves qui paralysent les transports ?
　交通機関を麻痺させているストライキはどういうわけで行なわれているのですか？

les *causes* et les conséquences　原因と結果
lien [rapport / relation] de *cause* à effet　因果関係
déterminer [chercher / identifier] la *cause*　原因をつきとめる［探る / 特定する］
enquêter sur les *causes*　原因について調査する

On *a identifié* plusieurs *causes* de la baisse de natalité.
　出生率の低下について、いくつかの原因がつきとめられた。

Il y aura *une enquête sur les causes* principales de la désertification de la région.
　この地方の過疎化の主要な原因について、調査が行なわれるだろう。

〜のせいで、〜の原因となる

à *cause* de qch/qn　〜が原因で、〜のせいで
être (la) *cause* de　〜の原因となる、〜を引き起こす [= occasionner, provoquer qch]

Elle a quitté son travail *à cause de* ce qui s'est passé l'an dernier.
　去年起こったことが原因で、彼女は仕事を辞めた。

Certaines écoles primaires ont dû suspendre des classes *à cause des* grippes.

インフルエンザのため、いくつかの小学校が学級閉鎖をしなければならなかった。

ポイント！ être cause de... は à cause de... を使って言い換えることができます。

Le manque de touristes cet été *est cause de* la faillite de cet hôtel. 〔Cet hôtel a fait faillite *à cause du* manque de touristes cet été.〕

今夏は観光客があまり来なかったので、それが原因でここのホテルは倒産した。

pour *cause* de qch 〜のため [= en raison de qch]

Le concierge est absent *pour cause d'*obligation familiale.

管理人は家庭の事情のため不在です。

Service suspendu *pour cause de* panne d'électricité.

停電のため業務停止中。

ポイント！ 書きことばで使う表現。表示や書類などに記します。

問題にする、問題になる、検討する

être en *cause* 問題になっている、当事者である
remettre qch en *cause* 〜を再検討する、問い直す、また問題にする
〔= reconsidérer qch, remettre qch en question〕

En fait, qu'est-ce qui *est en cause* ? 〔= Quel est le problème ?〕 J'ai du mal à suivre votre logique.

ところで何が問題になっているのですか？　あなた方の話の筋道がよくわからないので。

Le réchauffement climatique *remet en cause* notre mode de vie en entier.

気候温暖化のせいで私たちの生活様式全体が問い直されている。

ポイント！ remettre qch/qn en cause 「問い直す」を名詞の形にした la remise en cause de qch/qn もよく使われます。

La remise en cause des préjugés est essentielle pour aborder une culture étrangère. 〔= Il est essentiel de *remettre en cause* les préjugés pour...〕

外国文化に触れるには、偏見を問い直すことが重要だ。

立場、利害、主義、大義名分

soutenir la *cause* de qn 〜の立場を擁護する
agir pour la bonne *cause* 正しいと信じることのために行動する
〔= la cause que l'on croit juste〕

Je continue à envoyer un peu d'argent à cet organisme pour *soutenir la cause des* enfants sous-alimentés.

食糧不足に苦しむ子どもたちを支援するため、この団体に継続してお金を送っている。

> **en（toute/pleine）connaissance de *cause*** 事情を十分に知ったうえで
> ［= en connaissant la situation et prévoyant les conséquences］

Ce malade a accepté le traitement ***en pleine connaissance de cause***. Il reçoit des injections d'un nouveau médicament qui est encore au stade expérimental.

> この患者はこの薬で治療を受けることの意味を十分に理解したうえで治療を受け容れた。まだ実験段階の新薬の注射を受けるのだ。

Le travail de l'avocat consiste à bien communiquer avec le client et lui donner des conseils sur le plan juridique ***en toute connaissance de cause***.

> 弁護士の仕事は、顧客とよくコミュニケーションをとり、事情を十分に知ったうえで法的な側面についてアドバイスをすることだ。

> **en tout état de *cause*** いずれにせよ、とにかく
> ［= quoi qu'il en soit, quoi qu'il arrive］

Face à l'augmentation de la délinquance dans ce quartier, une nouvelle approche sécuritaire est ***en tout état de cause*** nécessaire.

> この界隈で犯罪が増えていることに対して、とにかく新たな安全策が必要だ。

En tout état de cause, notre association est décidée à atteindre cet objectif.

> いずれにしても、我々の団体はこの目標を達成しようと決めている。

「それもそのはず」et pour cause という表現

et pour cause は「それもそのはず」「それにはそれなりの理由があるのだ」［= ayant de bonnes raisons pour cela］という意味です。例えば次のような場合に使います。

Il a réussi à tous les concours, ***et pour cause***, il a très bien planifié ses études.

> 彼は選抜試験に全て合格した。それにはそれなりの理由があって、彼は勉強の計画をとてもよく立てていたのだ。

Elle a été très émue, ***et pour cause***, à l'annonce de son prix littéraire.

> 彼女はとても感激していた、それもそのはず、文学賞を受賞したという知らせがあったのだ。

その場にいる人（たち）が事情を承知している場合には、言い切りの形で説明なしに使います。また、敢えて理由を言うのを避ける場合もあります。

Le prof était furieux, ***et pour cause***!

> 先生はかんかんだったよ、それもそのはずだよね！

Elle s'inquiète énormément pour sa famille, ***et pour cause***...

> 彼女は家族のことをものすごく心配しているのですね、それなりの理由がありますものね…

exercices

1 (　　) の中に入れることばを選びましょう。

les causes	remet en cause	cause de	pour cause de	plusieurs causes à

1. La ligne B du RER est hors service (　　) travaux durant le mois d'août.

2. Il y a (　　) votre maladie : la pression artérielle, l'excès de poids et trop de cholestérol.

3. Nous analysons dans cet article (　　) qui poussent les états à faire la guerre.

4. Les pluies torrentielles sont (　　) graves inondations.

5. Le travail des femmes (　　) le partage des tâches dans la famille.

2 例のように適切な組み合わせを見つけて、文を完成しましょう。

例 ***En tout état de cause,*** il faut régler cette question •——————• avant de passer à l'étape suivante.

1. Essayer d'attribuer ***une cause*** unique à la faillite de cette entreprise est une illusion. •

2. Ma grand-mère a accepté le mariage arrangé ***en pleine connaissance de cause.*** •

3. Ses parents ne veulent plus l'aider financièrement, ***et pour cause,*** •

4. Il pourra vous parler de la vie parisienne ***en toute connaissance de cause,*** •

5. Jean a démissionné ***pour cause de*** maladie •

• ⓐ L'homme qu'elle allait épouser était de santé fragile.

• ⓑ et on cherche un remplaçant de toute urgence.

• ⓒ il perd beaucoup d'argent au Casino.

• ⓓ il y habite depuis 30 ans.

• ⓔ ***Les causes*** sont diverses et de plus elles interagissaient entre elles .

3 cause を使って下線部を置き換える表現を考えましょう。

1. Vous pouvez vous soigner vous même mais la visite au médecin est recommandée de toute façon.

2. La tempête de neige du week-end dernier a provoqué de nombreux accidents.

3. Les syndicats reviennent sur les propositions du gouvernement concernant l'âge de la retraite.

4. Il est absent en raison de ses obligations professionnelles.

6 chose

　chose囡の語源はラテン語で「理由、動機」を意味する *causa* です。cause囡（原因、理由）や causer（〜の原因となる、引き起こす）も同じ語源から出たことばです。autre chose（別のこと・もの）、quelque chose（何か）や (pas) grand-chose（たいしたこと）にも含まれ、手にとることのできる具体的な「もの、品物、事物」から抽象的な「ことがら」、複数形で「事態、なりゆき」という意味まで、応用範囲の広いことばです。使いかたを見ていきましょう。

もの、品物、事物、こと、事柄、状況、事件
une *chose* importante 大切なこと　　**la même *chose*** 同じこと
ne penser qu'à une *chose* ひとつのことしか考えない

Cette chose qu'on utilise pour déboucher une bouteille de vin, comment ça s'appelle ?
　あの、ワインのボトルを開けるときに使うもの、何というもの？

J'ai vu ***des choses*** extraordinaires au Festival des Arts.
　美術フェスティバルで素晴らしいものを見た。

La seule ***chose*** qui nous inquiète, c'est le taux d'abstention qui pourrait avoir une conséquence grave sur les résultats des élections.
　心配なことはただひとつ、棄権率だ。選挙結果に重大な結果をもたらすかもしれない。

– La daurade grillée pour moi. Et toi ?

– ***La même chose*** pour moi aussi.

　「私は鯛のグリルにしよう、あなたは？」「私も同じものを」

Une *chose* + 形容詞 〔文頭で〕 / *Chose* + 形容詞 〔文頭で〕
〜なことは…だ〔= Ce qui est＋形容詞, c'est que...〕

Une chose certaine, c'est qu'il faudra tout recommencer à zéro, vu la situation.
　ひとつ確実なことは、この状況では全てをゼロからやり直さなければならないということだ。

Chose incroyable, elle n'a jamais parlé de ce problème dans sa famille.
　信じられないことは、彼女がこの問題について家で一度も話したことがないということだ。

beaucoup [des tas] de *choses* たくさんのこと/もの
peu de *chose*(s) ごくわずかのこと

ポイント！ beaucoup de, des tas de, peu de の他にも、**tellement de**（それほどたくさんの）、**trop de**（あまりにも多くの）のような分量の表現と組み合わせます。

Tu as mis ***beaucoup de choses*** dans ta valise. Elle est trop lourde !
スーツケースに物をたくさん詰め込んでしまったのだね。重すぎるでしょう！

Il suffit de ***peu de chose*** pour gâcher les relations humaines.
ごくわずかのことだけでも、人間関係を台無しにしてしまう。

Si tu mets ***trop de choses*** dans ton rapport, les lecteurs risquent de décrocher.
報告書にたくさんのことを書きすぎると、読む人が興味を失ってしまう恐れがある。

Mon fils avait toujours ***des tas de choses*** à me raconter en rentrant de l'école.
息子はいつでも学校から戻ってくると、私に話さなければならないことが山ほどあった。

> **une/des *chose(s)* /quelque *chose* à faire** [**à apprendre / à voir**]
> する［学ぶ / 見る］べきこと

Fais la liste ***des choses à*** acheter avant d'aller au supermarché.
スーパーへ行く前に買わなければならないもののリストを作っておきなさい。

On ne s'ennuie jamais si on trouve ***quelque chose à*** apprendre.
何か学ぶべきことを見つければ、全然退屈しない。

> **autre *chose* + 無冠詞名詞** 別のこと（もの）、別問題 ［= quelque chose d'autre］
> **d'autres *choses*** 他のこと（もの）

Tu voulais dire ***autre chose*** ? On peut maintenant conclure la réunion ?
他に何か別のことを発言したかったのでは？　会議を終わっても良いですか？

Ah, ***autre chose***, je voulais te dire que je dois m'absenter la semaine prochaine.
ああそうだ、もうひとつ、来週は欠席しなければならないと言おうと思っていたのだ。

Elle est allée acheter du lait, elle est revenue avec un sac plein ***d'autres choses***.
彼女は牛乳を買いに行ったのだが、袋いっぱいの他のものを持って帰って来た。

> **chaque *chose*** それぞれのこと・もの
> **avant toute *chose*** まず第一に、何よりもまず

Chaque chose en son temps. Il ne faut pas forcer.
それぞれの事柄には（起こるべくして起こる）タイミングというものがある。無理矢理に進めようとしてはだめだ。

Avant toute chose, tu dois présenter tes excuses à tes collègues. Autrement tu ne pourras pas continuer à travailler en équipe.
まず第一に、同僚に謝らなければならない。でないとチームで仕事を続けられないだろう。

> **pas grand-*chose*** 〔否定文で〕たいしたこと・もの

J'ai cherché des cadeaux de Noël partout, mais je n'ai ***pas*** trouvé ***grand-chose***.
クリスマスプレゼントをあちらこちら探したが、たいしたものは見つからなかった。

Mais non, ne me remercie pas, c'est (ce n'est) vraiment *pas grand-chose*.

いえいえ、お礼なんか言わないで、ほんとうにたいしたものではないのだから。

何か、何か〜なこと・もの

quelque *chose* 何か   quelque *chose* de + 形容詞 何か〜なこと・もの

ポイント! quelque chose de のあとの形容詞は常に男性単数形です。

– Il s'est passé *quelque chose* entre Maxime et Julien ?

– Oui, tu as raison, il y a *quelque chose de* bizarre.

「マクシムとジュリアンのあいだに何かあったかな？」

「うん、そうだね、何かおかしいね」

Il y a *quelque chose d'*intéressant dans cette ville ? Des endroits à visiter, par exemple ?

この街には何か面白いものがありますか？　見学すべき場所とか？

現実、事態

regarder les *choses* comme elles sont 事態をあるがままに見る
regarder les *choses* en face 事態を直視する
par la force des *choses* 自然のなりゆきで〔= obligatoirement, par nécessité〕

Les *choses* vont très mal dans ce pays et les habitants ne peuvent plus y rester.

この国の状況は非常に悪くて、住民はもうそこに留まっていられないのだ。

Regarde les choses en face. Les médecins ne peuvent plus rien faire pour elle.

事態を直視しなさい。お医者さんたちは彼女のために、もう何もしてあげられないのだ。

Quand j'ai déménagé à Paris, j'ai laissé mon chien à des amis *par la force des choses*.

パリへ引っ越したとき、自然のなりゆきで犬を友人に預けた。

「何だったかな？　あれ」というときに使う truc

ものや事柄を何と呼んだらよいのかわからなくなってしまった場合、「ほらあの、あれ」というときに chose と言いあらわすことができます（p.28 最初の例文）が、truc という表現も日常によく使います。たとえば次のような場合です。

– J'ai mis ce *truc* sur la table de la cuisine...

– Tu parles de quoi ? Quel *truc* ?

「あれをキッチンのテーブルの上に置いといたんだけどさ…」「何のこと？　あれって？」

Elle portait un gros *truc* sur son dos. Ça avait l'air drôlement lourd.

彼女は何だか大きなものを背負っていたよ。ものすごく重そうだった。

便利なことばですが、友だちどうしなど親しい間柄だけで使うことに注意してください。

exercices

1 （　　）の中に入れることばを選びましょう。

| quelque chose | une petite chose | des tas de choses |
| peu de choses | pas grand-chose | |

- Chez ce brocanteur, il y a vraiment (1) mais en fait (2) intéressantes.
- Tu as acheté (3) quand même ?
- Oh, (4)... mais j'ai pris quand même (5) mignonne pour ma nièce : un chat qui miaule quand on appuie sur un petit bouton sous son ventre.

2 例のように適切な組み合わせを見つけて、文を完成しましょう。

例 Pourriez-vous passer dans mon bureau,　　　　　　　　　• j'ai *quelque chose à* vous demander.

1. Il n'y a pas **grand-chose** dans le réfrigérateur,　　　　•
2. Dans le journal de ce matin,　•
3. Si tu veux voyager à l'étranger, *avant toute chose*,　　　•
4. Marie m'a dit *une chose surprenante* :　　　　　•
5. Quand tu es vraiment fatigué, •
6. Je n'ai plus d'idée pour diner, •
7. *Une chose à* ne pas oublier quand on va camper :　　　•

- ⓐ l'anti-moustique.
- ⓑ je n'ai lu que *des choses dramatiques*.
- ⓒ elle s'est remise avec son ex.
- ⓓ du poulet ou tu proposes *autre chose* ?
- ⓔ il vaut mieux manger *quelque chose* de sucré.
- ⓕ il te faut un passeport.
- ⓖ on est rentré de voyage hier.

3 下線部と反対の意味の表現を入れて、完成しましょう。

1. – Tu as acheté (　　　　　) ?
   – Non, <u>rien du tout</u> !
2. – Je ferai ça <u>plus tard</u>, ce n'est pas urgent.
   – Mais si, au contraire, il faut le faire (　　　　　).
3. – Oh c'est <u>trop beau</u>, merci !
   – Mais non, c'est pas (　　　　　).
4. – Tu prends <u>la même chose</u> que moi ?
   – Non, je vais choisir (　　　　　).
5. Je ne vais pas changer de travail <u>par plaisir</u>, mais (　　　　　) : l'entreprise ferme !

31

7   compte

compte男 はラテン語の *computare*「数える」という動詞の過去分詞 *computus* から生まれたことばです。compter（数える）、comptage男（数えること、計算）、comptant（現金の）、comptoir男（カウンター）、compteur男（計器）、comptable形（会計の）、男（会計担当者）、comptabilité女（会計、経理）、comptabiliser（帳簿に記帳する）なども語源を同じくします。「勘定、口座、アカウント」という意味から、「報告する」「〜がわかる、〜に気づく」「考慮に入れる」といった表現、つなぐことばとして便利な「結局」まで幅広く使えます。

計算、勘定

faire les *comptes* 収支計算をする   **vérifier les *comptes*** 収支を確かめる
se tromper dans ses *comptes* 勘定を間違える
le *compte* à rebours カウントダウン、秒読み

Je ***fais mes comptes*** à la fin de chaque mois.
　　毎月、月末に収支計算をしている。

Chaque année, dès la fin juin, ***le compte à rebours*** des départs en vacances commence.
　　毎年6月末になるやいなや、ヴァカンスに出発するカウントダウンが始まる。

être [se mettre / travailler / s'installer] à son *compte* 自営で仕事をする
[= créer son entreprise, travailler pour soi, ne pas dépendre d'un employeur.]

Quitter son patron et ***s'installer à son compte***, c'est le rêve de beaucoup de salariés. Pour monter sa propre entreprise, il faut bien analyser le marché.
　　雇い主の元を離れて自分のビジネスを立ち上げることは、多くの賃金労働者の夢です。自分自身の会社を立ち上げるためには、マーケットをよく分析することが必要です。

（銀行の）口座、（SNSの）アカウント

ouvrir [avoir] un *compte* en banque [un compte bancaire] 銀行口座を開く[持つ]
créer un *compte* Instagram インスタグラムのアカウントを作成する

Vous voulez bien verser cette somme sur ***mon compte*** ? Je vous envoie mes coordonnées bancaires.
　　その金額を口座に送金してもらえますか？　銀行の口座情報をお送りしますね。

Mon compte s'est fait pirater, alors j'ai dû le supprimer.
　　アカウントが乗っ取られてしまったので、削除しなければなかった。

> **règlement de *comptes*** （暴力による）報復、決着、借りを返すこと
> [= réglement d'un conflit par la violence]

A propos des 3 hommes tués par balles à Marseille, la police affirme que c'est *un règlement de comptes*. Les victimes étaient « déjà connues pour le trafic de stupéfiants ».

マルセイユで銃弾で殺された 3 人について、警察は報復行為であると断言している。犠牲者は全員「麻薬密売で（警察が）目をつけていた人物」だった。

> **rendre *compte* de qch à qn** 〜に…を報告する、説明する
> [= en faire le récit, le rapport, rapporter, analyser]
> **faire un *compte*-rendu** 報告する、議事録・レポート・レジュメを書く

Au début de la séance, il *a rendu compte des* discussions de la dernière réunion.

会議の冒頭に、彼は前回の集まりでの議論について報告した。

Je peux te donner des conseils pour rédiger *un compte rendu* d'article, ça t'intéresse ?

論文のレジュメを書くうえでのアドバイスをしてあげられるけれども、興味ある？

> **se rendre *compte* de qch** [**que + 直説法**] 〜がわかる、〜に気づく、〜を理解する
> [= s'en apercevoir, en prendre conscience, avoir une notion nette, comprendre]

ポイント！ 複合過去時制では過去分詞 rendu は不変であることに注意。

Elles *se sont rendu compte de* leur erreur.

彼女たちは自分たちの間違いに気づいた。

Je *me suis rendu compte de* sa timidité [= *qu'*il est timide].

彼が臆病なのだなとわかった。

Après plusieurs témoignages, on a commencé à *se rendre compte de* la situation.

何件かの証言を聞いたあと、私たちは状況がわかるようになった。

Il ne *s'est* pas *rendu compte qu'*il s'était trompé de date.

彼は日にちを間違えたことに気づいていなかった。

> **prendre en *compte* qch / tenir *compte* de qch** 〜を考慮に入れる
> [= prendre qch en considération]

Ces statistiques ne *prennent* pas *en compte* les inégalités sociales ni les discrimations.

この統計は社会的な不平等や差別を考慮に入れていない。

Je *tiendrai compte de* ce que vous m'avez dit, bien sûr.

あなたから聞いたことを、もちろん考慮に入れますよ。

Avant tout, il faut ***tenir compte de*** la situation économique actuelle.

何よりもまず、現在の経済の状況を考慮に入れなければならない。

---

compte tenu de qch ～を考慮すると、～を考慮したうえで（文）[= étant donné qch]

Compte tenu de la baissse de natalité, le gouvernement a pris la décision de créer un comité de spécialistes.

出生率低下を考慮したうえで、政府は専門家の委員会を立ち上げるという決定を下した。

*Le voyage doit être planifié avec prudence, **compte tenu de** son état de santé.*

旅行は彼（女）の健康状態を考慮して慎重に計画されなければならない。

---

en fin de *compte* / au bout du *compte* / tout *compte* fait　要するに、結局
[= après tout, finalement, à la fin （→ p.66）]

En fin de compte, c'était mieux de déménager à ce moment-là plutôt que d'attendre encore un an.

結局のところ、もう 1 年待つよりは、あの時に引っ越したほうがよかったのだ。

Au bout du compte, l'organisation des grandes expositions a généré beaucoup de dettes.

全てを考慮してみると、大がかりな展覧会を組織したことで多くの借金を残すことになった。

Tout compte fait, je n'ai pas acheté cette tablette, je n'en ai pas vraiment besoin.

結局、あのタブレットは買わなかった、ほんとうに必要なものではないので。

話題の重要さを強調する表現

Tu te rends compte ! や Vous vous rendez compte ! は、話しことばの流れのなかで「わかります？」「想像できる？」「すごいでしょう！」「あきれるじゃないか！」と相手の注意を引く表現です。コミュニケーションの流れに区切りをつけて、「ここのところ、見逃さずに理解してくださいよ！」と強調する働きをします。

Tu te rends compte ? C'est dingue ! Il a eu 3 accidents en une semaine !

ねえ、考えてもみてよ、うそみたいだよね！ 1 週間に 3 回も事故にあったんだよ！

Vous vous rendez compte ? C'est un jeune cycliste sans expérience qui a gagné le Tour de France ! C'est incroyable !

すごいでしょう？　未経験の若い選手がツール・ド・フランスに優勝したのですって！信じられない！

T'imagines un peu ?（ちょっと想像してみてよ）、Tu vois ?（わかる？）、C'est fou ! / C'est dingue !（うそみたい！）、C'est incroyable !（信じられない！）のような表現と組み合わせて使います。

exercices

1 ( ) の中に入れることばを選びましょう。

> le compte-rendu le compte à rebours compte tenu
> mon compte en fin de compte

1. Je vais supprimer ( ), c'est la deuxième fois que j'ai des problèmes avec les réseaux sociaux et je vais arrêter de les utiliser.

2. Elle a lu ( ) de ce livre dans un journal et elle l'a commandé tout de suite.

3. ( ) pour le lancement de la fusée a commencé.

4. J'hésitais entre une Fiat ou une Citroën, Paul a choisi une Toyota ( ).

5. ( ) de la situation actuelle, nous vous informons que le bureau sera fermé au public à 16 heures.

2 例のように適切な組み合わせを見つけて、文を完成しましょう。

例 Le proverbe dit :« *les bons comptes* font les bons amis ».
• En effet, la question d'argent peut être la cause de disputes.

1. Je vais ouvrir *un compte en banque* pour ma fille, •
• ⓐ les pourboires, je me demande s'ils ont le droit de faire ça.

2. Si tu as des démarches à faire, *compte tenu* des vacances d'été,•
• ⓑ le département veut multiplier le nombre de policiers dans ce quartier.

3. Pour le salaire des serveurs ce restaurant *prend en compte* •
• ⓒ leurs remarques sont sexistes.

4. Pour éviter les *règlements de compte* entre les bandes rivales,•
• ⓓ tu me conseilles quelle agence ?

5. Certaines personnes ne *se rendent* pas *compte* que •
• ⓔ tu dois t'y prendre longtemps à l'avance, tu sais.

3 compte を使って下線部を置き換える表現を考えましょう。

1. Je commençais à m'apercevoir de la gravité de la situation.

2. On a eu des problèmes avant le départ, mais finalement, tout s'est bien passé.

3. Jean a quitté son poste de chercheur et il a créé sa propre entreprise. Il a une excellente expertise, alors il aura des clients sans problème.

4. Marie voulait présenter le journal télévisé mais après avoir pris en considération sa vie de famille, elle a abandonné.

5. A la sortie du tribunal, l'avocat a donné des explications sur le jugement.

8   côté

côté圐 の語源は古典ラテン語の *costa* から派生した俗ラテン語の *costatum*「脇・側」です。côté（側面、脇、横腹、そば、方向）の他に côtier(ère)圕（沿岸の、海岸に近い）、coteau圐（小さな丘、〔特にブドウ畑のある〕丘陵）、côtelette囡（羊・子牛・豚の骨付背肉）、costal(e)圕（肋骨の）などのことばに展開しました。場所を指し示す表現だけでなく、物事を対比したり議論を組み立てるのに便利な表現にも着目してください。

（身体の左右の）片側、脇腹、（建物や山の）側面

le *côté* droit [gauche] du corps [d'un véhicule] 身体［車両］の右側［左側］
le *côté* sud du Mont Blanc モンブランの南壁

Passez par ***le côté droit*** de la maison et entrez directement dans le jardin. Il y a une petite porte.

家の右横を通って直接、庭のほうへお入りください。小さな入り口がありますから。

Je crois que je dors toujours sur le même ***côté.***

いつも同じ側を下にして眠っているのに違いない。

Elle a planté des fleurs sur le ***côté*** de l'allée.

彼女は小径の脇に花を植えた。

（平らなものの）表と裏

Les deux *côtés* d'une pièce de monnaie, le *côté* pile et le *côté* face.
コインの両面、表側と裏側
Les deux *côtés* d'une feuille de papier, le recto et le verso. 紙の両面、表と裏

Le ***côté*** face des pièces en euros montre l'Union européenne et symbolise son unité. L'autre ***côté*** est différent suivant le pays où la pièce a été frappée.

ユーロのコインの表側にはヨーロッパ共同体が示され、共同体の団結を象徴している。裏側はコインの鋳造された国によって異なっている。

Signez les deux ***côtés*** du document, ***recto et verso***, s'il vous plaît.

書類の両面に署名してください、表側と裏側と両方です。

（人の）性格、（物事の）側面

ne voir que le bon [le mauvais] *côté* des choses 物事の良い［悪い］面しか見ない
[= ne voir que les avantages / les inconvénients]

On va essayer de considérer tous les ***côtés*** [= tous les aspects] de la question.

この問題の全ての側面を考慮するようにしよう。

Il a un *côté* romantique. C'est peut-être ça qui fait son charme.

彼はロマンチックなところがあって、たぶんそれが魅力なのだろうね。

血筋

le *côté* maternel〔paternel〕 母方〔父方〕

Mes grands parents *du côté maternel* étaient originaires de Fukuoka.

母方の祖父母は福岡の出身でした。

J'ai 8 cousins *du côté* de mon père.

父方はいとこが8人います。

方角

du *côté* de ... 〜のほう〔= dans la direction de ... 〕
de ce *côté* こちら側　　　**de l'autre *côté*** 反対側
être du *côté* de qn（敵味方の）側　　**être de son *côté*** 〜の味方である
〔= partager l'opinion, la position de qn〕

La station de métro la plus proche, c'est de quel *côté* ?

ここから一番近い地下鉄の駅は、どちらのほうでしょうか?

Allez voir *du côté de* Arashiyama, vous allez trouver de très beaux endroits.

嵐山のほうへ行ってごらんなさい、とても美しい場所が見つかりますよ。

On va passer *de l'autre côté de* la rue, ils sont en travaux *de ce côté*.

通りの向こう側を通りましょう、こちら側は工事中だから。

Je *suis de ton côté*. La proposition de Monsieur Hayashi n'est pas cohérente.

私は君の味方だ。林さんの提案は首尾一貫していない。

〜のそばに

à *côté* (de qch/qn) 〜のそばに、近くに〔= près de qch/qn〕

Le restaurant Kurataya est tout de suite *à côté.* On y va ?

倉田屋レストランはすぐ近くだよ。これから行こうか?

J'ai garé ma voiture *à côté du* bureau de poste.

郵便局の横のところに車を駐車した。

Tu vas vivre au Chili ! *C'est pas la porte à côté* !〔= C'est loin.〕

チリへ引っ越すの! ちょっと隣へっていうわけにはいかないよね。(=遠いところだね。)

laisser qch de *côté* 〜を横に・脇に置いておく
mettre de l'argent de *côté* 貯金する〔= mettre en réserve, économiser〕

Laissez votre opinion personnelle *de côté* et expliquez-moi d'abord la situation.

あなたの個人的な意見は置いておいて、まず状況を説明してください。

Robert *avait mis de côté* plus de 3000 euros pour son voyage au Japon.

ロベールは日本へ旅行に行くために 3000 ユーロ以上も貯金してあった。

Mettez-moi 2 baguettes *de côté* s'il vous plaît, je les prendrai ce soir en rentrant.

バゲット 2 本、取り置きをお願いします、夕方帰りに買いに来ますので。

---

du *côté* de qn / **de son côté** 〜のほうは、〜に関しては
[= quant à qn / pour ce qui est de qn / du point de vue de qn]
de ce *côté*(-là) こちらのほうは [へ / から]

De son côté, il voudrait commencer le projet tout de suite. Et toi ?

彼のほうは、すぐにプロジェクトを始めたいと言っているよ、君はどう？

Du côté de nos collègues, il n'y aura pas d'objection.

同僚たちのほうはといえば、反対意見はありません。

Je la connais bien, elle est honnête, *de ce côté-là*, je n'ai aucun doute.

彼女のことはよく知っています、正直な人です、その点に関して全く疑いの余地はありません。

---

d'un côté ... et [mais] d'un [de l'] autre côté ...
〔対比して〕一方では…、だがもう一方では…

D'un côté, j'ai vraiment envie de partir en vacances, *mais d'un autre côté*, je suis trop inquiète de laisser tout ce travail derrière moi.

　一方では、休暇をとってどこかへ行きたい気持ちは山々なのだが、しかしもう一方では、この仕事を全て放って出かけることが心配でしかたがないのだ。

Il est doué, c'est sûr, *mais d'un autre côté*, il est complètement irresponsable.

彼は才能がある、それは確かだが、一方で責任感が全くないのだ。

的を外れていること、重要なことを素通りしてしまうこと

大切なことが目に入らず素通りしてしまうことを passer à côté de qch と言います。
ne pas voir [rater] qch（〜が目に入らない、見落とす）も概ね同じ意味です。
　Tu *es passé* totalement *à côté de* la question / du sujet !

　　君は完全に的外れだったよ（主題を完全に外れてしまったよ）！

「的外れである」を être à côté de la question [du problème / du sujet]、くだけた
会話では plaque図（住所や番号を記す標示板）ということばを使って être à côté de
la plaque とも言います。
　– Mais qu'est-ce que tu dis ? T'*es* vraiment *à côté de la plaque* aujourd'hui !
　– Oui, j'arrive pas du tout à me concentrer. On en reparle plus tard.

　　「何を言っているの？　今日はほんとうに的外れなことばかり言っているね！」
　　「うん、全然集中できないんだ、あとでまた話そう」

exercices

■1 ( ) の中に入れることばを選びましょう。

| les côtés | de côté | sur le côté | du côté | un côté | le côté |

1. Le port USB se trouve ( ) de l'ordinateur. Si le câble de votre périphérique ne rentre pas dans le port USB, il faut utiliser un adaptateur.

2. Dans les Alpes, vous trouverez des paysages magnifiques et beaucoup de circuits pour la marche. Allez ( ) de Chamonix si vous aimez la randonnée.

3. Elle a tendance à ne voir que ( ) négatifs des choses. Elle est pessimiste.

4. Mettons cette question ( ). Ce n'est pas le bon moment pour l'aborder.

5. Il a ( ) rêveur, avec beaucoup d'imagination. Un vrai artiste !

6. ( ) ouest de ce château donne sur la Loire.

■2 ( ) の中に入れることばを選びましょう。

| d'un côté | de l'autre côté | du côté | les côtés |

1. – S'il vous plaît, où se trouvent les toilettes ?

   – Passez ( ) de la grande salle, c'est sur votre gauche.

2. – Pour le moment, Zoé voit surtout ( ) agréables de New York.

   – Tant mieux si elle en profite ! Elle aura à découvrir petit à petit d'autres aspects.

3. – ( ), je suis ravie de travailler avec lui, mais en même temps, j'ai un peu peur.

   – Qu'est-ce qui t'inquiète ?

4. – On a eu une grande réunion familiale ce week-end. Ma mère était vraiment heureuse de retrouver ses sœurs !

   – Ah vous avez de la chance ! Dans ma famille, ( ) de ma mère, toutes les tantes sont déjà décédées.

■3 côté を使って下線部を置き換える表現を考えましょう。

1. Tu veux partir tout de suite demain matin ? Pour nous, pas de problème.

2. Annie et Nicolas sont libres mardi prochain. Toi, tu es dispo mardi soir pour nous retrouver sur Zoom ?

3. Arrête de tout critiquer, je préfère voir l'aspect positif de la situation.

9 coup

　coup囲 の語源はギリシャ語の *kolaphos*「ふいご」、ラテン語の *colpus*「叩く、打つ動作」です。「からだや道具・武器を使う動作」という意味から、「迅速に完了する行為・現象」や「（精神的な）試練」のような意味へと展開しました。また「回、度」という意味で副詞的に働く表現や、「つなぐことば」として話の組み立てに使えるものがあります。意味を区別して覚え、いろいろな場面で役立てましょう。

打つ・叩く・殴る・蹴る・突くこと、発砲・破裂すること（音）

donner à qn un *coup* de poing [pied / tête]
　〜を殴りつける［蹴飛ばす／頭突きをする］ * recevoir de qn ... は受け身の意味。
tirer un *coup* de canon [de fusil] 大砲［銃］で攻撃する

Un homme a été attaqué dans la rue. Il *a reçu un coup de couteau* dans le dos.
　男性が道で襲われ、背中をナイフでぐさりとやられてしまった。

Le coup de tête de Zinedine Zidane reste célèbre dans l'histoire du football.
　ジネディーヌ・ジダンの頭突きはサッカーの歴史において今でも有名な出来事だ。

Les ennemis ont commencé à fuir dès les premiers *coups de canon*.
　大砲を発砲する音が聞こえ始めると、途端に敵は退却を始めた。

迅速に完了する行為・現象

jeter un *coup* d'œil ちらりと見る　　**au premier *coup* d'œil** 一目見ただけで
donner un *coup* de main [de pouce]　手助けをする
avoir le/un *coup* de foudre pour qn 〜に一目惚れする
passer un *coup* d'aspirateur [de balai / de pinceau]
　さっと掃除機をかける［箒で掃く／刷毛で塗る］

Est-ce que tu peux *jeter un coup d'œil* sur ce document ?
　この資料をちょっと見てもらえない？

Je n'arrive pas à porter cette caisse de vins, tu me *donnes un coup de main* ?
　ワインの入った箱、持ち上げられないよ、ちょっと手伝ってもらえるかな？

自然の力の突然の働き

un *coup* de vent [tonnerre] 突風［雷鳴］
un *coup* de soleil 日焼け　　**un *coup* de chaleur** 熱中症
un *coup* de froid 風邪のひき始め
arriver [passer / partir] **en coup de vent**
　風のように慌ただしくやって来る［通り過ぎる／行ってしまう］

Le gros ***coup de vent*** d'hier soir a fait tomber les fleurs de cerisiers.

昨晩の激しい突風で、桜の花が散ってしまった。

Le coup de chaleur peut survenir dans un endroit surchauffé, comme par exemple dans une voiture restée en plein soleil.

熱中症は暑すぎる場所、例えば日なたに駐車してあった車の中で起こり得る。

Il ***est passé en coup de vent***, il n'a même pas eu le temps de prendre un café.

彼は束の間立ち寄っただけで、コーヒーを飲むひまもなかった。

試練、ショック、災難

un *coup* dur [**terrible**] 試練、辛い目 [= un gros ennui]
tenir le *coup* もちこたえる、耐える [= résister]

La nouvelle de son accident [sa maladie / son décès] a été ***un coup dur*** pour sa famille.

彼(彼女)が事故に遭った[病気だ / 亡くなった]という知らせは、家族の人たちにとって辛い試練だった。

Trois alpinistes ***ont tenu le coup*** 2 jours dans la neige avec du chocolat.

3人の登山者がチョコレートを食べて雪の中で2日間頑張った。

回、度

ce *coup*-ci 今回は [= cette fois-ci]
du premier *coup* 最初から [= à la première tentative, dès la première fois]
au troisième *coup* 3度目に [= à la troisième fois]
d'un (seul) *coup* 一挙に、いっぺんに [= en une seule fois]

Ce coup-ci, elle a contacté tout le monde avant de choisir la date de la réunion.

今回は、会議の日程を決める前に、彼女は皆に連絡した。

Il a réussi au concours national ***du premier coup*** [***au deuxième coup***].

彼は最初 [2度目] の挑戦で国家試験に合格した。

Si tu manges tout ça ***d'un seul coup***, tu vas avoir mal au ventre après.

これを全部いっぺんに食べたら、あとからお腹が痛くなるよ。

sur le *coup* すぐに、即座に [= immédiatement, sur le moment, aussitôt]
après *coup* あとになって、事後に [= une fois l'action faite]

La victime est morte ***sur le coup***.

犠牲者は即死した。

Elle a repensé à l'incident ***après coup***, mais le mal était déjà fait.

あとになって彼女はあの出来事のことを思い返したけれども、後悔先に立たずだった。

tout à *coup* / tout d'un *coup* 突然 [= soudain]

Tout à coup, ils ont ressenti une secousse, très forte, qu'ils n'avaient encore jamais éprouvée.

> 突然、彼らは揺れを感じた。それまで一度も経験したことのない、とても強い揺れだった。

à tous les *coups* そのたびに、毎回 [= chaque fois, immanquablement]

J'ai dit Rieko ? Pardon, je voulais dire Ryôko ! Je me trompe *à tous les coups*.

> りえこって言った？　ごめんなさい、りょうこだよね！　毎回間違えてしまう。

à *coup* sûr 必ず、間違いなく [= sans aucun doute, sûrement, infailliblement]

On dirait de la laque, mais à ce prix, c'est *à coup sûr* du plastique, c'est joli quand même.

> 漆のようだけれども、この値段なら間違いなくプラスチック製でしょう、でも綺麗なものですね。

ça vaut le *coup* de + 不定法 やってみるだけの価値がある《話》 [= ça vaut la peine]

C'est un travail très difficile à gérer, mais *ça vaut le coup de* se lancer.

> とてもやりにくい仕事だけれども、思い切って始めてみるだけの価値はあるよ。

Faire 3 kilomètres de plus pour acheter de l'essence un peu moins chère, *ça* (ne) *vaut pas le coup* !

> ガソリンが少し安いからって3kmも遠回りするなんて、そんなの無駄なことだよね。

ポイント! くだけたニュアンスになる場合が多いことに着目してください。

結果を導く「つなぐことば」du coup

「その結果、そのために」という意味のdu coupが最近よく使われます。en conséquence や c'est ainsi que..., alors, donc と同じように結果を導く表現です。話しことばでよく使われ、くだけたニュアンスになることに注意してください。

Elle avait son cours de yoga, *du coup* elle n'est pas venue.

> 彼女はヨガのクラスがあったので、それで来なかったのだ。

La pandémie mondiale du Covid nous a longtemps empêchés d'aller au bureau. *Du coup* on pratique le télétravail bien plus qu'avant.

> 世界的なコロナウイルスの流行で長いあいだオフィスに行かれなかった。その結果、テレワークが以前よりも盛んに実施されるようになっている。

du coup がこれほど使われる背景には、短く言いやすくて「ちょっと一言足りないときに空白を埋めるのに便利」という理由もあるようです。

Je n'avais pas son numéro, je n'ai pas pu l'appeler, *du coup*.

> 彼（女）の番号がわからなくて、電話ができなかったのだよね、そんなわけで。

exercices

1 (　　) の中に入れることばを選びましょう。

| coup de soleil | coup d'œil | coup de main | coup terrible |
| coup de froid | coup de foudre | | |

1. La température a baissé brusquement j'ai pris un (　　).

2. L'épidémie du coronavirus a été un (　　) pour l'économie mondiale.

3. On demande aux enfants de donner un (　　) à leurs parents.

4. Ichiro a eu le (　　) pour Hanako. 30 ans après, ils sont toujours ensemble.

5. Cet appartement m'a plu au premier (　　), j'ai signé le contrat tout de suite.

6. Mettez bien de la crème écran total toutes les 2 heures. Un (　　) peut être dangereux.

2 **à coup sûr, du coup, sur le coup** のうち適切なものを入れましょう。

- Regarde l'adresse de ce message, c'est un spam (1).

- Tu crois ?

- Oh oui, j'en suis certain, j'en ai reçu un moi aussi la semaine dernière. (2), je n'ai pas compris, mais ensuite je l'ai trouvé bizarre et (3) je l'ai supprimé. Je me suis dit que ça pouvait être vraiment dangereux.

3 **coup** を使って下線部を置き換える表現を考えましょう。

1. Tu as pu la rencontrer cette fois-ci ? Ça valait la peine de revenir, non ?

2. Elle est fatiguée, c'est pour ça qu'elle a annulé le rendez-vous.

3. Tu peux lui faire confiance, il t'enverra sans aucun doute les documents que tu lui as demandés.

4. Oh, c'est pas drôle Thomas, tu racontes chaque fois les mêmes histoires.

5. J'avais jamais joué au bowling mais dès la première fois, j'ai fait un strike ! Génial !

6. Ils sont partis très rapidement, on aurait bien voulu bavarder un peu avec eux, mais c'était trop tard.

7. Je cherchais mon passeport partout quand je l'ai soudain aperçu sous ma tablette.

8. Au début sa décision m'a choqué, mais plus tard je me suis rendu compte que c'était sans doute le meilleur choix.

10 cours

cours圐 の語源はラテン語の *cursus*「走る動作」です。動詞 *currere*「走る」の
過去分詞も同じ形の *cursus* で「走った」を意味します。*cursus* から cours（講義、
水や川の流れ、時やものごとの推移、貨幣の流通、市場価格）、en cours（進行中の）、
course图（走ること、競争、買い物）、cursus圐（大学の課程）などのことばが生まれま
したが、一方 *currere* から courir（走る、流れる、経過する）、coureur(se)图（走者、
選手）、courant圐（水の流れ、人の移動、時の経過）などへ展開しました。同じ *currere*
から生じた表現に au courant（知っている）もあります。

流れ

cours d'eau [**du fleuve** / **de la rivière** / **du ruisseau**] 水 ［河 / 川 / 小川］の流れ
[= courant, fil (de l'eau), flot]
remonter le *cours* d'un fleuve 川の流れを遡る

Le canal est **un cours d'eau** paisible régulé par des écluses.
運河とは複数の水門によって調節される、穏やかな水の流れである。

Le cours de cette petite rivière a été détourné pour que l'usine de teinture utilise
son eau.
この小さな川の流れは、染め物工場が水を利用できるように迂回させられたのだ。

時、ものごとの流れ、推移、なりゆき

le **cours** des saisons 季節の移り変わり   le **cours** d'une maladie 病気の進行
le **cours** des événements ものごとのなりゆき

Il est difficile de ressentir **le cours des saisons** dans une ville sans espaces verts.
緑地帯のない都市では、季節の移り変わりを感じることが難しい。

Ce médicament a miraculeusement enrayé **le cours de sa maladie**.
この薬は彼（女）の病気の進行を奇跡的に食い止めた。

Les journalistes présents sur le champ de bataille nous font suivre **le cours des
événements** en direct.
戦場にいるジャーナリストたちが物事のなりゆきを私たちに直接伝えてくれる。

Se marier, avoir des enfants et les élever puis s'occuper des parents était **le cours**
normal de la vie d'une femme. Le fait d'avoir une profession change cette norme.
結婚し子どもを持って育て、それから親の世話をするのが女性の人生の普通の流れだった。職業
を持つことで、この規範に変化が生じている。

C'est ***au cours de*** mes années d'études en France que j'ai commencé à envisager clairement mon avenir.

> 自分の将来について明確に考え始めたのは、フランスに留学した数年間のあいだのことだ。

Cette professeure est très célèbre pour avoir formé de nombreux chercheurs ***au cours de*** sa carrière.

> この教授は自分のキャリアを通して数多くの研究者を育てたことでとても有名だ。

Je passerai te voir ***dans le cours de*** la semaine prochaine, je te contacterai.

> 来週中に会いに行くよね、連絡するね。

進行中

Il y a des travaux ***en cours*** sur cette route. Vous devez faire un détour.

> この道路に工事中のところがあります。迂回しなければなりませんよ。

Tant que le procès ***est en cours*** , il ne peut pas quitter le pays.

> 裁判が進行中であるあいだは、彼は国外へ行くことができない。

Nous avons visité cet ancien bâtiment ***en cours de rénovation***. Ils ont le projet d'en faire un musée.

> 改修中のあの古い建物を見学した。美術館にする計画があるそうだ。

Plusieurs changements de la Constitution sont ***en cours de*** discussion.

> 憲法のいくつかの箇所を変更することについて議論が進められている。

相場、市場価格 [= valeur]

Le cours des céréales varie selon les négociations avec la Russie.

> ロシアとの交渉の成り行き次第で穀物相場が変化する。

Le cours du yen peut baisser ou monter suivant différents éléments financiers sur le plan international. Le processus est complexe.

円相場は国際的な状況におけるさまざまな財政的要因によって安くなったり高くなったりする。そのプロセスは複雑だ。

授業、講義、コース ［＝ enseignement］

suivre un *cours* magistral 講義科目をとる

des *cours* obligatoires ［**optionnels, facultatifs**］ 必修［選択］科目

donner des *cours* privés プライベートレッスンをする

Si on ne peut pas aller régulièrement à l'école, il est possible de *suivre les cours* par correspondance.

学校へ定期的に通えないのなら、通信教育のコースをとることができる。

– Cette année, il y a *3 cours de français*, tu choisis lequel ?

– Moi, j'ai pris *le cours du mardi* à 14h ［＝ qui commence à 14 heures le mardi］.

「今年はフランス語のクラスが 3 種類あるけれども、あなたはどれを履修するの？」

「私は毎週火曜日の午後 2 時のクラスをとりました」

Je *suis un cours* de cérémonie de thé une fois par mois. Ça me plaît beaucoup.

毎月 1 回、お茶のお稽古に通っている。大好きだ。

さまざまな教育課程をあらわす cours

cours という同じことばで、さまざまな種類の「授業」や「教育課程」を指します。プライベートのレッスン、小学校の教育課程の各段階、大学の講義などです。

– Qu'est-ce que tu fais dimanche ?

– Je donne *un cours* de piano aux enfants de ma voisine.

「日曜日は何をしているの？」「隣の人の子どもたちにピアノのレッスンをしているのよ」

L'école élémentaire dure 5 années : il y a un an de *Cours Préparatoire*, 2 années de *Cours Elémentaire* et 2 années de *Cours Moyen*. Ensuite c'est le collège (4ans) et le lycée (3 ans).

小学校は 5 年間です。すなわち、CP が 1 年間、CE が 2 年間、CM が 2 年間。そのあと中学（4 年間）と高等学校（3 年間）です。

Dans mon université, il y avait beaucoup d'étudiants en psychologie, nous étions 300 dans un amphithéâtre (amphi) pour les *cours magistraux,* heureusement il y avait les TD (travaux dirigés) où nous étions en petits groupes.

私の大学では心理学の学生の人数が多く、講義科目のときは階段教室に 300 人もいたが、演習では幸い少人数のグループだった。

exercices

1 (　　) の中に入れることばを選びましょう。

| au cours | les cours | en cours | le cours | dans le cours |

1. J'ai fait un régime pendant un mois l'an dernier et (　　) de cette période, j'ai perdu 1 kilo seulement, c'est pas très stimulant !

2. Il faut faire votre déclaration d'impôts avant la fin du mois (　　).

3. Tu sais que (　　) de l'Ardèche convient particulièrement bien pour descendre la rivière en canoë-kayak ? Un jour on ira ensemble !

4. Comme mon mari a placé son argent dans des actions, il consulte (　　) de la bourse chaque jour.

5. J'ai raté 3 épisodes de la série, je suis perdue (　　) du récit.

2 例のように適切な組み合わせを見つけて、文を完成しましょう。

例 L'Iran a une centrale nucléaire opérationnelle et 4 autres sont •   • *en cours de construction.*

        • ⓐ *en cours de maintenance* jusqu'à 18 heures.

1. Beaucoup de demandes de passeport sont encore •

        • ⓑ *en cours de route* pour piqueniquer.

2. Cet article vous sera livré prochainement. Votre commande est •

        • ⓒ *en cours de traitement.* Il y a du retard dans les procédures.

3. Les constructeurs automobiles annoncent que des véhicules complètement autonomes sont •

        • ⓓ *en cours d'acheminement.*

4. On part tôt demain matin mais on s'arrêtera •

        • ⓔ *en cours de réalisation.*

5. Le service informatique est •

3 **cours** を使って下線部を置き換える表現を考えましょう。

1. J'assiste à un cours de chant tous les mardis matin.

2. Le cours de l'Euro est trop élevé, ça coûte cher d'aller en Europe !

3. Jérémy est un peu confus, j'ai du mal à suivre le cours de ses idées.

4. Elle a été paniquée au cours de son entretien d'embauche et elle est sortie en pleurant.

5. Les saumons remontent le cours de la rivière pour pondre leurs œufs.

11 droit

droit團 の語源はラテン語で「法的規則の総体」を意味する *directum* と、同じく
ラテン語で「真っ直ぐにする」という意味の動詞 *dirigere* の過去分詞 *directus* です。
directum はもともと「公正、正義」の意味で、droit(e)團（まっすぐな、公正な、正し
い）も語源が同じです。*dirigere* からのつながりで diriger（経営する、指揮する、向
ける、進める、送る）、direct(e)團（近道の、直接の）、directement（まっすぐに、直接に）、
directeur(trice)圏（長）、direction圏（方向、管理、指揮、経営陣）、directif(ve)團（指揮
を与える）などのことばとも関連があります。「当然持つべき権利」という考えを背
景にして、日常の暮らしの中でも「〜することができる / できない」という意味で
頻繁に使われます。

法律、法律学

droit international 国際法
étudiant(e) en *droit* 法学部の学生　　faculté de *droit* 法学部
droit criminel 刑法　　*droit* civil 民法　　*droit* du travail 労働法

Le droit public défend l'intérêt général et *le droit privé*, les rapports entre
particuliers.
　公法は公益を擁護し、私法は個人間の関係を司る。

Comme Julie s'est spécialisée *en droit du travail* et qu'elle a fait plusieurs stages,
elle a décidé de postuler pour cette offre.
　ジュリーは労働法を専門に選び研修もいろいろ受けたので、このポストに応募することにした。

権利

les *droits* fondamentaux 基本的人権　　*droit* de vote 投票権
droits de l'homme 人権　　*droits* de la femme 女性の権利
le *droit* du sol 血統にかかわらず出生地により国籍を取得する権利
le *droit* du sang 出生地にかかわらず親と同じ国籍を取得する権利
les *droits* et les devoirs 権利と義務
avoir *droit* de vie ou de mort sur qn 〜の生殺与奪の権を握る
exercer son *droit* 権利を行使する　　porter atteinte au *droit* 権利を侵害する

Dans le monde, il existe encore bien des régimes autoritaires qui ne respectent
pas *les droits de l'homme*.
　世界には人権を尊重しない専制的な体制がまだ数多く存在するのだ。

Un enfant né en France de parents étrangers peut obtenir la nationalité française
à 18 ans sous certaines conditions, c'est *le droit du sol*.

フランスでは外国籍の親から生まれた子どもは、特定の条件を満たせば 18 歳になるとフランス国籍を取得することができる。出生地主義をとっているからだ。

La Chine, la France, le Royaume Uni, la Russie et les Etats-Unis ont *le droit de veto* au Conseil de Sécurité des Nations Unies.

国連の安全保障理事会では中国、フランス、イギリス、ロシアとアメリカ合衆国が拒否権を持っている。

> **avoir le *droit* de + 不定詞** 〜する権利がある、〜することを許されている
> [= avoir l'autorisation de + 不定詞]

A quel âge *a*-t-on *le droit de* voter en Finlande ?

フィンランドでは投票権は何歳で得られるのですか？

Vous n'*avez* pas *le droit de* laisser votre poubelle devant notre porte d'entrée.

私どもの玄関の前にあなたのゴミ箱を置き去りにすることはできませんよ。

Mais enfin, *de quel droit* déposez-vous votre poubelle devant ma porte ?

ねえちょっと、いったい何の権利があって家の玄関の前にゴミ箱を置いたりするんですか？

ポイント! de quel droit ...「何の権利があって」は怒って話すときによく使う表現です。かなり強い調子で相手に抗議する場面で使います。

> **avoir [donner] *droit* à qch** 〜を受ける権利がある [権利を与える]

Les chômeurs *ont droit à* des indemnités pendant quelques mois. [Le chômage *donne droit à* des indemnités pendant quelques mois.]

失業者は職を失ってから数ヶ月間のあいだは手当を受け取る権利がある。

Bien sûr que le père *a* aussi *droit au* congé parental. [La naissance d'un enfant *donne droit au* congé parental au père aussi, bien sûr.]

もちろん父親も育児休暇を取得する権利がありますよ。

> **faire valoir ses *droits*** 権利を行使する

Vous avez réglé la commande en ligne et vous avez reçu une marchandise abîmée ? Dans ce cas, vous pouvez *faire valoir vos droits* en contactant le service client.

オンラインで注文の支払いをしたのに、破損した商品を受け取ったのですか？ そういうことでしたら、お客様サービスに連絡をして権利を行使する [払い戻しを求める] ことができます。

> **à qui de *droit*** 権限、資格のある人に、しかるべき筋に

Je ne peux pas vous répondre, adressez-vous *à qui de droit* pour obtenir cette information.

私が質問に答えることはできません、この情報を入手するには、しかるべき筋に問い合わせをしてください。

Cette lettre de recommandation est valable et vous pouvez l'envoyer *à qui de droit.*

この推薦状は有効ですので、権限のある人に送ってもよいですよ。

de plein *droit* 正当な権利として、当然 [= sans contestation]

C'est *de plein droit* qu'il vous demande de ne pas garer votre voiture sur son terrain.

自分の土地に車を停めないようにと要求するのは、彼の正当な権利だ。

Elle a accompli les procédures pour sa naturalisation. Elle est désormais citoyenne canadienne *de plein droit.*

彼女は帰化するための手続きを完了した。彼女は今やれっきとしたカナダ国民だ。

税、料金、納付金

droits d'entrée 〔複数形で〕入場料　　　*droits* d'auteur 著作権、印税
droits de scolarité 学費 [= frais de scolarité]

Il voulait étudier à l'étranger, il a choisi la France parce que *les droits d'inscription* à l'université étaient peu élevés.

彼は外国へ留学したいと考え、大学の登録料［学費］がそれほど高くないフランスを選んだ。

Pour estimer *les droits de succession*, on m'a recommandé de demander l'avis d'un spécialiste.

相続税がどれほどになるかの見積もりのため、専門家の意見を聞くように勧められた。

「こんな事態が避けられない」をあらわす droit の表現

avoir droit à qch（〜を受ける権利がある）という表現を使って、皮肉な感じで「こんな大変な目にあう／あった」という内容をあらわす場合があります。「困った事態が避けられない／避けられなかった」ne pas pouvoir éviter quelque chose de désagréable という意味です。

Il s'est mis à pleuvoir tout d'un coup et je n'avais pas de parapluie, j'*ai eu droit à* une bonne douche ! [= je n'ai pas pu éviter d'être mouillé(e) par la pluie]

急に雨が降ってきて、傘を持っていなかったので、ずぶ濡れになってしまったよ。

Si tu gares ta voiture ici, tu vas *avoir droit à* un PV [= tu auras forcément un PV] , allons au parking.

車をここに停めると罰金をとられてしまうよ、駐車場に行こう。

このように、日本語の感覚とは異なる表現のしかたに出会うことがありますね。それもまた、フランス語を学ぶ楽しみのひとつです。

exercices

1 （　　）の中に入れることばを選びましょう。

les droits d'entrée	donne droit à	le droit de
les droits des femmes	droit à un remboursement	

1. Si vous ne recevez pas votre commande, vous avez (　　).

2. Pour avoir (　　) toucher cette allocation, il faut remplir ce papier.

3. L'abonnement vous (　　) un espace de stockage en ligne pour vos fichiers.

4. Les discussions sur (　　) sont prévues dans la réunion du premier jour.

5. On vous donnera un ticket quand vous aurez payé (　　).

2 例のように適切な組み合わせを見つけて、文を完成しましょう。

例 La liste *des droits fondamentaux* évolue,

1. Il a choisi la carrière d'avocat pour aider les citoyens marginalisés,

2. Je suis contre la peine de mort,

3. *Le droit à* la liberté est primordial pour les Francais,

4. Le problème qui subsiste dans des entreprises japonaises,

5. En 2020, à cause de la contamination,

• de nouveaux droits comme *le droit au logement* sont reconnus.

• ⓐ afin qu'ils puissent *faire valoir leurs droits*.

• ⓑ c'est que *le congé parental auquel on a droit* n'est pas facile à prendre en réalité.

• ⓒ *le droit* de grève aussi.

• ⓓ les Français n'avaient pas *le droit de* sortir de chez eux sans autorisation spéciale.

• ⓔ personne ne peut avoir *le droit de vie ou de mort* sur quelqu'un !

3 マンションの住民どうしの会話です。適切なことばを選び、動詞や所有形容詞は適切な形に変えましょう。

de plein droit	avoir le droit de	à qui de droit	faire valoir ses droits
donner droit à	avoir droit à	porter atteinte à mon droit	

– Madame Dubois, votre chien est trop bruyant, il (　1　) la tranquilité, je ne peux pas dormir !

– Mais mon chien est très gentil, vous savez et il est tout petit. J'(　2　) avoir un compagnon, non ?

– Mais si vous ne le dressez pas mieux, je vais (　3　) à la copropriété.

effet

effet圐 の語源はラテン語の動詞 *efficere*「成し遂げる」の過去分詞 *effectus* です。ラテン語の *effectivus*「効果をもたらす」から effectif(ve)圏（現実の、実際の）、副詞 effectivement圖（実際に、確かに）へ展開しました。さらに *effectuare*「実行に移す、実現する」から effectuer（実行する）が、また *efficax*「著しい効果をもたらす」から efficace圏（効き目のある、有能な）や efficacement圖（効果的に）が生まれました。en effet「そのとおり、確かに」というかたちで日常のコミュニケーション場面で大きな役割を担うことばです。

結果、作用、影響

subir les *effets*（de qch）（〜の）影響を受ける
avoir un *effet* sur qch 〜に影響を与える
produire［faire］l'*effet* 作用する
ne faire aucun *effet* 何の結果ももたらさない

L'agriculture de l'île ***a subi les effets des*** cendres volcaniques.
この島の農業は火山灰の影響を受けてしまった。

L'âge ***a un effet*** incontestable ***sur*** notre peau, elle se ride.
年齢は確実に私たちの皮膚に影響を与える。皺ができるのだ。

Son discours n'a pas ***produit l'effet*** souhaité. Il a retiré sa proposition.
スピーチによって期待したような結果が得られなかったので、彼は提案を撤回した。

avoir pour/comme *effet* + qch［不定詞］〜という結果をもたらす

Le très gros typhon de la semaine dernière ***a eu pour effet*** des inondations dans toutes les régions du sud et l'arrêt partiel des activités économiques.
先週の大きな台風が南の地方全域に洪水を引き起こし、経済活動も部分的にストップした。

Les bombardements atomiques de Hiroshima et de Nagasaki ***ont eu comme effet*** la capitulation du Japon.
広島と長崎への原爆投下は日本の降伏という結果をもたらした。

sous l'*effet* de ...　〜のせいで、〜の作用を受けて［= sous l'influence de ...］

sous l'*effet* de l'alcool 酒の勢いで
sous l'*effet* des drogues 薬のせいで

On parle souvent de l'élévation du niveau des océans ***sous l'effet du*** réchauffement climatique.
気候温暖化の影響による海水の水位上昇がしばしば話題になる。

Ils ont eu cette réaction *sous l'effet de* la colère.

怒りのあまり彼らはあんな反応をしたのだ。

Il était encore *sous l'effet de l'alcool* quand son frère l'a retrouvé endormi dans le parc, le lendemain matin.

翌朝公園で眠り込んでいるのを弟が見つけたとき、彼はまだ酒に酔っ払った状態だった。

効果

effets visuels [spéciaux] （映画の）視覚［特殊］効果	*effets* secondaires 副作用
effet domino ドミノ効果（一気に広がる波及効果、連鎖反応）	*effet* de serre 温室効果

Les effets visuels sont maintenant récompensés par l'Académie des César.

視覚効果も今ではセザール賞の評価対象になっている。

L'inquiétude *des effets secondaires* ne rend pas tout le monde antivaccin.

副作用が心配だからといって、皆がワクチン反対派になるわけではない。

La fermeture du marché aux poissons a créé *un effet domino* provoquant la fermeture de nombreux petits magasins du quartier.

魚市場がなくなったことがドミノ効果となって、この地区の小さな店がたくさん潰れてしまった。

L'effet de serre dû à l'activité humaine entraîne des changements climatiques irréversibles.

人類の活動に起因する温室効果が取り返しのつかないほどの気候変動を引き起こしている。

印象、感じ

faire (un) bon [mauvais] *effet* 良い［悪い］印象を与える
faire un *effet* extraordinaire 素晴らしい印象を与える
faire un drôle d'*effet* 変な感じがする
faire de l'*effet* sur qn ～に強い印象を与える、効果をもたらす
ne faire aucun *effet* 何の印象も残さない

Quel *effet* vous *a fait* cette première rencontre ? [= Quelle impression vous a donnée cette première rencontre ?]

この最初の出会いから、あなたはどんな感じを受けましたか？

Ce kimono *fait de l'effet* pour son prix. Il est très beau.

この着物は値段のわりに見栄えがする。とてもきれいだ。

– Je regarde tous les épisodes de cette série. Ça me touche vraiment !

– Ah bon ! Pour moi, c'est ennuyeux, ça *ne* me *fait aucun effet*.

「このドラマのエピソードを全部見ているよ。もうほんとうに感動的！」

「へえそうなんだ！ 私は退屈だと思う、全然何も感じないよ」

Il était absent cet après-midi : ***en effet***, il est en voyage cette semaine.
今日の午後、彼は欠席だった。実は今週は旅行中なのだ。

– Vous voulez participer à la pétition, c'est bien ça ?

– Oui, ***en effet*** [= absolument], je me dis qu'il faut faire le maximum possible.
「署名活動に参加したいと思っているのですね？」
「ええ、確かにそのとおりです。できるかぎりのことをしなければ、と考えています」

– Tu as vu son costume ?

– ***En effet*** ! [= Oui, j'ai remarqué] Quelle élégance !
「彼（女）の衣装を見た？」「ええ、確かに、何とエレガントなのでしょう！」

日常のやりとりで使うあいづち en effet

話の相手に反応するとき、「何と返してよいのかわからずに、話の流れが切れてしまう」という悩みをよく聞きます。「あいづち」がうまく使えれば、「あなたの話をよく聞いていますよ、意味をきちんととらえていますよ」というサインを相手に送ることができます。つまりコミュニケーションの土台であると言っても過言ではありません。

Ah oui ? / Ah bon ?　　　「ああそうですか」
Ah je vois. / Ah oui d'accord.　「ああ、なるほど」
Oui je sais.　　　　　　「そうですよね、わかっています」
D'accord. / Entendu./ OK.　「了解です」

こんな「あいづち」と並んで使う場面が多いのが、「そうですね」と相手に同意するものです。「あなたの言うとおりですね」「確かにそうですね」「ほんとうですね」というとき en effet を使います。このような場面に使える表現を増やしていけば、スムーズに「あいづち」が使えるようになり、相手とのやりとりが快適になります。

– Ces mangues coûtent trop cher !
– ***En effet*** [= c'est vrai, tu as raison] , on va prendre des bananes.
「このマンゴーは高すぎるよね！」「そうだね、バナナにしよう」

– Ce qui se passe en Europe est effrayant !
– Les nouvelles sont alarmantes ***en effet*** [= c'est sûr] .
「ヨーロッパで恐ろしいことが起こっていますね！」「確かに気がかりなニュースですね」

「事実」と背景を説明したり「それもそのはず」と理由を説明するときにも使います。
このページの上にある例文もあわせて見てください。

exercices

1 （　　）の中に入れることばを選びましょう。

> de l'effet　　aucun effet　　l'effet domino　　en effet　　sous l'effet

1. Les aides publiques ont évité (　　) de faillites des petites et moyennes entreprises.

2. Ses cheveux ont blanchi en quelques jours (　　) de la peur.

3. J'ai acheté ce complément alimentaire pour retrouver de l'énergie mais il ne m'a fait (　　).

4. Paul avait raison, (　　) cette ville est vraiment touristique.

5. La déclaration du candidat a fait (　　), les réactions étaient nombreuses sur les réseaux sociaux.

2 例のように適切な組み合わせを見つけて、文を完成しましょう。

例 On n'attendait pas ce chanteur, ●————● *l'effet* de surprise a été total !

1. *Sous l'effet de* l'anesthésie, elle a eu des hallucinations ●

2. Le dioxyde de carbone (CO2) contribue à retenir la chaleur ●

3. Les gelées du printemps *ont eu* ●

4. L'intervention militaire *a fait l'effet* ●

5. L'erreur de l'employé va *avoir pour effet* son renvoi. ●

6. Ce livre est considéré comme difficile, ●

- ⓐ C'est une décision sévère.
- ⓑ et participe à *l'effet de serre* sur la surface de la Terre.
- ⓒ mais aucune douleur.
- ⓓ il l'est *en effet*.
- ⓔ *des effets* catastrophiques sur les récoltes de fruits de l'été.
- ⓕ d'une douche froide dans le monde entier.

3 effet を使って下線部を置き換える表現を考えましょう。

1. Marie voulait attendrir Toshi mais ses larmes ont produit sur lui <u>une impression</u> contraire. Il est parti.

2. Cette invention a reçu le premier prix au concours, elle le mérite bien <u>c'est sûr</u>.

3. Supprimez la cause et vous supprimerez <u>le résultat</u>.

4. – Cette voiture est difficile à conduire.

   – <u>Tu as raison</u>, je l'ai essayée et j'ai failli avoir un accident.

5. La cérémonie des JO <u>a impressionné</u> les téléspectateurs.

face

13

face囡は「(物の) 表面、(ものごとの) 局面」という意味でさまざまな使いかたに展開することばです。faire を意味するラテン語の *facere* から *facies* / *facia* が、さらに *facia* から face のほか、facial(e)彫（顔面の）、effacer（消す）、façade囡（建物の正面、うわべ）などが生まれました。一方 faciès囲（顔つき）ということばに *facies* の形が残っています。「顔」の意味では visage囲 や tête囡 と共通です。

（物の）面、（人の）顔、面子

la *face*（de qch）（物の）面　　**se voiler la *face*** 顔を覆う、見ないふりをする
perdre [sauver] la *face* 面子（めんつ）を失う［保つ］
[= perdre [garder] son prestige, sa réputation]

Les astronautes sont les seuls à avoir survolé *la face* cachée de la lune, mais maintenant on peut tous la voir grâce à leurs photos.

> 月の隠れた面の上を飛んだのは宇宙飛行士たちだけだが、彼らの写真のおかげで今では皆が見られる。

Dans sa famille tout le monde *se voile la face* plutôt que de discuter des problèmes.

> 彼（女）の家族は問題を話し合うよりも、皆で見ないふりをするのだ。

Le désir de *sauver la face* peut être interprété comme un aspect de l'orgueil.

> 面子を保ちたいと願う心は高慢さのあらわれとも考えられる。

正面の、正面から

de *face* 正面の、正面から [= de devant]

Vue *de face*, le château est en ruine, mais sur *la face nord* on trouve des parties qui sont restées intactes.

> 正面から見ると城は廃墟だが、北側は元のまま残った部分が見られる。

比較 de côté / de profil「横から」

On a fait des photos *de face*, mais on en a aussi besoin d'une autre, *de profil*.

> 正面からの写真を何枚も撮ったが、横からの写真も1枚必要だ。

en *face* 正面に、正面から
en *face* de qch/qn 〜の正面に、〜の前に［で］ [= vis-à-vis de]

Pendant la compétition, le joueur avait le soleil *en face* et ça l'a peut-être désavantagé.

> 試合のあいだこの選手は日射しを正面から受けていて、それが不利になったのかもしれない。

56

En face de chez Yuriko, il y a un très joli petit parc avec des cerisiers.

百合子さんの家の向かいにきれいな小さな公園があって、桜の木が何本かある。

向かい

qch/qn d'en *face* 向かいの〜 ［= de l'autre côté, du côté opposé］

Oh, il y a des travaux, on passe sur le trottoir *d'en face*.

あ、工事をやっているね、向かい側の歩道を通ることにしよう。

Ce monsieur qu'on vient de croiser ? C'est notre voisin *d'en face*.

今すれ違った人？　向かいに住んでいる人だよ。

dire qch en *face* 〜を面と向かって［率直に］言う ［= dire franchement］
regarder qch/qn en *face* 〜を真正面から見つめる

Elle leur a *dit en face* ce qu'elle pensait.

彼女は彼らに思っていることを面と向かって言った。

C'est le moment de *regarder* la situation *en face*. Le monde post-Covid est très différent d'avant.

状況を真正面から見つめる時がきている。コロナウイルス後の世界は、以前とは異なっている。

***face* à qch/qn** 〜に面した［= vis-à-vis de, devant qch/qn］、〜に直面して

Pour les vacances, ils ont loué une maison *face à* la mer.

夏休みのため、彼らは海に面した家を借りた。

Elle est plutôt timide, mais *face à* ses étudiants elle a toute son assurance.

彼女はどちらかというと内気なほうだが、学生たちに対しては自信たっぷりだ。

Face à la montée du niveau des océans, les habitants des îles du Pacifique s'inquiètent.

海面の上昇に直面して、太平洋の島国の住民たちは心配している。

Le système judiciaire évolue *face aux* violences domestiques qui sont la cause de milliers de féminicides.

何千もの女性殺害事件の原因となる家庭内暴力に直面して、司法システムは変化している。

ポイント! 位置関係を示す場合と、抽象的な対立関係を示す場合の両方に使われます。新聞の見出しなどで非常に使用頻度が高い表現です。

faire *face* à qch/qn 〜と向かい合う、〜に立ち向かう、正面から取り組む

Pour *faire face à* la crise actuelle, les compagnies aériennes seront obligées de baisser les salaires des pilotes.

現在の危機に立ち向かうため、航空会社はパイロットの給与を下げなければならなくなるだろう。

Tu n'as plus le choix, tu devrais *faire face à* la réalité pour résoudre tes problèmes plutôt que de te plaindre.

> もう選択の余地はないよ、君は文句を言っていないで、現実を直視して自分の問題を解決しなければ。

> *face* à *face* 向かいあって
> se trouver [être] *face* à *face* avec qch/qn ～とばったり出会う

Ces deux salons de coiffure se sont installés *face à face* dans mon quartier. Je me demande pourquoi.

> うちの近所に美容室が2ヶ所、向かいあって開店した。どうしてそんなことになったのかな。

Le plongeur *s'est trouvé face à face avec* un requin blanc de 6m de long.

> ダイバーは体長6メートルもある白い鮫と出くわしてしまった。

Je *me suis retrouvée face à face avec* un copain de lycée à l'aéroport de Moscou, quel hasard !

> モスクワ空港で高校時代の友だちとばったり会ったんだよ、何という偶然のいたずらだろう！

> *face-à-face* 圐 討論、対談 [= un débat, une confrontation]

Quelques *face-à-face* télévisés restent célèbres dans l'histoire des élections américaines.

> アメリカの選挙の歴史上、いくつかのテレビ討論は今にいたるまで有名だ。

J'ai eu *un face-à-face* éprouvant avec le professeur principal de mon fils.

> 息子の担任の先生との面談がつらかった。

ポイント！ face-à-face は不変化名詞で、複数形でも s をつけないことに注意。

英語の face とフランス語の face

フランス語と英語で使用頻度が高く、意味もよく似ていることばが数多くあります。face もその一例です。使いかたが似ている一方、違いも目につきます。今まで長年学んできた英語と、フランス語の共通点や違う働きを意識してみましょう。このように比較してみることで、両方の言語への理解を深められるでしょう。英語の文と同じ意味になるよう（　　）にことばを入れてみましょう（解答と訳は p.176）。

① She will climb the south face of the mountain.
   Elle va escalader (　　) de la montagne.
② They were face-to-face with their enemy. / Ils étaient (　　) leurs ennemis.
③ You have to face facts. / Vous devez (　　) la réalité.
④ We said it to his face. / On le lui a dit (　　).
⑤ He didn't hesitate to react in face of danger.
   Il n'a pas hésité à réagir (　　) danger.

exercices

1 （　　）の中に入れることばを選びましょう。

faire face à	dire en face	perdre la face	regarder en face

1. Il a menti par peur de (　　).

2. Pendant son voyage à l'étranger, elle a dû (　　) des dépenses imprévues.

3. Tu veux bien me (　　) pendant que je t'explique quelque chose ?

4. Il ne s'est pas gêné pour (　　) à sa supérieure qu'elle avait tort.

2 **face au, face à face, en face de, face à** のうち適切なものを入れましょう。

A l'agence de voyages

– Dans le train vous prenez des places côte à côte ou (　1　) ?

– Je préfère être (　2　) ma mère, c'est plus agréable pour discuter.

– On vous a réservé cet hôtel (　3　) lac et il y a un service de minibus situé juste (　4　) la gare.

3 例のように適切な組み合わせを見つけて、文を完成しましょう。

例 Ce joueur de golf ne faisait pas le poids　　•　　　　•　*face à* son adversaire, champion régional.

1. Ce politicien a commis une erreur, •　　•ⓐ il ne peut plus *sauver la face*.

2. Il doit surveiller son alimentation et•　　•ⓑ regardez la vérité *en face*.

3. Ce commerçant a dû baisser les prix•　　•ⓒ pour *faire face à* la concurrence.

4. Cessez de rêver,　　　　　•　　•ⓓ il reste vigilant *face à* sa maladie.

4 **face** を使って下線部を置き換える表現を考えましょう。

1. Depuis #MeToo, il est impossible de faire l'ignorant.

2. Devant le directeur, il n'ose pas critiquer la décision.

3. Les samourais choisissaient de mourir plutôt que d'être déshonorés.

4. Le dernier débat des candidats à une élection est vraiment décisif.

5. Confrontés aux variants du virus, les scientifiques s'inquiètent sur la validité des vaccins.

14 façon

façon囡（やりかた、態度）の語源はラテン語の *factio*「やりかた」と動詞 *facere*「する」の過去分詞 *factus* です。*facere* からのつながりで faire（する、作る）、faisable 形（実行可能な）などのことばが生まれましたが、一方で *factio* を経て façon、façonner（手を加える）、façonnage囡（製作、細工）、sans-façon囡（気取らなさ）、malfaçon囡（欠陥、不手際）などのことばへ発展しました。manière囡（p.92）と共通の表現が多いので、組み合わせて覚えると便利です。

仕方、やりかた

une *façon* de + 不定詞 〜する方法 ［= une manière de + 不定詞］
la *façon* de vivre 生き方　**la *façon* de résoudre le problème** 問題の解決方法

Je me contente de tout mémoriser, mais je sais que c'est une mauvaise *façon* d'étudier.
　私は丸暗記してばかりなのだが、それは悪い勉強方法なのだとわかっている。

Il y a beaucoup de *façons de* cuisiner du tôfu. Dites-moi votre recette préférée !
　豆腐を料理する方法はたくさんあります。あなたのお気に入りのレシピを教えてください！

de cette *façon* この方法で ［= de cette manière］
la *façon* dont + 直説法 〜する方法 ［= la manière dont + 直説法］

Si on règle le problème *de cette façon*, ce sera satisfaisant pour tout le monde.
　この方法で問題を解決すれば、皆が満足できるだろう。

La façon dont le problème a eté résolu a satisfait tout le monde.
　問題が解決された方法は、皆の満足できるものだった。

de *façon* + 形容詞 〜な方法で ［= de manière + 形容詞］
de la même *façon* / de *façon* identique 同じ方法で ［= de la même manière］

Les précipitations intenses [fortes pluies / averses / typhons] ont augmenté *de façon* significative ces vingt dernières années.
　集中的な降水［豪雨 / 驟雨 / 台風］は過去 20 年間に目に見えて増加した。

Est-ce que tu peux m'expliquer la situation *de façon* plus simple ?
　この状況をもっと簡単に説明してもらえないかな？

Tiens, les objets ne sont pas disposés *de la même façon* qu'avant.
　あれ、物の並べ方が以前と同じではありませんね。

d'une/de _façon_ générale 一般的に、概して
[= d'une/de manière générale, le plus souvent, en règle générale]
d'une certaine _façon_ [= dans un sens] ある意味では、ある見方からすれば

**De/D'une façon générale**, il faut attendre plusieurs semaines pour obtenir un rendez-vous chez un médecin spécialiste.
専門の医者の診察予約を取るのには、一般的に数週間待たなければならない。

Nos goûts vestimentaires changent _**d'une certaine façon**_, à cause de l'âge ?
衣類に関する私たちの好みは、ある見方からすれば変化しますね、年齢のせいでしょうか?

de quelle _façon_ ... ? どのように、どうやって
[= de quelle manière, comment, par quel moyen ?]

Tu pars bientôt en Italie. _**De quelle façon**_ tu vas voyager à Venise ?
もうすぐイタリアへ出発するのでしょう。ヴェネチアへはどうやって行くの?

**De quelle façon** est-ce qu'elle a préparé tant de bons plats si rapidement ?
あんなに短時間で、彼女はどうやって、あれだけたくさんの美味しい料理を準備したのかな?

à la _façon_ de + 名詞・形容詞 〜のように、〜風に、〜を真似て
[= à la manière de ..., selon les habitudes de/à l'imitation de ...]
à sa [ma/ta...] _façon_ 自分なりに [= à sa manière] (→ p.92)

J'ai essayé d'écrire _**à la façon de**_ Marguerite Duras quand j'étais au lycée.
高校生の頃、マルグリット・デュラス風な文章を書こうとしたことがある。

ポイント! 「日本式」「イタリア風」など **façon** を省略して言うことが多いです。

Saluer _**à la (façon)**_ japonaise est difficile pour les nouveaux arrivants.
日本式に挨拶をするのは、来日したばかりの人たちにとっては難しいのだ。

J'ai fait des crêpes _**à ma façon,**_ en ajoutant de la bière dans la pâte.
自分なりのやりかたで、生地にビールを入れてクレープを作った。

de _façon_ à + 不定詞 / de façon (à ce) que + 接続法 〜するように [目的]
[= de manière à + 不定詞、de manière (à ce) que + 接続法]
[= afin de + 不定詞、afin que + 接続法]

Les retraites seront revalorisées _**de façon à**_ aider les personnes âgées.
老齢の人たちを援助するために年金の引き上げが行なわれるだろう。

On a apporté des chaises supplémentaires _**de façon (à ce) que**_ tout le monde puisse s'asseoir.
皆が座れるように、追加の椅子をいくつも持ってきた。

> **de telle *façon* que + 直説法** その結果~である〔= de telle sorte que ...〕〔結果〕
> **de telle *façon* que + 接続法** ~であるように〔目的〕

C'est devenu normal de travailler à distance ces dernières années ***de telle façon qu'***on a besoin d'une autre organisation spatiale à la maison.

この数年テレワークが一般化した結果、自宅の空間を再構成することが必要になっている。

Nous avons débattu à fond sur cette question, ***de telle façon qu'***il ne reste aucun point ambigü.

曖昧な点がひとつも残らないように、この問題について徹底的に議論した。

> **de toute *façon*** いずれにしても、とにかく
> 〔= de toute manière（→ p.94）, quoi qu'il arrive, dans tous les cas〕
> **d'une *façon* ou d'une autre** いずれにせよ、何らかの方法で、どうにかして

De toute façon, je n'ai aucune intention d'accepter cette proposition. C'est inutile d'insister.

いずれにしても、この提案を受け容れるつもりは毛頭ない。しつこく言っても無駄ですよ。

On va partir 15 jours, ***d'une façon ou d'une autre***, il faut faire garder notre chien.

2週間留守にするのだから、何らかの方法で犬を預けなければならない。

> **sans *façon*(s)** 遠慮せずに、気軽に、もったいぶらずに〔= très simplement〕
> 〔形容詞的に〕気取らない、ざっくばらんな

Ils nous ont accueillis ***sans façon***. 〔= Ils n'ont pas fait de manières.〕

彼らは私たちを気軽にもてなしてくれた。

Le Président est ***sans façon***, il apparaît à la télévision en tenue de sport et parle très directement.

大統領はざっくばらんな人だ。スポーツウエアでテレビに出演して、非常に率直に話をする。

断りの表現 Non merci, sans façon

困ってしまうぐらい勧められて「いえいえ、もうほんとうに結構ですから、遠慮じゃありません」と断るとき、Non merci, sans façon(s) という表現の出番です。

– Vous prendrez bien encore un autre verre de vin ?

– ***Non merci, sans façon***. 〔= franchement〕

「もう一杯ワインはいかがですか？」「いえ、もうほんとうに結構ですから」

「遠慮をしてあなたの提案を断っているのではありません、率直に言ってもうたくさんです」Je ne refuse pas votre proposition par politesse, en faisant des manières ; je refuse franchement [directement].) という意図が相手に伝わります。

exercices

❶ ( ) の中に入れることばを選びましょう。

| la façon de | à la façon | une façon | d'une façon générale | de façon à |

1. Choisissez un modèle de chauffe-eau bien adapté à la taille de votre maison et si possible à l'énergie solaire ( ) réduire votre consommation d'électricité.

2. Elle sait bien cuisiner ( ) vietnamienne. Je crois qu'elle parle la langue aussi.

3. J'ai beaucoup apprécié ( ) parler de cette conférencière.

4. Ils n'ont pas de souci avec leur fils, ( ) il réussit bien.

5. Mitsuko avait toujours ( ) très particulière de s'habiller. On pouvait la reconnaître de loin.

❷ 例のように適切な組み合わせを見つけて、文を完成しましょう。

例 J'ai préparé des bentos, •──────• *de cette façon* on pourra déjeuner rapidement.

1. L'objectif de ce sommet est de •

2. Elle n'aime pas beaucoup faire des bises •

3. C'est une scientifique très célèbre, •

4. Attention, arrosez légèrement la plante •

5. Si tu veux maigrir, il faut que •

• ⓐ *de telle façon que* les racines ne pourissent pas.

• ⓑ mais elle a accepté *sans façon* notre invitation.

• ⓒ tu manges *de façon plus équilibrée*.

• ⓓ mettre un terme à la guerre *d'une façon ou d'une autre*.

• ⓔ pour saluer *à la façon* française.

❸ façon を使って下線部を置き換える表現を考えましょう。

1. Elle travaille dans une boutique chic, elle doit s'habiller élégamment.

2. Pour réussir dans ce travail, je te conseille d'agir différemment.

3. Excuse-moi, tu peux m'expliquer comment on peut aller aux sanctuaires d'Ise ?

4. Dans les années 50, beaucoup de peintres japonais sont allés en France pour peindre dans le style des impressionnistes.

5. J'ai consulté Internet sur la question et ainsi, j'ai très vite trouvé la solution.

15   fin

fin囡 の語源はラテン語で「限界」を意味する *finis* です。*finis* から fin、enfin（やっと、要するに）や afin de（〜するために）が、またラテン語の動詞 *finire* から finir（終える、仕上げる）、finition囡（仕上げ、仕上がり）が生まれました。さらに時代が下がってラテン語の形の変化した *finalis* から final(e)形（最後の、最終的な）、finale囡（決勝戦）、finalement（結局、最後に、最終的に）、finalité囡（究極目的）へ。ここから派生した finaliser という動詞も盛んに使われています（p.66 のコラム参照）。

終わり、最後、結末、末期、終了

la *fin* d'un film 映画の結末   **la *fin* de la grève** ストライキの終わり
la *fin* des vacances 休暇の終わり   **la *fin* du repas** 食事の終わり

Les acteurs sont excellents, leur interprétation impeccable et *la fin du film* est émouvante.

   俳優たちが優秀で、演技は非の打ちどころがなく、映画の結末は感動的だ。

L'armée américaine a lancé des bombes atomiques à Hiroshima et à Nagasaki et ça a été *la fin de* la seconde guerre mondiale.

   アメリカ軍が広島と長崎に原爆を投下、それが第二次世界大戦の結末だった。

à la *fin* de l'année / en *fin* d'année 年の終わりに
à la *fin* de la journée / en *fin* de journée 一日の終わりに
à la *fin* de la semaine / en *fin* de semaine 週末に
à la *fin* du mois / en *fin* de mois 月末に
***fin* février / à la *fin* du mois de février** 2月末に
à la *fin* du 19ème siècle / *fin* 19ème 19世紀末に
à la *fin* des années 80 / *fin* des années 80 80年代末に

ポイント! 「週末に」は en fin de semaine, à la fin de la semaine のどちらの表現も使われますが、後者のほうが改まった感じになります。année や journée, mois も同じです。

A la fin de la journée [En fin de journée], elle partait toujours se promener pour se changer les idées.

   一日の終わりに、彼女はいつも気分転換のため散歩に出かけたものだ。

Mon contrat se termine *à la fin de l'année [en fin d'année]*. Je vais chercher un autre poste.

   今年の年末に私の契約が終了するので、他の仕事を探しますよ。

A Vienne, certains cafés ont gardé l'ambiance *fin 19ème [de la fin du 19ème]*.

   ウィーンでは何軒かのカフェが 19 世紀末の雰囲気を保っている。

64

Dans sa toute première collection, *fin des années 40,* Christian Dior a lancé un nouveau style de vêtements féminins : le « New Look ».

40 年代末に初期のコレクションでクリスチャン・ディオールは「ニュールック」と題して新しいスタイルの婦人服を発表した。

ポイント! 「x 月末に」は〈fin + 月の名〉でも〈à la fin du mois de + 月の名〉でも同じ意味ですが、後者のほうが改まった感じになります。

On se retrouve *fin mars* [*à la fin du mois de mars*] pour continuer à travailler ensemble. D'ici là, on aura réglé les problèmes budgétaires.

3 月末にまた会って一緒に仕事を進めよう。それまでの間に予算の問題を解決しておこう。

Le Nouvel An chinois tombe soit *fin janvier*, soit début ou mi février. Basée sur le calendrier lunaire, la date varie suivant les années.

中国の正月（春節）は 1 月末か 2 月初旬から中旬になる。陰暦によって定められるために日付は年によって異なる。

jusqu'à la *fin* 最後まで   **du début jusqu'à la *fin*** 始めから最後まで

– Tu as lu ce livre *jusqu'à la fin* ?

– Oui, bien sûr, j'ai adoré !

「この本、最後まで読んだ？」

「うん、もちろん。すごく良かったよ！」

Cette actrice est formidable ! Elle est seule sur la scène *du début jusqu'à la fin* du spectacle.

あの女優は素晴らしい！この劇の始めから最後まで、舞台にひとりきりだ。

mettre *fin* à qch 〜を終わらせる、〜にけりをつける [= faire cesser]
mettre *fin* à ses jours 自ら命を断つ [= se donner la mort, se suicider]

Le télétravail semble *avoir mis fin aux* heures de pointe. Ceux qui travaillent à la maison n'ont plus à supporter les métros bondés.

リモートワークによってラッシュアワーというものは終わったようだ。家から働く人たちは混雑した地下鉄に苦しまなくともすむようになった。

prendre *fin* 終わる [= se terminer]
toucher à sa *fin* 終わりかけている [= être sur le point de finir]

Les travaux sur l'autoroute *prendront fin* avant les vacances.

高速道路の工事はヴァカンスまでには終わるだろう。

On croit que l'épidémie *touche à sa fin*, mais non, la contamination reprend.

感染症の大流行は終わりに近づいたように思ったけれども、蔓延がまた始まってしまう。

> **à la *fin* / en *fin* de compte**　しまいに、結局は
> [= finalement, au bout du compte（→ p.34）, en dernier lieu（→ p.82）,
>   en définitive, pour conclure]

On a marché des kilomètres et *à la fin* on était tous complètement exténués.

何キロも歩いて、しまいには私たち皆すっかりくたくたになっていた。

Mettez le gâteau au four pendant une heure, laissez refroidir et *à la fin* versez un petit verre de whisky par-dessus.

ケーキを1時間オーブンに入れ、冷ましてから、最後に小さなカップ1杯のウイスキーを上から注ぎなさい。

On a hésité entre la cuisine italienne ou coréenne, et *en fin de compte* on est allé au restaurant japonais !

イタリア料理にしようか、韓国料理が良いかと迷ったが、結局和食の店に行った！

ポイント！　▶ 場面によっては「もう！まったく！」というイライラ感をあらわします。

Vous arrêtez avec ce bruit ?! J'en ai assez, *à la fin* !

そうやって音をたてるのを止めてくれる？！　いい加減、頭にくるのだから、もう！

時代とともに変化することば：finaliser と au final

「完成させる、（細かいところまで）仕上げる、完結させる」(achever, conclure, régler les derniers détails de qch) という意味で finaliser という動詞をよく耳にします。これは英語の動詞 to finalize の影響でフランス語でも 80 年代から使われるようになったものです。アカデミー・フランセーズは 2014 年に、英語から入った表現 (anglicisme) の finaliser はフランス語として間違いであると断じました。

　Il est en train de *finaliser le contrat* avec son client.

　　彼は顧客と契約の詰めをしている。→ Il est en train de *conclure le contrat*...

　Il *finalise son travail* et nous rejoindra plus tard.

　　彼は仕事を仕上げて後から来る。→ Il *règle les derniers détails de son travail*...

と言い換えるべきだというのです (https://www.academie-francaise.fr/finaliser)。それでも新聞の記事や日常の会話のなかで finaliser はますます頻繁に使われ、辞書にも記載されるようになって、確実に「市民権を獲得」しつつあります。conclure (conclusion) や achever (achèvement) よりも fin という名詞に直結する finaliser のほうがわかりやすいのも、その理由でしょう。

生きた道具として時代とともに変化を遂げることば。「結局は、最終的に」という意味で使う au final も、21 世紀に入って急に広がっています。今のところ批判的な目で見る人が多いこの表現。将来は受け容れられるのか否か、注目していきましょう。

exercices

1 ( ) の中に入れることばを選びましょう。

| du début jusqu'à la fin | à la fin | en fin de compte | une fin | en fin de journée |

1. La voiture est tombée en panne mais ( ), c'était seulement un problème de batterie.

2. Les poules pondent leurs œufs ( ).

3. J'ai regardé le match de curling Japon-Angleterre ( ). C'était passionnant ! J'ai découvert ce sport.

4. Les tyrans connaissent souvent ( ) tragique.

5. Les gens en ont assez ( ) ! Il va y avoir des manifestations !

2 例のように適切な組み合わせを見つけて、文を完成しましょう。

例 Ils n'ont pas arrêté de critiquer leur collègue • → *du début jusqu'à la fin.*

1. Les sportifs de haut niveau ont du mal à •

2. L'espace est infini, il n'a •

3. Sur le net, on peut voir en accéléré et en une minute, •

4. La conférence *touchait à sa fin* quand tu m'as appelé, •

5. *A la fin de* la grève, •

6. On voudrait rester actif •

7. *En fin de mois*, •

• ⓐ les syndicats ont reconnu leur échec.

• ⓑ la réalisation d'une recette *du début à la fin*.

• ⓒ ne t'inquiète pas.

• ⓓ ni commencement, ni *fin*.

• ⓔ il faut surveiller son compte en banque.

• ⓕ *mettre fin* à leur carrière.

• ⓖ et avoir une belle *fin* de vie.

3 fin を使って下線部を置き換える表現を考えましょう。

1. Le paysage de la ville qui s'illumine quand le soleil décline est magique du sommet de cette colline.

2. Et la cérémonie s'est terminée avec un feu d'artifice éblouissant.

3. Actuellement, on se demande si les négociations peuvent arrêter le conflit.

4. Je me suis vraiment inquiété de son absence, mais finalement, il avait seulement oublié l'heure du rendez-vous.

5. C'est le désespoir qui a poussé ce vieil homme à se suicider.

16 fois

fois囡 の語源はラテン語で「場所」を意味する *vix* の複数形 *vices* です。*vix* から fois を経て autrefois（昔）、parfois（ときには）、quelquefois（ときどき）とも関連がありますが、*vix* から vice-versa「逆もまた同様に」などのことばが生まれました。頻度やタイミングを言い表す表現に含まれていて、日常によく使うことばです。

度、時、回

cette *fois*(-ci) 今回は   **deux *fois* de suite** 二度続けて
la première [deuxième /troisième] *fois* 1回 [2回 / 3回] 目
la dernière *fois* 最後、この前、前回   **pour la première *fois*** 初めて

Tu vas rester combien de temps au Japon ***cette fois-ci*** ?
> 今回はどのくらいの期間、日本に滞在するの？

Ils ont augmenté le prix ***deux fois de suite***. Ils exagèrent !
> 二度も続けて値上げをしたんだ。酷いよね！

C'est ***la deuxième fois*** que je viens là avec toi. On mange toujours très bien ici.
> あなたとここへ来るのは2回目だね。ここの食事はいつもとても美味しい。

J'avais 7 ans quand j'ai fait du judo ***pour la première fois***.
> 初めて柔道を習ったとき私は7歳だった。

la dernière *fois* (**que**) （〜した）前のときには
la prochaine *fois* (**que**) （〜する）次のときには

La dernière fois (que j'ai été malade) je n'étais pas encore vacciné, alors j'ai eu beaucoup de fièvre.
> 前のとき（前に病気になったとき）にはまだ予防接種を受けていなかったので、高い熱が出た。

La prochaine fois (qu'on se verra), essayons de passer plus de temps ensemble.
> 次のときは (次に会うときは)、もっと一緒に過ごす時間を作るようにしよう。

ポイント！ que... 以下をはっきり言わずに意味に含めることも多いので、文脈をとらえて理解するようにしましょう。

何度か

plusieurs *fois* 何度も [= à plusieurs reprises]
des *fois* ときどき、ときたま
quelque*fois* 〔副詞〕ときどき、ときには [= parfois, de temps en temps]

J'ai acheté ce gâteau au chocolat ***plusieurs fois***. Il est délicieux.
> このチョコレートケーキは何度も買った。とても美味しいよ。

Des fois je le trouve un peu énervant, mais en fait il est vraiment gentil.

彼には、ときたまちょっとイラっとすることもあるけれども、実はすごく良い人なんだよ。

Quelquefois elle s'habille en kimono, mais pas pour aller travailler.

彼女はときどき着物を着るのだが、仕事に行くときは着ない。

ポイント! ここで見る quelquefois は副詞です。quelques fois という形もありますが意味がほとんど同じで quelquefois のほうがよく使われます。

もう一度、また今度

encore une *fois* もういちど	une autre *fois* 今いちど、また今度、この次に	
une *fois* de plus またも	une dernière *fois* 最後に一度だけ	

Je n'ai pas bien compris, vous pouvez m'expliquer *encore une fois* ?

よくわからないのですが、もう一度説明していただけますか？

Je suis passé te voir, mais tu n'étais pas là. Ce sera pour *une autre fois*.

君に会いに行ったのだが留守だった。また次の機会にしよう。

Une fois de plus, un scandale éclate au sein du gouvernement.

政府内のスキャンダルがまたも勃発している。

頻度

数詞 + *fois* par + 期間
deux *fois* par jour［semaine / mois / an］　日［週 / 月 / 年］に二度
une *fois* tous les quatre ans　4年に一度

Il va au cinéma au moins *une fois par semaine*. Et il en parle à ses amis.

彼は少なくとも週に一度は映画を見に行く。そして友だちにその話をする。

Elle va à l'hôpital *une fois par mois* pour un contôle. Et elle prend ce cachet *trois fois par jour*.

彼女は検査のため月に一度病院へ行く。そしてこの錠剤を日に三度飲むのだ。

Le festival Onbashira du Temple de Suwa a lieu *une fois tous les 7 ans*.

諏訪大社の御柱祭は7年に一度行なわれる。

倍

deux *fois* plus + 形容詞 + que ...　〜に比べて2倍も〜

Notre nouvelle maison est *deux fois plus* spacieuse *que* la précédente et elle est mieux située aussi. On est très contents.

今度の家は前より倍も広々しているし、場所も前よりも良い。とても嬉しい。

Cinq *fois* huit font quarante.

5 かける 8 は 40。

> **chaque *fois* / toutes les *fois*** そのたびに、いつも
> **chaque *fois* / toutes les *fois* que + 直説法** 〜するたびに、〜すると必ず

J'ai été malade avec des huîtres. ***Chaque fois*** c'est la même chose.

　牡蠣にあたってしまった。いつも同じことなんだ。

Chaque fois que je lui propose de sortir, elle a un empêchement.

　外出しようと提案するたびに、彼女は都合が悪いのだ。

> **pour une *fois*** 今度だけは

Pour une fois, il est venu au cinéma avec nous. D'habitude il préfère rester à la maison.

　今度だけは彼は映画館へいっしょにやって来た。普段は家にいるほうが良いというのだが。

> **une *fois* que + 直説法複合形, ... / une *fois* + 過去分詞, ...** いちど〜したら…
> **une *fois* + 場所や時をあらわす状況補語, ...** いったん〜

Une fois que tu seras arrivé, on viendra te chercher à l'hôtel.

　君が到着したら、そのときには、ホテルへ迎えに行くよ。

Une fois endormie, elle ne se réveillera pas avant 24 heures.

　いったん眠り込んだら、彼女は 24 時間は目が覚めないだろう。

Une fois à la maison, tu pourras te reposer.

　いったん家に着けば、休養できるよ。

強調するために使われる mille fois, cent fois, trois fois

わたの原　八十島（やそしま）かけて　漕ぎ出でぬと　人には告げよ　あまのつり舟
百人一首の有名な和歌は「ひろびろとした海へ、多くの島々をめざして舟を漕ぎ出して行ったと、都にいる人々に告げてくれ、漁師の釣舟よ」という意味です。「八十島」は 80 ではなく「数の多い」ことをあらわす表現です。これと同じように、mille fois や cent fois は強調的な表現として使われます。

　Merci ***mille fois*** pour votre invitation, on s'est régalés !

　　ご招待ほんとうにありがとうございました、美味しかったです！

　Je te l'ai dit ***cent fois***, tu as encore oublié !

　　あんなに何度も何度も言ったのに、また忘れちゃったんだね！

C'est trois fois rien. は「そんなの何でもありません」という意味になります。

　– Merci de votre cadeau ! C'est trop gentil !

　– Pas de quoi, ***c'est trois fois rien***.

　　「プレゼントありがとうございます！ご親切に！」「いえいえ、どういたしまして」

exercices

1 (　　) の中に入れることばを選びましょう。

| la dernière fois | une fois que | pour la première fois |
| des fois | une fois de plus | |

1. Je nettoie toujours la salle de bains (　　) j'ai pris le bain.

2. Parler politique à table, (　　) ça va, (　　) ça me casse les pieds.

3. J'ai bien aimé le roman de cet auteur (　　). Il ne m'avait jamais intéressé avant.

4. Nous avons parlé avec lui en novembre. C'était (　　). Qu'il repose en paix.

5. Je te le répète (　　), ne mets pas de céleri dans la soupe, je déteste ça.

2 例のように適切な組み合わせを見つけて、文を完成しましょう。

例 Il neige *quelquefois* dans cette région, • — • mais pas comme au nord du pays.

1. C'est *la dernière fois* que j'assite à cette réunion. • • ⓐ les Français votent pour les élections présidentielles.

2. L'électricité est *deux fois plus chère* • • ⓑ avant de le comprendre vraiment.

3. *Une fois* dans mon bureau, • • ⓒ je ne pense plus qu'à mon travail.

4. Il faut que je lise *plusieurs fois* le même article en anglais • • ⓓ on laisse souvent des erreurs.

5. C'est *une fois tous les 5 ans* que • • ⓔ Madame Kimura me remplace à partir d'avril.

6. On va vérifier *une dernière fois*, • • ⓕ que l'an dernier.

3 下線部の意味を「ⓐ最後 ⓑこの前、前回 ⓒ最後に一度だけ」から選びましょう。

1. Ah, cette application est trop mal faite, c'est la première et <u>la dernière fois</u> que je l'utilise !

2. Jun a vu le film en 2D <u>la dernière fois</u>, elle l'a beaucoup aimé et elle veut le revoir en 3D la prochaine fois.

3. Il va à la supérette le matin , l'après-midi aussi, et <u>une dernière fois</u> dans la soirée, il faut dire que c'est à côté de chez lui mais quand-même !

4. Quand les enfants viennent à la maison, on joue aux échecs mais <u>la dernière fois</u>, on a joué aux cartes pour changer.

instant

instant圐 は「すれすれに迫る」を意味するラテン語の形容詞 *instans* から生まれたことばです。instantané(e)圏（瞬時の、インスタントの）、instantanément圖（瞬間的に）、instamment圖（切に、ひたすらに）へと展開しました。同じく「時」をあらわす moment圐 には長さの曖昧な時間や、ある程度の長さにわたる時間を示す使いかたがありますが、instant は話し手の意識のなかで「ごく限られた一瞬」、非常に短い時間を示します。moment との違いや共通点を確かめてみましょう。

瞬間、一瞬、つかの間

un *instant* inoubliable [crucial / décisif]
忘れがたい［重大な / 決定的な］瞬間［= un moment］
un *instant* de silence [d'hésitation / de réfléxion] 沈黙［躊躇 / 考慮］の一瞬、時間

Une minute avant la fin du mach ! C'est à ***cet instant crucial*** qu'il a marqué le but de la victoire.
試合終了 1 分前！ 彼が勝利のゴールを決めたのは、まさにこの重要な瞬間においてだった。

Votre question est intéressante, accordez-moi ***un instant de réflexion***.
あなたの質問は興味深いですね、ちょっと考えさせてください。

ne + 動詞 + pas un seul *instant* 〜するひまもない［= ne + 動詞 + pas du tout］

Depuis son accident cardiaque, sa femme ***ne*** le ***quitte plus un seul instant.*** [= sa femme ne le quitte plus du tout.]
彼が心臓発作を起こしてからというもの、妻は彼を一瞬たりともひとりにしない。

Il ***n'a pas hésité un seul instant***, il s'est jeté dans les flammes pour sauver l'enfant en danger. [= Il n'a pas eu un instant d'hésitation, ... / Il n'a pas du tout hésité, ...]
彼は一瞬たりとも躊躇せず、危険に晒されている子どもを救助するため炎に身を投じた。

ポイント！ ne... pas (plus) un instant とすることによって「一瞬たりとも…ない」と否定を強調する意味になります。同様の使い方として、以下のようなものがあります。

Je ***n'ai pas une minute*** à moi, je suis trop occupée au bureau et à la maison.
自分の時間が 1 分もないのです、仕事でも家でも忙しすぎて。

à partir de cet *instant* その瞬間から［= à partir de ce moment, immédiatement］

Vous appuyez sur le bouton « accepter » et ***à partir de cet instant*** vos données personnelles deviennent potentiellement publiques.
「同意する」ボタンを押すと、その瞬間から個人データが潜在的に誰でも見られるようになる。

Vous allez mettre ce casque et *à partir de cet instant* commencera un fantastique voyage virtuel.

このヘッドフォンを装着すると、その瞬間から素晴らしいヴァーチャルの旅が始まりますよ。

ポイント！ moment で置き換えることが可能ですが、あえて instant を使うことで「瞬間」という意味合いが強調されます。

à l'*instant* たった今、ついさっき〔近過去〕 [= il y a quelques secondes]
dans un *instant* まもなく、すぐに〔未来〕 [= tout de suite, bientôt, sans tarder]

Tu cherches Pierre ? Je l'ai croisé *à l'instant,* il est à la cafétéria.

ピエールを探しているの？ たった今、すれちがったよ、カフェテリアにいるよ。

Humm... je ne peux pas vous parler maintenant, je vous rappelle *dans un instant.*

ええーと、今ちょっとお話しできないので、こちらからすぐ折り返します。

〔比較〕 ...je vous rappelle dans un moment. 「後ほどお電話します」

ポイント！ dans un instant は「用事が済み次第すぐに」と理解されますが、dans un moment と言われたら相手は「いつになるかが曖昧、すぐかもしれないが、半日後になるかもしれない」と感じるのです。ニュアンスの違いに着目してください。

---

pour l'*instant* 今のところ [= pour le moment （→ p.102）]

Je n'ai pas envie de changer de voiture *pour l'instant.*

今のところ車を乗り換えたいとは思わない。

Face à cette crise, personne ne voit de solution valable *pour l'instant.*

この危機的な状況に対して、今のところ誰も効果的な解決策を見つけることができずにいる。

---

d'un *instant* à l'autre 今にも、そのうちに [= d'un moment à l'autre, très bientôt]

Vous voyez ces gros nuages noirs, il va pleuvoir *d'un instant à l'autre.*

あの大きな黒い雲が見えるでしょう、今にも雨が降り出しそうですね。

On va recevoir leur message *d'un instant à l'autre.* Ça ne va pas tarder.

彼らのメッセージがそうこうするうちに来るはずです。もうすぐですよ。

à tout *instant* いつでも、今にも、すぐにでも、いつでも
[= à tout moment, n'importe quand, à n'importe quel moment]

Cet appareil fonctionne automatiquement mais on peut l'arrêter *à tout instant.*

この機械は自動的に動くのだが、いつでも止めることができる。

C'est le seul médecin de ce village et il est prêt à se déplacer *à tout instant.*

彼はこの村にひとりしかいない医師なので、いつでも往診に駆けつけてくれる。

> **un _instant_** ちょっと待ってください [= un moment]
> **quelques _instants_** しばらく待ってください
> [= quelques secondes, quelques minutes]

ポイント！ attendre, rester, patienter などの動詞と組み合わせて使うことが多いです。

–Allô, est-ce que je peux parler à Madame Dupont ?

– **_Un instant_**, s'il vous plaît.

　「もしもし、デュポンさん、いらっしゃいますか？」
　「ちょっとお待ちください」

Il est resté **_quelques instants_** sans réaction face à cette terrible nouvelle.

　この悲惨な知らせを聞いて、彼はしばらくのあいだ反応することもできずにいた。

> **en un _instant_** たちどころに [= en un rien de temps]

Il a réussi à régler le problème **_en un instant_**.

　彼は問題をたちどころに解決してしまった。

Grâce à son efficacité, la situation s'est améliorée **_en un instant_**.

　彼（女）が有能なおかげで、状況はたちどころに良い方向へ向かった。

> **à aucun _instant_** 一度も〜ない、決して〜ない [= à aucun moment]

Toutes les preuves étaient contre lui et pourtant elle n'a douté de lui **_à aucun instant_**.

　彼に不利な証拠ばかりだったが、それでも彼女は一瞬たりとも彼を疑わなかった。

Son japonais est vraiment parfait, je n'ai imaginé **_à aucun moment_** qu'elle n'était pas japonaise.

　日本語が完璧だからね、彼女が日本人でないのだとは一度も気づかなかった。

日本語でもたくさん見かけることば instant

フランス語の instant ということばは日本語でも例えば「あっというまに準備できる」インスタントコーヒーやインスタントラーメン（即席麺）に使われていますね。フランス語に置き換えると café instantané や nouilles instantanées です。café momentané や nouilles momentanées とは言わないところに、instant と moment の違いがあらわれています。

このように、moment と instant のあいだにはもともと意味の差がありますが、一方では上記で紹介したように、どちらでも同じに使える表現もあるのです。よく似た表現を組み合わせて覚え、言い換えてみましょう。場面や文脈のなかで意味の似ている使いかたや違いを体感していく。それもフランス語学習の楽しみですね。

exercices

1 ( ) の中に入れることばを選びましょう。

| pour l'instant | dans un instant | à tout instant | à l'instant |

1. Dans le monde d'aujourd'hui, nos carrières professionnelles sont loin d'être stables. La situation peut basculer ( ).

2. Ce n'est pas la peine de le déranger, il est trop occupé à régler ses problèmes personnels ( ).

3. Paula ? Elle vient de partir ( ). Tu ne l'as pas vue passer dans le couloir ?

4. Excusez-moi, je reviens vers vous ( ).

2 [ ] の表現のうち、文の意味に最も適したものを選びましょう。

1. Tout le monde dit ça mais il n'y a aucune preuve [pour l'instant / en un instant/ dans un instant], c'est peut-être une fake news.

2. Elle a ramassé un petit chien abandonné devant sa porte et [à aucun instant / d'un instant à l'autre / à partir de cet instant] il ne l'a plus quittée.

3. Voilà un document important, regardez-le [à aucun instant / un instant / à tout instant] s'il vous plaît. Il n'y a pas d'erreur ?

4. Dans ce test, tu dois réagir vite, il faut répondre [pour l'instant /un instant de réfléxion / en un instant] et passer à la question suivante.

5. J'ai téléphoné à SOS médecins, ils arrivent [d'un instant à l'autre / à partir de cet instant / à aucun instant].

3 例のように適切な組み合わせを見つけて、文を完成しましょう。

例 J'ai eu **un instant de** panique, ●———● je ne trouvais plus mon smartphone.

1. Le Président va s'adresser à la population **d'un instant à l'autre**, ●

2. Elle peut venir garder vos enfants **à tout instant**, ●

3. Je n'en sais rien **pour l'instant**, ●

4. Le taxi est arrivé **à l'instant** précis ●

5. Depuis ce matin, je n'ai pu prendre **aucun instant** de repos, ●

6. Il a trouvé la solution **en un instant.** ●

● ⓐ nous allons diffuser son allocution en direct.

● ⓑ où je fermais la porte à clé.

● ⓒ trop de travail !

● ⓓ elle a beucoup de temps libre.

● ⓔ j'attends d'autres nouvelles.

● ⓕ Tout le monde était étonné.

18 intention

　intention囡の語源はラテン語の *intentio*「意図、意向」、同じくラテン語で「緊張」を意味する *intentio* と *intendere*「～のほうへ傾く」です。*intendere* から entendre（聞く、意味する）、sous-entendre（言外に暗示する）、entente囡（相互理解、合意）、mésentente囡（不和）などのことばへ発展しましたが、*intentio*「意図、意向」の意味では intention（意図）、intentionnel(le)形（故意の）、intentionnellement副（意図的に）などが生まれ、一方 *intentio*「緊張」からのつながりでは intense形（強烈な、激しい）、intensément（激しく）、intensif(ive)形（集中的な、徹底的な）、intensifier（強化する）へと展開しました。「～するつもりだ／～つもりはない」といった表現は日常生活でよく使うものなので、自分のことばとして使えるようにしましょう。

意図、意向、もくろみ、目的

bonne(s) *intention*(s)　善意　　**mauvaise(s)** *intention*(s)　悪意
annoncer son *intention* **de ...**　～の意向を知らせる

Elle est active dans l'Association et pleine de ***bonnes intentions*** mais elle communique difficilement avec les autres.
　彼女は会で活発に動いていて善意でいっぱいなのだが、他の人たちとコミュニケーションをとるのが苦手なのだ。

Ce n'était pas ***une mauvaise intention***, mais son intervention a fait échouer le projet.
　悪意からではないのだが彼（女）が介入したことでプロジェクトが失敗した。

Paul a expliqué ***son intention de*** quitter l'Université et ses parents ont compris son choix.
　ポールは大学を退学するつもりだと説明し、両親も彼の選択を理解した。

avoir l'*intention* de + 不定詞　～するつもりだ、～したい [= compter + 不定詞]

– Tu ***as l'intention de*** partir en voyage cette année ? [= Tu as le projet de ...]
– Oui, j'aimerais vraiment bien, mais je suis encore un peu hésitante.
　「今年旅行に出るつもりなの？（旅行に出る計画があるの？）」
　「うん、とても行きたいのだけれども、まだ少し迷っているの」

Mes amis ***avaient l'intention de*** louer une voiture mais il n'en ont pas trouvé, je leur prête la mienne.
　友人たちは車を借りるつもりだったのだが見つからなくて、私が彼らに自分の車を貸してあげることになった。

C'est 〈bien〉 son *intention* de + 不定詞 ～するつもりだ

Faire un concert avec leurs amis pour l'anniversaire de Marie, *c'était leur intention* mais le restaurant n'a pas accepté.

> 彼らはマリーの誕生日のために友だちとコンサートをしようと計画していたのだが、レストランが許可をくれなかったのだ。

– Si tu vas à Paris, tu pourras manger des croissants chauds tous les matins.

– *C'est bien mon intention*. Il y a une boulangerie à côté de l'appartement.

> 「パリへ行ったら焼きたてのクロワッサンが毎朝食べられるね」
> 「うん、そうするつもりだよ。アパルトマンの隣にパン屋の店があるんだ」

Ce 〔Il〕 n'est pas dans son/ses *intention*(s) de + 不定詞 ～するつもりはない

Ce n'était pas dans mon intention de le critiquer. Je suis vraiment embêté.

> 彼を批判するつもりはなかったのです。ほんとうに困っています。

*Il n'est pas dans leur intention d'*accepter l'indépendance de ces régions. [= Ils n'ont aucune intention de ...]

> 彼らはこの地方の独立を認めるつもりは毛頭ない。

Il n'était pas dans ses intentions de tenir des propos racistes.

> 彼（女）は人種差別的な発言をしようなどという意図はなかった。

ポイント！ Il n'est pas dans son/ses intention(s) は非人称構文。

dans l'*intention* de + 不定詞 ～する目的で
[= dans le but de + 不定詞, en vue de + 不定詞]

Je me suis arrêtée au supermarché *dans l'intention de* tout acheter pour cuisiner à la maison... mais finalement j'ai pris des bentos.

> 全部買って家で料理しようという目的でスーパーマーケットに寄ったのだが、結局のところ弁当を買ってしまった。

Cette organisation collecte des fonds *dans l'intention de* secourir les immigrés sans-papiers.

> この組織は滞在許可書を持たない移民たちを救助する目的で募金を集めている。

intentions de vote 投票意図   *intentions* d'achat 購入意思

Plusieurs jours avant les élections on publie *les intentions de vote* collectées auprès des électeurs.

> 選挙当日より数日前に、有権者から集めた投票意図が発表される。

Les enquêtes sur *les intentions d'achat* des consommateurs orientent la distribution des produits.

> 消費者の購入意思に関する調査が、製品の流通の方向性を決定する。

Vous êtes tous cordialement invités à la réunion de commémoration, organisée *à l'intention de* notre ami Osamu Yokoyama.

> 私たちの友人である横山理さんのために行なわれる追悼会に皆様を心からお招きいたします。

A l'occasion de mon départ, ils ont préparé un cadeau *à mon intention*.

> 私が出発するにあたって、彼らは私のために贈り物を準備してくれた。

> **C'est l'*intention* qui compte.** （結末よりも）どういう意図であるかが大切なのだ。

La fête qu'elle a organisée a été un échec total, mais il ne faut pas juger Marion aussi sévèrement, elle voulait simplement nous faire plaisir ! *C'est l'intention qui compte*, non ?

> 彼女が準備したパーティーは全くの失敗だったけれども、マリオンのことを厳しく批評してはいけないよ、私たちを喜ばせたいと思っていただけなのだから！ そういう気持ちでしてくれたということが大切なのだよね？

à l'intention de qn と à l'attention de qn

この2つの表現は類音語（paronymes）といわれるものです。違う意味に使う表現なのに、音が似ているために混同しやすいので、フランス語話者にとっても間違いやすいものです。区別をはっきり理解しておきましょう。à l'attention de qn を使うのは手紙に限定されています。特に公の機関などに宛てる場合に使うことの多い表現です。「xx 殿親展」と訳せます。

A l'attention de Monsieur Dupont

〔手紙の冒頭で〕デュポン殿宛

Adressez votre lettre *à l'attention de* Monsieur le Préfet.

書簡を知事宛に作成してください。

Je vous remets cette lettre *à l'attention de* votre fils.

息子さん宛の手紙をお届けします。

これに対して à l'intention de qn のほうは、その人のために何か利益になること、敬意や祝意をあらわすためであって、より広い範囲に使える表現です。

Il adore ma cousine, il a fait le déplacement exprès *à son intention*.

彼は私のいとこが大好きで、彼女のために（彼女に会うために）旅行しました。

Elle va préparer un bouquet *à l'intention de* sa grand-mère.

お祖母様のために花束を準備するつもりです。

類音語は allocation / allocution, justesse / justice, consommer / consumer のようにたくさんの例があるので注意しましょう。

exercices

1 ( ) の中に入れることばを選びましょう。

avait l'intention de	une bonne intention	à l'intention de
à l'intention des	dans l'intention de	aucune mauvaise intention
c'est bien mon intention		

1. Il faut d'abord bien clarifier mon projet et ensuite constituer un groupe de travail avec des personnes compétentes, ( ). On pourra progresser sans trop perdre de temps comme ça.

2. J'ai investi en bourse ( ) faire fructifier mes économies, j'espère ne pas me tromper.

3. Léa ( ) rester en Thaïlande pendant un mois, mais comme elle n'a pas pu supporter le climat, ni la nourriture, elle a dû modifier son plan.

4. Cette belle statue a été érigée ( ) Monsieur Hirose, le principal donateur. On la voit tout de suite en arrivant dans l'établissement.

5. Il n'a ( ), je suis sûr qu'il est gentil au fond, mais des fois il s'exprime mal et il met les gens mal à l'aise.

6. L'université organise un petit voyage ( ) nouveaux étudiants.

7. Pour excuser une erreur commise malgré ( ), on dit que « c'est l'intention qui compte ».

2 下線の部分と最も近い意味のことばを [ ] から選びましょう。

1. C'est une plaisanterie, je n'avais <u>aucune intention</u> de te blesser.
   [aucune décision / aucune arrière-pensée]

2. <u>Mon intension</u> est de donner tous ces livres à une association mais je n'arrive pas à m'en séparer, aide-moi s'il te plait.   [Mon plan / Mon entreprise]

3. Il dit qu'il partage nos idées et veut entrer dans notre groupe mais je me méfie un peu de <u>ses intentions</u>.   [ses objectifs / ses décisions]

4. Vous vouliez vendre cette maison il y a 3 mois, est-ce encore <u>votre intention</u> ?
   [votre ambition / votre volonté]

5. Ils ont annoncé <u>leur intention</u> de se présenter aux élections municipales.
   [leur besoin / leur décision]

6. Chloé est allée dans ce chenil avec <u>l'intention</u> de prendre un chien pour garder sa maison.   [l'idée / l'ambition]

lieu

lieu囲 の語源はラテン語で「場所」を意味する *locus* です。lieu から chef-lieu囲（県庁所在地）、lieu-dit囲（通称〜という所）などのことばができましたが、同じ語源から local(e)形（地方の、その土地の、局地的な）、localement（ところにより）、localité囡（小さな町・村）、localiser（〜の位置をつきとめる）、délocaliser（地方に移転させる）へ展開しました。また「場所」という意味を担う接頭辞 loco- から locomotion囡（移動、輸送）、locomotive囡（機関車）が生まれました。avoir lieu（行なわれる）や au lieu de（〜の代わりに）など、日常的によく使う表現を形づくることばです。

場所、所

lieu public 公的な場　　*lieu* touristique 観光地
lieu stratégique 戦略的に重要な場所
lieu de culte 礼拝の場所　　*lieu* de travail 仕事場　　*lieu* de naissance 出生地
être sur les *lieux* 現場にいる

Il est maintenant interdit de fumer dans *les lieux publics*.
公的な場所での喫煙は、今では禁止されている。

Les temples de Kyoto, avec leurs bâtiments historiques et les jardins parfaitement entretenus, sont à la fois *des lieux de détente* et *de méditation*.
歴史的な建築物と完璧に手入れの行き届いた庭のある京都のお寺は、くつろぎの場であると同時に瞑想の場でもあるのです。

Écrivez votre nom, la date et *le lieu de naissance* sur cette fiche.
このカードに、名前と生年月日、出生地を書き込んでください。

Avant de quitter la location, vous devez toujours dresser *l'état des lieux*.
賃貸物件から引っ越すとき、必ず（家屋の）現状明細書を作成しなければならない。

Notre reporter *est sur les lieux*. On lui passe la parole.
記者が現場にいます。彼から報告してもらいましょう。

avoir *lieu*　（行事などが）行なわれる、（事件などが）起こる ［= se produire, se dérouler］

Les cérémonies de fin d'études dans les écoles *ont lieu* chaque année, fin mars.
Les fleurs de cerisiers arrivent juste pour féliciter les jeunes.
卒業式は例年3月末に行なわれる。桜の花がちょうど咲き始め、若い人たちを祝ってくれる。

La conférence internationale *aura lieu* à partir du 10 septembre.
国際会議は9月10日から行なわれる。

Ses funérailles *ont eu lieu* le mois dernier dans l'intimité familiale.

彼(女)の葬儀は家族のみにて、先月執り行ないました。

---

donner *lieu* à qch ～を引き起こす、～のきっかけとなる［= causer］

Les grèves des transports en commun *ont donné lieu à* de nombreux problèmes dans la vie quotidienne des Parisiens.［= Les grèves ont causé de nombreux problèmes...］

公共交通機関のストライキがパリの住民の日常生活に数多くの問題を引き起こした。

Ses propositions *ont donné lieu à* des réactions de toutes sortes.

彼（女）の提案が、ありとあらゆる種類の反応の出るきっかけとなった。

Son attitude indécise *donnera lieu à* des critiques.

彼（女）がどっちつかずの態度をとっているから、批判されるだろう。

---

il y a *lieu* de + 不定詞 ～するべき理由がある、～して当然である

---

*Il y a lieu d'*être fier de ce succès. C'était une tâche particulièrement difficile.

この成功を誇りに思って当然だ。特別に難しい仕事だったのだからね。

Il n'y a pas lieu de vous étonner, c'est toujours comme ça dans ce pays.

驚くにはあたりませんよ、この国ではいつもこんな風なのですから。

---

s'il y a *lieu* 必要ならば、もしもの時には［= si c'est nécessaire, le cas échéant］

Appelez ce numéro *s'il y a lieu*, l'équipe de secours arrivera tout de suite.

必要ならこの番号に電話してください、救助隊がすぐに駆けつけますから。

---

au *lieu* de qch/qn/inf. ～の代わりに［= à la place de（→ p.122）, plutôt que de ］

Prenons des cerises *au lieu des* bananes. C'est la saison !

バナナの代わりにさくらんぼを買おう。旬だから！

Au lieu de critiquer tes amis, tu ferais mieux de les aider.

友だちを批判する代わりに、手助けしてあげるほうが良いのではないかな。

Pour aller dans des soirées, je préfère m'habiller en kimono *au lieu de* ［plutôt que de］ mettre une robe.

パーティーへ行くとき、ドレスを着るよりも着物を着るほうが好きだ。

---

tenir *lieu* de + qch/qn à qn （人）のために～の代わりをする
［= jouer le rôle de qn, remplacer qn, tenir la place de qn］

C'est Monsieur Murai qui *lui tiendra lieu de* père à son mariage.

彼（女）の結婚式に父親代わりとして出席するのは村井さんです。

Ce document vous **tiendra lieu d'**attestation, il est très important.

この書類があなたの証明書の代わりになります、とても重要な書類ですよ。

---

en premier *lieu* 第一に、まず [= premièrement, d'abord]
en second *lieu* 第二に [= deuxièmement, ensuite]
en dernier *lieu* 最後に [= enfin, finalement]

On étudiera, ***en premier lieu***, l'influence de ce phénomène sur la société locale, et ***en second lieu***, on essaiera de déterminer des mesures à adopter pour améliorer la situation. Enfin ***en dernier lieu***, on demandera un financement aux entreprises concernées.

第一にこの現象が地元の社会に与える影響について検討し、そのうえで状況を改善するためにどのような措置を取るのかを決めていきたいと思います。そして最後に、関係諸機関に資金供与を求めます。

場所、ところ lieu, endroit, place

「場所、ところ」という意味をあらわすことばを調べてみると、lieu の他にも place や coin, endroit, zone, site, domaine, espace など多種多様なことばがあり、それぞれに少しずつ意味合いも使いかたも異なっていることがわかります。「lieu, place, endroit はどう違うのか？」という解説を探し求めるよりも、それぞれのことばを含むフランス語として正しい例文を、文脈（場面）を想像しながら確実に増やしていくのが最短距離です。例文として覚えておけば、よく似た状況に出会ったとき、すぐに取り出して応用できるからです。下の例文①の dans le train を dans la salle de cinéma や dans la voiture, dans ce groupe d'amies のように入れ替えて状況を思い浮かべてみましょう。

次の例文に最もしっくり合うのは、lieu, endroit, place の３つのことばのうちどれでしょうか？ ２つ使える例もありますので注意してください（解答と訳は p.180）。

① Je ne trouve pas [mon lieu / mon endroit / ma place] dans le train.

② Cette ville est mondialement connue pour ses monuments historiques. C'est [un lieu / un endroit / une place] touristique très populaire.

③ Le quartier chinois de Yokohama est [un lieu / un endroit / une place] inoubliable pour moi. On y allait dîner chaque dimanche dans mon enfance.

④ Le marché se tient sur [le lieu / l'endroit / la place] du village.

⑤ Je mets toujours mon passeport dans ce tiroir mais tiens ! Il n'est pas à [son lieu / sa place / son endroit].

exercices

1 (　　) の中に入れることばを選びましょう。

| a donné lieu | le lieu | s'il y a lieu | les lieux | au lieu | votre lieu |

1. Prenez le métro (　　) d'utiliser votre voiture.

2. Faites appel à l'équipe de médecins (　　). Ils sont sur place et prêts à intervenir.

3. Les nouveaux locataires ont visité (　　).

4. La déclaration du directeur de l'hôpital (　　) à des confusions dans le travail des soignants et surtout à des indignations de la part des médecins.

5. Vous n'étiez pas sur (　　) de travail à ce moment-là.

6. La date, l'heure et (　　) du rendez-vous ne sont pas encore fixés.

2 例のように適切な組み合わせを見つけて、文を完成しましょう。

例 Selon les spécialistes, les meurtriers reviennent toujours • ————— • sur *les lieux* du crime.

1. L'exposition a été annulée à la dernière minute. •

2. Arrêtez de vous disputer, •

3. Je ferai une proposition pour ne pas perdre de temps •

4. Madame Nakajima étant absente,•

5. Si on prenait la voiture •

• ⓐ et *en dernier lieu*, on votera pour décider. Vous êtes d'accord ?

• ⓑ *il n'y a pas lieu de* vous exciter à propos de cette question.

• ⓒ *au lieu de* réserver un vol ?

• ⓓ son assistante Madame Hayashi *tient lieu de* présidente aujourd'hui.

• ⓔ En fait, elle devait *avoir lieu* au mois de juin.

3 lieu を使って下線部を置き換える表現を考えましょう。

1. Ce certificat vous servira de preuve comme quoi vous avez bien assisté à tous les cours ici.

2. Il n'y a pas de quoi t'inquiéter. Elle a juste une petite grippe.

3. Les élections seront organisées l'an prochain. C'est pour ça qu'on en parle beaucoup dans les journaux.

4. Ils ont juste invité quelques amis pour une petite fête et ils se sont fait photographier plutôt que de faire une grande cérémonie.

5. Ils ont d'abord sécurisé le capital et ensuite ils ont fondé l'entreprise.

20 main

main囡の語源はラテン語の *manus*「手」です。「手を使う」を意味する *manualis* から、manuel(le)厖（手を使う・手動式の）、manuellement（手を使って）、*manutenere*「手に持つ」から maintenir（支える・維持する）、maintien囲（維持・保持）、maintenance 囡（保守・整備）へ、また *manutenendo*「すぐに」から maintenant（今）、manche囡（袖）、manière囡（やりかた、流儀）、manipuler（操作する）、manufacture囡（工場）、manuscrit囲（原稿）などのことばへ展開しました。このように幅広く多様なことばの源である「手」について、日常によく使われる表現を見ていきましょう。

手、（道具としての）手

se laver [**s'essuyer**] **les *mains*** 手を洗う［拭く］　**lever la *main*** 手を挙げる
à portée de (**la**) ***main*** 手の届くところに、すぐ近くに [= tout près]
les *mains* dans les poches 手をポケットに入れて、何もせずに、努力せずに

Écoute, tu ne devrais pas transporter cette machine d'une seule main. Prends-la des/à deux ***mains*** !
> ねえ、その機械を片手で運ぶのはやめたほうが良いよ、両手で持ってね！

A l'école, les enfants ***lèvent la main*** avant de prendre la parole.
> 学校で子供たちは発言する前に手を挙げる。

Sur ce site, les recettes des grands chefs sont ***à portée de main***.
> このウェブサイトで有名シェフたちのレシピがすぐに見られます。

J'adore me promener ***les mains dans les poches*** dans les rues de Paris.
> パリの街をぶらぶらと散歩をするのが大好きだ。

à *main*(*s*) nue(*s*) 素手で、武器を持たずに [= sans arme ou sans protection]
à *main* armée 武装して、武器を持って [= avec des armes]
en venir aux *mains* 殴り合いになる [= se battre]

Ne bricole pas ***à mains nues***, mets des gants, tu risques de te blesser.
> 素手で大工仕事をしないで手袋をはめてね、けがをするといけないから。

Il y a eu un cambriolage dans le quartier, un vol ***à main armée***.
> 近隣で強盗事件があった、武器を持って押し入ったのだ。

Au départ ils se sont jeté un regard agressif, ont échangé des paroles violentes et finalement ils ***en sont venus aux mains***.
> 彼らははじめは攻撃的な視線で相手を見ていたが、乱暴なことばをやりとりしているうちに、結局殴り合いになってしまった。

tendre [**donner**] **la _main_ à qn** ～に手を差し伸べる、～に和解を申し出る
donner un coup de _main_ à qn ～に手を貸す、～を手助けする
prendre qn par la _main_ ～の手をひく

（比較）donner le bras à qn「（一緒に歩くとき人に）腕を貸す」(→ p.16)

Paul, **_donne la main à_** ta petite sœur [**_prends_** ta petite sœur **_par la main_**] pour traverser la rue.

ポール、道を渡るとき、妹の手を引いてあげなさい。

J'ai dû déménager rapidement, quel travail ! Heureusement mes amis m'**_ont donné un coup de main_**.

急いで引っ越しをしなければならなかったので、ほんとうに大変だったよ！　幸い友人たちが手伝ってくれた。

所有、手元

changer de _main_ 所有者がかわる [= passer d'un propriétaire à un autre]
de _main_ en _main_ / **de la _main_ à la _main_** 手から手へと
 [= d'une personne à une autre]
de première _main_ （仲介なしで）直接に、直接の
de seconde _main_ 間接的な、受け売りの、中古の

Ce restaurant **_a changé de main_** il n'y a pas très longtemps. Avant on y allait très souvent, mais je trouve qu'on y mange moins bien maintenant.

あのレストランは少し前に持ち主が変わった。以前はしょっちゅう行ったものだが、このごろは前ほど美味しくないように思う。

Dans notre groupe, les livres passent **_de main en main_**, on l'appelle « la bibliothèque tournante ».

私たちのグループでは、本を手から手へ回すのだ。「回し読み図書館」と呼んでいる。

Il a un ami spécialiste qui lui donne des renseignements **_de première main_**.

彼には専門家の友人がいて、直接に情報をくれるのだ。

Il est préférable d'avoir des informations **_de première main_** avant de choisir son forfait internet.

インターネットのプラン契約を選ぶには、誰かから直接の情報をもらうほうが良い。

sous la _main_ 手元に [= à portée de main, à proximité immédiate]
tomber sous la _main_ 偶然手にはいる

Je n'ai pas ce document **_sous la main_**. Je vais le chercher.

あの資料は手元にないのです。探しておきますね。

Elle adore cuisiner, elle est capable de faire un plat délicieux avec tout ce qui lui *tombe sous la main*.

彼女は料理をするのが大好きで、偶然手に入ったものがあれば、どんなものでも美味しい料理を作ることができるのだ。

---

fait(e)(s) à la *main* / fait(e)(s) *main* 手作りの、ハンドメイドの
[= fait de manière artisanale et non industrielle]

C'est cher, mais c'est *fait à la main* [*fait main*].

高価だが、ハンドメイドなのだ。

Les bijoux *faits à la main* ont un charme particulier.

手作りのアクセサリーには独特の魅力がある。

---

prendre qch/qn en *main* ～を引き受ける、～の責任を負う
reprendre qch/qn en *main* （立て直すため）～を再び引き受ける、面倒をみる

Face aux difficultés de leur fils, les parents ont décidé de *reprendre en main* son éducation et de le changer d'école.

息子が問題を抱えているので、両親は教育のありかたを見直し、転校させることにした。

Paul et Anne ont décidé de *reprendre en main* cette boulangerie. Paul s'occupe du pain et Anne *prend en main* la décoration du magasin.

ポールとアンヌはこのパン屋の店の経営を引き受けることに決めた。ポールがパンを焼いて、アンヌが店のインテリアを担当する。

「手作りの」fait(e/s) à la main → fait(e/s) main → fait main

「手作りの」という表現 fait main は fait(e/s) à la main（手で作られた）から、英語の影響なのか前置詞と冠詞à＋la を省いた形で使われるようになった例です。fait(e/s) à la maison（自家製の、当店特製の）や cousu(e/s) à la main（手縫いの）でも同じ現象が見られます。maison では fait(e/s) まで省いた形が使われています。

    un bijou entièrement *fait main* 完全に手作りのアクセサリー
    une veste cousue *main* 手縫いのジャケット
    une tarte *faite maison* / une tarte *maison*（レストランなどの）当店特製のタルト

このとき fait(e/s) main や fait(e/s) maison の fait(e/s) の部分を性数一致させる使いかたと、fait main や fait maison/maison を性数不変の形容詞として扱う使いかたの両方が現在のフランス語に混在しています。どちらかが誤っている / 正しい、ということではなく、時代とともに現実の使いかたのなかで「揺れる」ひとつの実例なのです。

    Ces pâtes sont *faites maison*. / Ces pâtes sont *fait maison*.

このパスタは当店特製です。

exercices

1 （　　）の中に入れることばを選びましょう。

| de main | de seconde main | sous la main | faite à la main |

1. On n'a pas son numéro de portable (　　). On demande à Annie ?

2. Le bâtiment a changé (　　) récemment et le nouveau propriétaire a décidé d'augmenter les loyers.

3. Regardez le voile blanc de mariée pour ma fille... C'est joli, n'est-ce pas ? C'est de la dentelle traditionnelle (　　) par mon amie irlandaise.

4. Dans cette boutique, on trouve beaucoup de vêtements (　　). Certains sont de marque, très chics et bon marché !

2 例のように適切な組み合わせを見つけて、文を完成しましょう。

例 On n'a qu'un micro,　●━━━━●　on le fait passer ***de main en main***.

1. On a trouvé cette herbe tout près de chez eux et　●

2. Ne laissez pas le médicament　●

3. C'est beau ! Une pièce unique, extrêmement précieuse.　●

4. Il crée une installation originale　●

● ⓐ avec des objets qui lui ***tombent sous la main***, souvent trouvés dans la nature.

● ⓑ ***à portée de la main*** des enfants.

● ⓒ En plus, c'est ***fait main***. C'est maintenant introuvable.

● ⓓ on l'a arrachée ***à mains nues*** sans savoir qu'elle était toxique.

3 （　　）の中に入れることばを選び、適切に活用させましょう。

| se laver les mains | faire à la main | lever la main |
| prendre en main | donner un coup de main | |

1. Elle (　　) pendant la réunion, mais personne ne l'a remarquée.

2. Pour éviter de tomber malade, tout le monde (　　) en rentrant de l'extérieur.

3. Le financement international aide certains pays à (　　) leur propre relance économique.

4. J'ai besoin de ton aide pour apporter ce paquet au bureau de poste. Tu me (　　) ?

5. Je n'ai trouvé aucun appareil pour peindre le mur comme je veux. Tant pis, je vais le (　　).

21 mal

mal男（複数形 maux）は副詞 mal（悪く、まずく、不十分に）からできた名詞です。語源はラテン語の *male*「へたに」、*malus*「悪い」です。同じ *malus* から malice女（欠陥、不手際）、malicieux(euse)形（いたずらな）、malin(gne)形（抜け目のない）、malgré que（〜にもかかわらず）などへも展開しました。「善悪」の「悪」という抽象的な意味から「苦労」や「害」、身体に感じる「痛み」まで広い範囲に渡り、普段の生活で頻繁に使う表現をたくさん含みます。組み合わせる動詞や冠詞が違うだけで意味の変わる表現も多いので、よく区別して覚えましょう。

災い、害、不幸、（道徳的な意味で）悪、悪事
le *mal* 悪というもの　　**un *mal*** 数知れぬいろいろの害悪のうちのひとつ

Les contes pour enfants ont souvent pour objectif de les aider à faire la distinction entre le bien et ***le mal***.
> 子ども向けのお話は、善悪の区別ができるようにと考えて作られたものが多い。

Le mouvement MeToo a révélé ***un mal*** que tout le monde connaissait mais voulait ignorer.
> MeToo 運動は誰もが知っていたけれども無視しようとしていた害悪を白日のもとにさらした。

Le *mal* est fait. すんだことはもうどうしようもない（←悪はすでになされた）
un *mal* nécessaire 必要悪

Cette mesure n'était pas adaptée mais c'est trop tard, ***le mal est fait***.
> この措置は状況に合わないものだったが、もう遅すぎる、すんだことはしかたがない。

Les contraintes subies dans les aéroports sont comprises comme ***un mal nécessaire***.
> 空港で被る制限は必要悪と理解されている。

---

faire du *mal* à qn/qch 〜に害を及ぼす、損害を与える
dire du *mal* de qn 〜の悪口を言う

Poster des photos intimes sur les réseaux sociaux ***fait*** souvent ***du mal aux*** personnes concernées.
> SNS に内輪の写真を投稿すると、関係者に害を及ぼすことが多い。

Les orages de grêle ***ont fait du mal aux*** vitraux de l'église du village.
> 嵐で雹が降ったせいで村の教会のステンドグラスに被害が出た。

Pourquoi tu ***dis du mal de*** Lisa ? Je croyais que vous étiez très amies.
> 君はどうしてリザの悪口を言うの？　君たちは親しい友だちだと思っていたのに。

> **痛み、不快、病気、（精神的な）苦しみ、災禍**
>
> la source des *maux* 災禍の源
> **avoir *mal* à qch** （身体の部分が）痛い　　**avoir *mal* au cœur** 吐き気がする
> **avoir le *mal* de mer** [le *mal* du pays] 船酔いをしている［ホームシックになっている］

Mon mal de gorge ne passe pas, je suis inquièt(e).

喉の痛みが治らない、心配だ。

Depuis 2 ans, nombreux sont *les maux sociaux* tels que violences domestiques, isolement et précarités qui se sont amplifiés.

2年前から、家庭内暴力、孤立、貧困のような多くの社会的な災禍が拡大した。

Quand j'*ai mal à l'estomac*, ce qui est fréquent, je bois du lait et ça va mieux.

胃が痛くなることがよくあるのだが、牛乳を飲むとよくなるのだ。

Après 3 semaines, j'ai commencé à *avoir le mal du pays*, envie de retrouver ma famille... et la nourriture japonaise !

3週間も経つと、ホームシックになってきて、家族に会いたいし、日本食が食べたくなった。

> **faire *mal* à qn** 〜に苦痛を与える
> **se faire *mal* (à qch)** （身体の部分に）けがをする、〜を痛める ［= se blesser］

J'aimais beaucoup ces chaussures mais maintenant, elles me *font mal aux* pieds.

この靴が大好きだったのだが、履くと足が痛くなる。

Elle *s'est fait mal à* l'épaule en tombant dans l'escalier.

彼女は階段で転んで肩にけがをした。

> **Ça me fait *mal* au cœur (de + 不定詞)** （〜すると）私は胸が痛む、嫌悪感がこみあげる
> [= ça m'inspire de la peine, du regret ou du dégoût.]

Ça me fait mal au cœur de voir tant de civils souffrir à cause de la guerre.

あんなに多くの一般市民が戦争のせいで苦しむのを見ると、胸が痛む。

> **苦労**
>
> **avoir du *mal* à + 不定詞** 〜するのに苦労する ［= avoir de la peine à + 不定詞］

Cécile est indécise, elle *a* toujours *du mal à* choisir.

セシールは優柔不断で、なかなか選ぶことができない。

J'ai eu du mal à trouver un appartement qui me plaise, il a fallu 3 mois mais je suis très contente de mon nouveau logement.

気にいるようなアパルトマンがなかなか見つからずに3ヶ月かかったけれども、新しい住まいにとても満足している。

> **donner du _mal_ à qn**　〜に苦労をかける [= lui créer des difficultés]
> **se donner du _mal_** [= de la peine] **pour + 不定詞**　〜しようと骨を折る（→ p.112）
> **se donner un _mal_ fou** [= se dépenser] **pour + 不定詞**　必死に頑張る

Apprendre les Kanjis _me donne_ toujours beaucoup _de mal_.

[= Je _me donne_ toujours beaucoup _de mal_ pour apprendre les Kanjis.]

漢字を覚えるのには、相変わらずほんとうに苦労させられている。

Nous _nous sommes_ tous donné _un mal fou pour_ réussir nos examens.

試験にパスするため私たちは皆、必死に頑張った。

> **sans（trop de）_mal_**　やすやすと [= facilement, sans trop de difficultés]

Akiko nous avait dit que son anglais était juste rudimentaire, mais elle nous a traduit _sans trop de mal_ une longue lettre.

晶子は自分の英語力はほんの初歩的だと言っていたのに、長い手紙をやすやすと訳してみせた。

> **Il n'y a pas de _mal_**　なんでもありません、ご心配なく [= ce n'est pas grave.]

– Ah vraiment désolée, la directrice est absente pour le moment.

– _Il n'y a pas de mal_, je peux lui laisser un message s'il vous plaît ?

「ああ申し訳ありません、所長は今のところ席を外しております」

「ご心配なく、伝言をお願いしてもよろしいでしょうか？」

「ご心配なく」Il n'y a pas de mal と Pas de souci(s)

Il n'y a pas de mal. は、詫びる相手に「何でもありません、ご心配なく」と返す表現です。Ce n'est pas grave. / Ne vous inquiétez pas. / Ce n'est rien. と言い換えられます。このような場面で最近 Pas de souci(s). がよく聞かれます。

　– Nous n'avons plus ce produit.

　– _Pas de souci_, qu'est-ce que vous avez d'équivalent ?

　「この製品が切れてしまいまして」「ご心配なく、同じようなものがありますか？」

また Pas de problème. / Ça ne pose pas de problème. という場合にも使われています。「ご心配なく」という範囲を拡大して同じ表現を用いているのです。

　Si tu veux qu'on se voit ce week-end, _pas de souci_. [= _pas de problème_.]

　今週末に会いたいのであれば、だいじょうぶですよ（問題ありませんよ）。

いろいろな場面で使えるから便利ではありますが、おうむ返しのように同じ表現ばかりを使うのも考えものです。この現象をアカデミー・フランセーズは 2011 年に「間違った用法」と断じましたが、現実には今でも氾濫しています。耳にすることがあったら、どんな意味で使っているのか気をつけてみるのも興味深い観察でしょう。

exercices

■1 (　　) の中に入れることばを選びましょう。

> | mal à　　le mal　　du mal　　un mal　　sans mal |

1. Un vaccin avec ses effets secondaires est considéré comme (　　) nécessaire qu'on doit accepter si on veut éviter d'être malade.

2. Certains journaux voient (　　) partout et abondent en critiques.

3. Ce joueur d'échecs est vraiment fort, il a gagné (　　) le tournoi.

4. Même devant une bière, il vaut mieux éviter de dire (　　) de ses collègues.

5. Elle est tombée dans l'escalier il y a déjà 3 mois mais elle a encore (　　) la jambe.

■2 例のように適切な組み合わせを見つけて、文を完成しましょう。

例 Parlez plus fort, ●————● elle *a du mal à* entendre depuis quelques mois.

1. Si j'*ai mal*, je m'allonge avec une serviette chaude sur le ventre ●

2. Le gouvernement *se donne du mal* ●

3. Mon fils *a eu le mal des transports* jusqu'à 15 ans ●

4. Réparer sa voiture *lui a donné du mal* ●

5. Tu vas *te faire mal*, ●

6. Le médecin lui a assuré que ce n'était qu'*un mal saisonnier*, ●

- ⓐ et maintenant il est pilote de Formule 1 !
- ⓑ mais il est fier du résultat.
- ⓒ et ça passe.
- ⓓ arrête de jouer avec ça !
- ⓔ alors ça l'a soulagée.
- ⓕ pour satisfaire les agriculteurs de cette région.

■3 mal を使って下線部を置き換える表現を考えましょう。

1. Aucun médecin n'a encore trouvé l'origine de la maladie qui la rend si fragile.

2. La sécheresse de cet été a été nuisible aux raisins des viticulteurs.

3. Les enfants ont trouvé ce chat dans le jardin et ils l'ont caressé, alors qu'ils sont allergiques aux poils de chats. Tant pis, c'est trop tard, heureusement, il y a des médicaments à la maison.

4. Même si vous avez de la peine à prononcer le R et le L en français, essayez d'avoir une bonne intonation, on vous comprendra mieux.

5. Zoé a fait de gros efforts pour traduire ce livre.

22 manière

manière囡 の語源はラテン語の *manus*「手」です。*manus* から main囡（手）、manuel(le)圏（手を使う、手仕事に向いた）、maintenant（今）、maintenir（維持する）、manche囡（柄、取手）などのことばが生まれました。また古フランス語で「手を使う」を意味する *manier* から manière（仕方、やりかた）、maniéré(e)圏（気取った、わざとらしい）へ展開しました。manière は façon囡（p.60）と共通の意味で使える表現が多いので、組み合わせて覚えると良いでしょう。

仕方、やり方、方法 [= façon]
une *manière* de + 不定詞　〜する方法 [= une façon de + 不定詞]
　la *manière* de penser　考え方　　la *manière* de voir　見方
　la *manière* de s'exprimer　表現する方法、言い方　la *manière* de procéder　進め方

Les émissions de télévision reflètent *une manière de* voir le monde. On doit en être conscient en tant que téléspectateur.

テレビのプログラムは世界のある（特定の）見方を反映している。テレビ視聴者として私たちはそのことを意識しておく必要がある。

Les mouvements sociaux de Mai 68 ont sûrement apporté des modifications à *la manière de* penser des Français.

5月革命の社会運動は確実にフランス人の考え方に変化をもたらした。

---

sa [ma/ta...] *manière* de + 不定詞　（人）の〜する方法 [= sa façon de + 不定詞]
　sa *manière* de parler　彼の話し方
　leur propre *manière* de penser　彼ら独自の考え方
　à sa [ma/ta...] *manière*　自分なりに [= à ma façon]

Chacun a *sa manière de* ressentir les choses. Il faut en tenir compte.

人はそれぞれに物事を感じるやり方があるから、そのことを考慮しなければならない。

Elle est gentille *à sa manière*, mais je la trouve un peu distante.

彼女は彼女なりに優しい人なのだが、私には少しよそよそしく感じられる。

---

de cette *manière*　この方法で
la *manière* dont [avec laquelle] + 直説法　〜する方法

J'ai rangé mon placard *de cette manière* et c'est très pratique. [= *La manière dont* j'ai rangé mon placard est très pratique.]

この方法で戸棚を整理したのだけれども、とても便利なんだ。

ポイント! *de* cette manière であって *avec* cette manière とは言いません。la manière を先行詞として関係代名詞でつなぐとき、la manière *dont...* でなく la manière *avec* laquelle... と言うこともあります。フランス語話者にとっても関係代名詞 dont が難しいためです。これを一概に「誤り」とは扱えませんが、本来は dont を使うほうが好ましいのです。

Je n'ai pas du tout apprécié *la manière dont* nous a traités le directeur.

　部長が私たちを扱ったやり方は全く酷いものでしたよ。

---

de quelle *manière* ?　どのように、どうやって［= de quelle façon ?, comment ?］

Elle est débordée, du matin au soir. Je me demande *de quelle manière* elle arrive à assumer si bien son rôle de maman en travaillant autant ?

　彼女は朝から晩までものすごく忙しい。あんなに仕事をしていて、どうやって母親の役割をあんなにきちんと全うできるのだろうか？

〔複数で〕態度、物腰、作法

apprendre les bonnes *manières*　良いマナーを身につける
faire des *manières*　気取る

ポイント! この意味で使う manières は façons で置き換えられません。

Dans sa famille on insistait pour que les enfants apprennent *les bonnes manières.* Ils savaient bien se tenir à table, ils étaient très polis avec les invités.

　彼（女）の家族は子どもたちが良いマナーを身につけることを非常に大切にしていた。彼らは食事をするとき礼儀正しいし、とても丁寧にお客さんに接するのだ。

---

de *manière* à + 不定詞 / de *manière* que + 接続法　～するように［目的］
［= de façon à / afin de / pour + 不定詞］
［= de façon que / de sorte que / afin que + 接続法］

Il vaut mieux tailler les rosiers légèrement après la floraison du printemps *de manière qu'*［= *de façon / afin qu'*］ ils fleurissent à nouveau en septembre.

　バラの花がまた 9 月に咲くように、春の花のあとで軽く刈り込むほうがよい。

Agissons *de manière à* ne pas détruire l'écosystème.

Agissons *de manière que* l'écosystème ne soit pas détruit.

Agissons *de manière à ce que* l'écosystème ne soit pas détruit.

　生態系を破壊しないように行動しよう。

ポイント! de manière à ce que... も聞かれるが de manière que... のほうが良い。

> **de telle *manière* que + 直説法** その結果～である
> [= de telle façon que / de telle sorte que + 直説法]

Il est toujours très gentil avec moi et il m'a demandé de l'aider ***de telle manière que*** je n'ai pas pu refuser.

彼はいつもとても優しくしてくれて、（そんな彼が）手伝ってと頼んできたので、断れなかった。

Leurs parents avaient pris une assurance ***de telle manière que*** Louis et ses frères n'ont rien eu à payer pour leurs obsèques.

両親が保険に入っておいてくれたので、ルイと兄弟は葬式の費用を何も払わずに済んだ。

> **de toute *manière*** とにかく、いずれにせよ
> [= de toute façon (→ p.62), en tout cas, dans tous les cas (→ p.22)]
> **d'une *manière* ou d'une autre** なんらかの方法で、どうにかして、いずれにせよ

– Ma voiture est en panne, je n'ai pas pu partir en week-end avec vous.

– ***De toute manière***, il pleuvait tout le temps, ne regrette rien.

「車が故障してしまって、週末は君たちと一緒に出かけられなかった」

「いずれにしても、雨が降ってばかりいたので、残念なことは何もなかったよ」

Une fois qu'on apprend une langue étangère, il est important de continuer à la pratiquer ***d'une manière ou d'une autre***.

外国語を学んだら、どうにかして使い続けることが重要だ。

> **d'une/de *manière* générale** 一般的に、概して
> [= le plus souvent, en règle générale, d'une/de façon générale]
> **d'une certaine *manière*** ある意味では、ある見方からすれば
> [= d'une certaine façon, dans un sens, d'un certain point de vue]

D'une/De manière générale, il y a plus de touristes au printemps et en été.

概して春と夏のほうが観光客が多い。

D'une certaine manière, Kenji a raison, mais tous ne sont pas d'accord avec lui.

ある意味では賢治の言い分は正しいけれども、彼に賛成しない人たちもいる。

> ### manière と façon
>
> manière と façon には共通する表現が多く、どちらを使っても同じ意味になる表現が大部分と言えるほどです。しかし、どちらかしか使わない表現もあります。
>
> les bonnes ***manières*** 良いマナー　　※ les bonnes façons とは言わない。
> sans ***façon(s)*** 気軽に（→ p.62）　　※ sans manière(s) とは言わない。

exercices

1 (　　) の中に入れることばを選びましょう。

sa manière de	la manière dont	de quelle manière
les bonnes manières	de manière à	

1. Explique-moi (　　) vous avez organisé le voyage en Thaïlande.

2. On m'a dit que (　　) analyser la situation est très intéressante.

3. Il faut éviter de regarder des écrans juste avant d'aller au lit, (　　) mieux dormir.

4. Les participants ont dit que (　　) le professeur a fait la présentation était extrêmement claire.

5. Tout le monde se comporte correctement, en respectant (　　).

2 例のように適切な組み合わせを見つけて、文を完成しましょう。

例 Ça ne sert à rien de rester assis devant ton ordinateur, •　　• tu es trop fatigué *de toute manière.*

1. Les précarités sont de plus en plus apparentes, •

2. Quitter son pays et partir étudier à l'étranger, •

3. Tu préfères qu'on travaille séparément ? •

4. Marc est très bizarre en ce moment, il se comporte •

5. Mayu doit partir vers 8 heures •

• ⓐ *Ta manière de procéder* est différente de la mienne en effet.

• ⓑ *de telle manière que* personne ne l'invite à boire un verre.

• ⓒ c'est *une bonne manière* de reconsidérer sa propre culture.

• ⓓ et pourtant la situation économique reste stable *d'une certaine manière.*

• ⓔ *de manière à* prendre l'avion de 13 heures.

3 manière を使って下線部を置き換える表現を考えましょう。

1. Il s'est organisé <u>pour que</u> sa vieille Maman puisse rester à la maison.

2. Beaucoup d'étudiants travaillent à mi-temps <u>pour</u> gagner un peu d'argent.

3. Je m'apercevais que je ne portais pas de masque quand on me regardait <u>avec insistance</u>.

4. Il parle rudement à sa femme mais elle sait qu'il l'aime <u>selon sa personnalité</u>.

5. Quand on regarde un film d'aventures, on sait bien que le héros surmontera les difficultés <u>de quelque façon que ce soit.</u>

23 mesure

mesure囡 の語源はラテン語の *mensura*「測定、寸法」です。mesurer（測る）、mesurable形（測ることのできる）、démesuré(e)形（極端な、巨大な）、démesurément副（極端に、並外れて）などへ展開しました。「計測、尺度、単位、寸法」「測るのに使う升」や音楽の「拍子」という意味をあらわしますが、さらに「措置、方策」「程度、度合い、範囲」という意味からさまざまな表現へと広がりをもつことばです。例文をとおして組み立てを観察し、使いこなせる表現を増やしてください。

測定、計測、尺度、単位

mesure du temps [**du volume** / **de la distance**]　時間［容積 / 距離］の測定
appareil [**instrument** / **outil**] **de mesure** 測定器
unité [**méthode**] **de mesure** 度量単位

Cette mesure est à vérifier, l'appareil n'est pas fiable.
　この測定結果は確かめなければならない、装置に信頼性がないから。

Depuis 2011, *la mesure* de la radioactivité fait partie de la vie quotidienne des habitants de Fukushima.
　2011 年以来、福島に住む人たちにとっては放射線量を測ることが生活の一部になった。

寸法 [= taille, dimension]

mesure exacte [**approximative**]　正確な［だいたいの］寸法
prendre les mesures de qch 〜の寸法を測る
sur mesure 寸法に合わせた、オーダーの、特別に合わせた、ぴったりの

Tu *prendras les mesures de* l'armoire ? On ne sait pas si on a assez de place pour la mettre dans la chambre du nouvel appartement.
　たんすの寸法を測ってみてくれる？　新しいアパルトマンの寝室に置くスペースが足りるかどうかわからないから。

On a fait faire des rideaux *sur mesure*. Ils sont très beaux.
　オーダーのカーテンを作ってもらいました。とてもきれいです。

節度、適度 [= modération]

avoir le sens de la mesure 節度をわきまえている
avec mesure 節度をもって、穏やかに　　　**outre mesure** 過度に [= avec excès]
sans mesure 節度をわきまえずに

Essayons de discuter *avec mesure*. C'est une question délicate.
　穏やかに話し合うようにしましょう。デリケートな問題ですからね。

Il n'a pas travaillé *outre mesure* pendant son séjour en France.

フランス留学中、彼は勉強をやりすぎたということはなかった。

Il est trop ambitieux et il fait tout *sans mesure*.

彼は野心的すぎるし、何をやっても節度というものがないのだ。

措置、方策 [= moyen employé pour corriger une situation]

prendre [**proposer**] **des** *mesures* **de protection** 保護のための措置を講じる [提案する]

effectuer [**mettre**] **en place des** *mesures* **préventives** 予防措置を実施する [設置する]

des *mesures* **de sécurité** [**de relance**] 安全 [立て直し] のための措置

En Europe, 84 % des personnes interrogées souhaitent abolir le changement d'heure. En effet, depuis quelques années, on discute de l'inefficacité de *cette mesure* : avancer ou reculer d'une heure suivant la saison contribue très peu aux économies d'énergie. Est-ce vraiment *une mesure* inutile ?

ヨーロッパではアンケート回答者の 84% が（夏冬の）時間変更は廃止したいと考えている。現実に季節により時間を進めたり遅らせたりすることにより節約できるエネルギーはほんの僅かなので、数年前からこの措置は効果がないとの議論がある。ほんとうにこの措置は無駄なのだろうか？

Pour répondre à la demande des habitants de cette région, le gouvernement *a pris des mesures* pour favoriser la création de nouvelles entreprises.

この地方の住民の要求に応えるため、政府は新たな企業の創立を優遇する措置を講じた。

Dès que l'inondation a frappé la région, *des mesures d'urgence* ont été adoptées pour mobiliser les secouristes.

水害がこの地方を襲った直後に、救助隊員を動員するため緊急措置が適用された。

範囲

dans la *mesure* **du possible** できるかぎり [= autant que possible]

dans la *mesure* **de ses moyens** [**forces**] できる [力の及ぶ] かぎり

dans la *mesure* **où + 直説法** 〜という点で、〜である限りにおいて

Essayez de respecter les conseils de votre médecin *dans la mesure du possible*.

できる限り主治医の助言に従うようにしてください。

J'ai l'intention de continuer à aider mon fils *dans la mesure de mes moyens*.

力の及ぶ限り息子のことを援助し続けるつもりだ。

Je vous accompagnerai partout *dans la mesure où* je peux rentrer avant 19h tous les soirs.

毎晩午後 7 時までに帰れるのであれば、どこへでもお供しますよ。

être en *mesure* **de + 不定詞** 〜できる

[= être capable de + 不定詞、avoir la possibilité de + 不定詞]

Je ne **suis** pas **en mesure de** répondre à vos attentes, du moins dans l'immédiat.

少なくとも今のところは、あなたのご期待に沿うことができません。

Il a fallu quelques mois aux étudiants étrangers pour **être en mesure de** participer activement aux travaux pratiques.

外国人留学生が演習に積極的に参加できるようになるまで、数ヶ月を要した。

à *mesure* 少しずつ、次々に［= progressivement］
à *mesure* que + 直説法 〜につれて、〜に応じて［= plus + 直説法, plus + 直説法］
au fur et à *mesure* だんだんと、徐々に、どんどん ［= progressivement］
au fur et à *mesure* de qch/que ＋ 直説法 〜につれて

Le conférencier parle très vite sans se soucier de l'interprète qui doit traduire **à mesure**.

通訳が逐次に翻訳しなければならないことを考慮せずに、講演者がすごい早口で話している。

A mesure que ［= **au fur et à mesure que**］ l'avion prenait de l'altitude, les paysages magnifiques se sont déroulés sous nos yeux.

飛行機が高度を上げるにつれて、素晴らしい景色が眼下に広がった。

On reconnaît les limites humaines **à mesure que** les recherches scientifiques progressent et qu'on multiplie les découvertes sur les mystères de la nature.

科学的な研究が進展し、自然の神秘について様々な発見が増えていくにつれて、人間の限界が私たちの目に明らかになる。

「だんだんと」という意味をあらわすさまざまな表現

au fur et à mesure, à mesure, progressivement は意味がよく似ています。

J'apprends de nouveaux mots mais j'en oublie d'autres **au fur et à mesure** ［= **à mesure**］.

新しいことばを覚えるのだが、だんだんと［それにつれて］他のことばを忘れてしまう。

Le système climatique du globe est passé **progressivement** d'un équilibre à un déséquilibre.

地球の気候システムは均衡から不均衡へと徐々に移行した。

au fur et à mesure に含まれる fur は、古くは「率、割合」という意味でしたが今では単独で使いません。fur と mesure を重ねて言うことで「だんだんと」「ますます」「どんどん」進展していく様子が目に見えるような、生き生きとしたニュアンスがあり、話しことばで好んで使われます。à mesure は au fur et à mesure に比べると書きことばで使われることが多い表現です。progressivement（次第に、徐々に）は科学的な現象や社会の変化などを客観的に述べるのに使うことが多いようです。このように意味の近い表現をまとめて違いを観察してみると、使いこなせる表現を増やすことができます。

---

exercices

1 ( ) の中に入れることばを選びましょう。

au fur et à mesure   des mesures   la mesure   avec mesure   dans la mesure où

1. Tu peux consommer de l'alcool, mais ( ).

2. Le gouvernement actuel n'a pas su proposer ( ) concrètes face à la crise économique récente. Son taux de popularité est en baisse.

3. On a connu ( ) de la terre au XVIème siècle.

4. Je n'ai pas de raison de m'opposer à votre décision ( ) vous en assumez la responsabilité.

5. Elle va s'habituer à la vie d'ici ( ) qu'elle se fait des amies dans le quartier.

2 例のように適切な組み合わせを見つけて、文を完成しましょう。

例 Ce tailleur fait des costumes *sur mesure* • → • pour le Premier Ministre.

1. Une banque doit toujours *être en mesure de* •

• ⓐ elles deviennent publiques avant les élections.

2. Ces statistiques sont importantes *dans la mesure où* •

• ⓑ les informations nous parviendront.

3. *Les mesures de sécurité* dans les aéroports •

• ⓒ se fait en miles marins.

4. Nous vous contacterons *à mesure que* •

• ⓓ se sont intensifiées à cause du terrorisme.

5. *La mesure* des distances en mer •

• ⓔ fournir de l'argent liquide à ses clients.

3 mesure を使って下線部を置き換える表現を考えましょう。

1. Cette robe de mariée a été <u>spécialement réalisée à sa taille</u>.

2. <u>Il ne peut pas</u> vous accueillir à l'aéroport ce jour-là.

3. Fais ta vaisselle <u>petit à petit</u>, ne laisse pas tout jusqu'au dernier moment.

4. Faire du sport <u>excessivement</u> peut nuire à la santé.

5. Je t'aiderai <u>autant que possible</u>.

6. <u>La population vieillit de plus en plus et</u> le déficit de la Sécurité Sociale augmente.

7. <u>Je ne suis pas capable de</u> réparer ton vélo, désolé.

24 moment

　moment圐 は「動きをするのに必要な時間」を意味するラテン語の *momentum* から生まれたことばです。momentané(e)圏 （つかのまの）や momentanément圖 （一時的に）に展開しました。時だけでなく、条件をあらわす場合もあります。

瞬間、時、時間、時期

un/des *moment*(*s*) + 形容詞 [de + 名詞]

　un/des *moment*(*s*) privilégié(*s*) [magique(*s*)] 特別な [魅惑的な] ひととき

　un/des *moment*(*s*) d'angoisse [de bonheur / de repos]

　　不安な [幸せな / 休息の] ひととき

un grand *moment* de l'histoire [de la vie]

　歴史上の [人生の] ターニングポイント、大切なことのあった日・時

Je suis sûr(e) que vous avez passé ***des moments agréables*** en famille pour Noël.

　ご家族で楽しいクリスマスのひとときをお過ごしになったことと存じます。

Dans mes cauchemars, j'ai ***des moments d'angoisse*** terribles.

　悪い夢を見ると、恐ろしく不安な時があります。

Ce voyage au Cambodge est à l'origine d'***inoubliables moments de découvertes*** culturelles.

　あのカンボジア旅行は様々な文化的な発見があって、忘れられない時間が今もよみがえります。

Les batailles de Napoléon sont ***un grand moment de l'histoire*** européenne.

　ナポレオンの戦闘は、ヨーロッパの歴史の重要な転換点だ。

---

au bon [mauvais] *moment* 良い [悪い] 時に　　**au *moment* crucial** 大切な時に

au dernier *moment* 間際に、土壇場になって

La nouvelle nous est parvenue ***au bon moment***.

　タイミング良く知らせが届いた。

Je suis arrivée ***au mauvais moment***, ils étaient en train de se disputer !

　まずいときに到着してしまった、あの人たちが喧嘩の真っ最中だったのだからね！

Heureusement, j'ai pu changer la date de mon départ ***au dernier moment***.

　幸い、出発の日にちを間際に変更できた。

à un certain *moment* / à un *moment* donné 一時は、ある時ふと、不意に

A un moment donné, j'ai paniqué en pensant qu'on n'arriverait jamais au sommet.

　山頂へ到達するのは無理だろうと思って、一時はパニックでしたよ。

en ce *moment* + 現在形の文 今は〜
à ce *moment*-là + 過去形の文 その時は〜、その頃は〜 ［= à cette époque］

Je n'ai pas à prendre le métro, on est en télétravail ***en ce moment***.
今はテレワークだから地下鉄に乗る必要がないのです。

Il a arrêté ses études pour partir à Paris. Le système d'échanges n'existait pas ***à ce moment-là*** ［= à cette époque］.
彼は退学してパリへ行った。その頃は交換留学システムは存在しなかったのだ。

（juste）au *moment* de qch ［de + 不定詞 / où + 直説法］
（ちょうど）〜の［〜する時］に

Takeshi était sans profession ***au moment de*** leur rencontre ［= ***au moment où*** ils se sont rencontrés］.
彼らが出逢ったとき、タケシは無職だった。

Mon portable a sonné ***juste au moment où*** on se mettait à table. ［= ***au moment de*** se mettre à table］.
食事をしようと食卓に座った、ちょうどその時に携帯が鳴ったのだ。

à partir de ce *moment*-là, + 過去形の文 その時、その頃から
jusqu'au *moment* de qch ［de + 不定詞 / où + 直説法］ 〜の時、〜する時まで

Pour mon travail, il a fallu que j'assiste à des réunions en anglais, ***à partir de ce moment-là*** j'ai fait de vrais progrès.
仕事で英語の会議に出席しなければならなくなった、その頃からほんとうに上達したのだ。

Elle a hésité sur le choix du vin ***jusqu'au moment de*** passer à table.
食事を始めるその時まで、彼女はワインをどれにしようかと迷っていた。

Vous savez qu'il a attendu votre réponse ***jusqu'au moment du*** départ.
出発のその時まで、彼はあなたの返事を待っていたのですよ。

le *moment* venu その時が来たら

Tu es encore un peu jeune pour penser à la chirurgie esthétique, on en reparlera ***le moment venu***.
美容整形を考えるにはまだあなたは若いのではないかな、その時が来たら、また相談しよう。

sur le *moment* とっさに、その場ですぐに ［= sur le coup（→ p.41）］

J'aurais dû refuser cette proposition, mais je n'ai pas pu dire non ***sur le moment***.
この提案は断っておけばよかったのに、とっさにノーと言えなかったのだ。

Sur le moment, on ne s'est pas rendu compte de l'importance de l'événement.
この出来事がどんなに重要なものであるかが、その場ではわからなかった。

par *moments* ときどき、ときおり [= de temps en temps, de temps à autre]

Elle semble être lucide *par moments*, mais en général elle est à moitié endormie.

彼女は時おり、頭がはっきりしているように見えるけれども、たいていはうつらうつらしている。

pour le *moment* 今のところ [= pour l'instant（→ p.73）]

On n'a pas l'intention de voyager *pour le moment* [= pour l'instant] , on va rester à la maison.

今のところ旅行に出るつもりはありません、家にいようと思います。

– A la soirée de l'Ambassade samedi tu portes une robe ou un kimono ?

– J'hésite encore *pour le moment*.

「土曜日の大使館のパーティーにドレスで行くの？　それとも着物を着て行くの？」

「今のところ、まだ迷っているのよね」

en avoir pour un (bon / petit) *moment* （かなり/少し）時間がかかる
[= en avoir pour un instant]

Je vais voir si je trouve ce livre dans la réserve, j'*en ai pour un petit moment,* vous voulez bien patienter ?

この本が倉庫で見つかるかどうか見に行ってきます。ちょっと時間がかかると思いますが、お待ちいただけますか？

条件・前提

du *moment* que + 直説法 ～だから、～ならば、～であるからには
[= puisque ... / dès lors que...]

Il peut se lancer dans une nouvelle entreprise *du moment qu*'il en a les moyens financiers.

資金面でなんとかなるのならば、彼は新しい会社をスタートできるだろう。

Du moment que toute ta famille est d'accord, je n'ai plus rien à dire.

あなたの家族が皆賛成しているのだから、わたしとしてはもう何も言うことはありませんよ。

意味が近く、共通する使いかたのできる moment と instant

moment と instant には同義語（synonyme）とみなしても差し支えのないほど意味の近い表現がたくさんあります。例えば「今のところ」というとき pour le moment を使っても pour l'instant を使っても同じ意味になります。また「ちょっと待ってください」というときも un instant と un moment を共通に使えます（p.74）。instant の項に、このような表現を他にも記載していますので、そちらも参照してください（pp.72-74）。

exercices

1 (　　) の中に入れることばを選びましょう。

sur le moment	un grand moment	au moment où
au bon moment	au moment de	du moment que
un moment		

1. Cette importante information a été annoncée (　　) la conférence de presse prenait fin, c'est regrettable.

2. Auriez-vous (　　) à me consacrer ? je voudrais écrire un article sur vos installations.

3. Le mariage, c'est (　　) dans la vie.

4. Notre fille est partie vivre à l'étranger mais (　　) elle est heureuse, nous sommes très contents pour elle.

5. Le bleu de ses yeux m'a impressionné(e) (　　) notre première rencontre.

6. Je me suis tordu la cheville mais je n'ai pas eu mal (　　), ça a enflé plus tard.

7. James Bond est arrivé, juste (　　), pour éliminer l'agresseur qui allait tuer la belle héroïne.

2 (　　) の中に入れることばを選びましょう。

en ce moment	au mauvais moment	au moment crucial	par moments

Oh la la, ça tombe vraiment (1). Ma télé est trop vieille, les images se brouillent (2). Et en plus, ça arrive juste (3) dans le film. Je dois vraiment la changer, mais comme je suis au chômage (4), je verrai plus tard.

3 例のように適切な組み合わせを見つけて、文を完成しましょう。

例 Les élections présidentielles auront lieu l'an prochain et　●———　*en ce moment* on ne parle que de ça dans les journaux.

1. Paul est bien connu pour ça, ●

2. Hugo a fait le tour du monde, il a fait un blog vraiment intéressant où　　●

3. Raccourcir les robes était considéré comme scandaleux ; ●

4. Ne l'attendez pas,　　●

● ⓐ *à ce moment-là,* les femmes devaient encore cacher leurs chevilles.

● ⓑ il remet toujours ses manuscrits *au dernier moment.*

● ⓒ il en a pour *un bon moment* !

● ⓓ il a noté tous *les moments magiques.*

103

25 occasion

occasion囡 の語源はラテン語の *occidere*「(〜にあたって) 落ちる」から生じた ことば *occasio*「好ましい時」です。「落ちた、起きた」を意味する *occasus* と「〜 すること」*io* の組み合わせで構成されています。*occidere* から *occasio* を経て occasion が生まれました。このつながりから occasionnel(le)形 (偶然の、偶発的な、 例外的な)、occasionnellement (機会のあるときに、ときおり) や occasionner (引き起 こす、生じさせる、〜の原因となる) などに展開しました。一方、*occidere* から *occidentalis*「西の」を経て Occident男 (西洋、西欧、西欧諸国)、occidental(e)形 (西 の、西洋の)、occidentaliser (西欧化する)、occidentalisation囡 (西欧化) へとつながっ た系統もあります。occasion は「〜するちょうど良い機会」「〜の機会に」のよう に日常に使う表現をたくさん含んでいます。実例を見て使いこなしましょう。

機会、チャンス、きっかけ、場合 [= aubaine, chance, opportunité]
une bonne [**excellente**] *occasion* de + 不定詞 〜する良い [絶好] の機会
une *occasion* idéale [**exceptionnelle / inespérée**]
　理想的な [滅多にない / 思いがけない] 機会
avoir l'*occasion* pour + 人 [**de + 不定詞**] 〜する機会を持つ、〜することができる

Julien fait un stage à Osaka en ce moment. C'est *une bonne occasion* [= une chance] pour ses parents qui ont envie de visiter le Japon depuis longtemps.
　ジュリアンは今、大阪で研修中だ。以前から日本を訪問したかった両親にとって良い機会だ。

On va au vernissage ? C'est *une occasion inespérée* de rencontrer cet artiste !
　オープニングに行かない？ あのアーティストに会える滅多にないチャンスだよ。

J'étais en France quand ce livre est sorti, comme ça, j'*ai eu l'occasion de* l'acheter.
　この本が出版されたときフランスにいたので、買うことができた。

---

profiter de l'*occasion* pour + 不定詞 ちょうど良い機会なので〜する
saisir l'*occasion* pour + 不定詞 〜する機会をつかむ
sauter sur l'*occasion* de + 不定詞 〜するチャンスに飛びつく
manquer [**rater / laisser passer**] **l'*occasion* de + 不定詞** 〜する機会を逃す

Tu vas à Marseille en voiture ? Je peux *profiter de l'occasion* ?
　車でマルセイユに行くの？ ちょうど良いから乗せてもらってもいいかな？

Nous *avons saisi l'occasion* du colloque de Oulan-Bator *pour* visiter la Mongolie.
　私たちはウランバートルの学会の機会にモンゴルを訪問した。

Shiori *a laissé passer* [= échapper] plusieurs *occasions de* vendre cet appartement, pourtant il est bien situé.

しおりはこのアパルトマンを売る機会を何度も逃した、良い場所にあるのに。

> **à l'*occasion*** 機会があれば、ときには、必要とあらば
> [= si cela se présente, le cas échéant, éventuellement]
> **si l'*occasion* se présente** 機会があれば、
> **à la première *occasion*** 機会があり次第、できるだけ早く [= dès que possible]

– Vous avez travaillé avec Monsieur Tanabe ?

– Oui, on travaillera à nouveau avec lui *à l'occasion*, mais ce n'est pas un client habituel.

「田辺さんと仕事をしたことがあるのですか？」

「ええ、また機会があればご一緒すると思いますが、常連のお客様ではありません」

J'habite à Okinawa, c'est un peu loin mais *si l'occasion se présente* [= à l'occasion], viens passer quelques jours chez moi, on ira voir les baleines.

私の住まいは沖縄なので少し遠いけれども、機会があれば家へ何日か遊びにいらっしゃい、鯨を見に行きましょう。

Tetsu est hospitalisé ? Dans quel hôpital ? J'irai le voir *à la première occasion.*

テツさんが入院しているって？　どこの病院？　できるだけ早く見舞いに行こう。

> **à l'*occasion* de qch** 〜のときに、〜に際して、〜を機に [= pour qch, lors de qch]
> **à cette *occasion*** この機会に

On a ouvert des bouteilles de champagne *à l'occasion de* ses 70 ans.

彼（女）の 70 歳の（誕生日）に際してシャンペンのボトルを開けた。

Notre collègue et amie Satoko est revenue de son congé de maternité ! Si on allait déjeuner tous ensemble *à cette occasion* ?

私たちの同僚で友だちのさとこさんが産休から復帰しましたよ！　この機会に、皆で一緒にランチに行きませんか？

> **les grandes *occasions*** 大切な時、大切な催し
> [= les circonstances importantes ou solennelles de la vie]

On a tendance à s'habiller en kimono uniquement dans *les grandes occasions* comme un mariage et c'est dommage.

結婚式のような大切な催しのときだけ着物を着る傾向があるのだが、残念なことだ。

Il est un peu snob, il recherche toutes *les grandes occasions* pour se montrer en public : commémorations, festivals...

アンドレは少しスノッブで、公の場で人目に立つような晴れの場をいつも探し求めている。記念行事とか、フェスティバルとかだ。

中古品、掘り出し物、有利な買い物

voiture [**livre** / **meuble**] **d'*occasion*** 中古の車 [本 / 家具] [= de seconde main]
un magasin [**une boutique**] **d'*occasion*** 中古のものを売る店
 [= qui vend des objets d'occasion]
le marché de l'*occasion* 古物市、リユース（セカンドハンド）のマーケット

Je me demande si j'achète une voiture neuve ou ***une voiture d'occasion***.

新車を買おうか、中古車にしようかと考えている。

De plus en plus de jeunes vont chercher ***des vêtements d'occasion*** dans les
friperies, on parle de la mode « vintage ».

古着屋の店で中古の服を買う若者が増えている。『ヴィンテージ』が流行しているそうだ。

Elle a trouvé cette belle lampe art déco chez un antiquaire. C'est ***une occasion***
formidable et c'est rare maintenant.

彼女は骨董屋でこのアールデコ様式の美しい電灯を見つけた。今では稀な素晴らしい掘り出し物だ。

日本語の「チャンス」に注意！ occasion と chance の使いかた

occasion ということばを使って「良いチャンスだ」というとき、chance を使って
ほぼ同じ意味をあらわすことができます。chance に de la（部分冠詞）を使うと「運
が良い、（ラッキーで）うらやましい」という意味になるので注意してください。

avoir *la* chance de + 不定詞　　：幸運（チャンス）に恵まれる

avoir *de la* chance de + 不定詞　：（〜するとは）運が良い、うらやましい

　– Tu **as** déjà **eu l'occasion de** visiter le musée d'art moderne de Kyoto ?
　– Oui, j'**ai eu la chance de** le voir l'autre jour, il est magnifique !

　「京都現代美術館を見に行くチャンス（機会）があった？」

　「ええ、このあいだ行ってきましたよ、素敵なところですね！」

Tu **as de la chance d'**être en vacances !

　休暇中だとは、うらやましいな！

Votre mère est en forme, à 95 ans ? Elle **en a**, **de la chance** !

　お母様は 95 歳でお元気なのですか？　うらやましい限りです！

　– Tu connais Nako Motohashi, la championne de basketball ?
　– ① Oui, j'**ai eu la chance** [= **l'occasion**] de l'interviewer quand elle est
　　　passée dans ma ville.
　– ② Oui, au tirage au sort, j'ai été choisie et j'ai vraiment **eu de la chance** de
　　　faire équipe avec elle.

　「バスケットボールのチャンピオンの本橋菜子選手知ってる？」

　①「ええ、私の街に来たときにインタビューする機会がありました」

　②「ええ、くじ引きに当たって、ラッキーなことに彼女と同じチームだったんですよ」

106

exercices

❶ （　　）の中に入れることばを選びましょう。

| de l'occasion | à cette occasion | l'occasion | grande occasion |

1. La dernière (　　) à laquelle j'ai participé, c'est la remise du prix Nobel de médecine à Oslo.
2. Un grand nombre de sites s'appuient sur le marché (　　). J'en profite aussi pour vendre pas mal de choses.
3. Leur fille est entrée dans une grande entreprise, (　　) elle a offert un voyage à Hawaï à ses parents.
4. Cette avancée technologique a donné (　　) aux constructeurs de proposer de meilleures solutions pour l'environnement.

❷ 例のように適切な組み合わせを見つけて、文を完成しましょう。

例 Une amie a travaillé en Afrique pendant 2 ans,　　　　•——• *j'ai profité de l'occasion pour* aller découvrir le Malawi.

1. Nous nous sommes rencontrés à la réception organisée à Osaka, •

2. Un jardinier travaillait chez les voisins, •

3. J'ai du mal à me séparer de mes vieux vêtements, •

4. En 1989, nous avons fait une grande fête à l'université •

• ⓐ surtout ceux réservés *aux grandes occasions*.

• ⓑ c'était *une très bonne occasion* de lui demander des conseils sur la taille de nos arbustes.

• ⓒ *à l'occasion de* l'arrivée du nouvel ambassadeur.

• ⓓ *à l'occasion du* bicentenaire de la Révolution française.

❸ 下線部を置き換える表現を選びましょう。

| les occasions | une bonne occasion | cette grande occasion | à l'occasion |

1. Cette école recrute en vantant les opportunutés de stages à l'étranger.
2. Je n'aime pas beaucoup voyager en bus, mais pour une fois, je veux bien si ça te fait plaisir.
3. J'aurais mal aux pieds avec ces chaussures à talons , mais tant pis, je veux être élégante, pour cet événement important.
4. Il n' a pas vraiment besoin de cet outil , mais quand il trouve quelque chose d'intéressant, il l'achète et ça le rend tout heureux.

26 **part**

part囡 はラテン語で「部分」を意味する *pars* から生じたことばです。*pars* から part という形を経て faire-part圐（通知）に残っています。時代とともに変化した *partire* から partir（出発する、始まる）、partage圐（分配、分裂）、partager（分け合う）へ、*partialis* から partiel(le)圏（部分的な、不完全な）、partiellement（部分的に）、partial(e)圏（不公平な、偏った）などへ展開しました。「〜を除いて」や「個別に」「（人）からの」のように前置詞的に用いたり、「一方では〜、他方では〜」のように接続詞的に使ったりします。また「どこかへ（で）」「どこにも〜ない」のように場所をあらわす言い方もあり、応用範囲の広いことばです。

部分、分け前、分担　[= portion, partie]

les *parts* d'un héritage　相続の取り分
couper [partager] un gâteau en 6 *parts* [en *parts* égales]
　ケーキを6切れに［等分に］切る［分ける］

> **ポイント！**　「全体のなかの一部分」「いくつかに分けるもののひとつ」という意味です。

Dans une *des parts* de la Galette des Rois, il y a une fève.
　ガレット・デ・ロワ［公現節のアーモンドパイ］を切り分けると、そのうちの一切れにソラマメ［または小さな人形］が入っている。

Son loyer est très cher et représente *une part* importante de son revenu.
　彼（女）の家賃はとても高くて、収入のかなりの部分を占めている。

個別に、別に、切り離して　à part　[= séparément]

prendre qn à *part*　〜をひとりだけ脇へ呼ぶ
mettre [ranger] qch à *part*　〜を別に取っておく［片付ける］

Il y a beaucoup de sujets à traiter, mais on va considérer celui-ci *à part.*
　取り扱わなければならないテーマがたくさんあるけれども、これだけは別に考慮しよう。

Le professeur *a pris* Paul *à part* pour lui poser quelques questions.
　教授はポールを脇へ呼んで、いくつか質問をした。

Ces documents sont importants, il faut les enregistrer *à part*, sur un disque dur.
　この書類は重要なので、別にハードディスク上に保存しておかないといけない。

à *part* qch / mis à *part* qch　〜を除いて　[= sauf qch/qn, excepté qch/qn]
à *part* ça　それ以外は　[= autrement]　（→ p.110のコラム参照）

> **ポイント！**　à part qch でも mis à part qch でも意味は同じです。

Elle ne regarde pas la télé (*mis*) *à part* le patinage artistique.
フィギュアスケートを除いては、彼女はテレビを見ない。

On a dû rester confinés à la maison, mais *à part ça*, tout va bien.
家に籠もっていなければならなかったけれども、それ以外は、何もかもうまくいっています。

> **faire *part* de qch à qn** 〜を…に知らせる、伝える
> [= informer qn de qch, faire connaître qch à qn]

J'ai fait part à mes collaborateurs *de* ma décision de quitter mon poste actuel.
今の仕事を辞める決断を同僚に伝えた。

ポイント！ 同じ「知らせる」でも **prévenir qn de qch** や **annoncer qch à qn** に比べると **faire part de qch à qqn** はフォーマルな感じになります。

（比較）*J'ai prévenu* mes parents *de* ma décision de quitter mon travail.

Nous avons l'immense tristesse de vous *faire part du* décès de notre grand-mère Tomi, survenu le 5 mars 2023, à l'âge de 93 ans. Les obsèques ont eu lieu dans la plus stricte intimité le 10 mars.
私どもの祖母、とみが 2023 年 3 月 5 日、93 歳で死亡したことを悲しみのうちにお知らせします。葬儀は 3 月 10 日、近親者のみで執り行ないました。

ポイント！ 子どもの誕生や結婚、死亡の通知には決まった書式があり、**faire-part**（通知状）として新聞に載せたりカードで郵送したりします。

> **prendre *part* à qch** 〜に参加する [= participer à qch]

C'est en 1992 qu'un astronaute japonais *a pris part* pour la première fois *à* une mission spatiale.
日本人宇宙飛行士が宇宙での任務に初めて参加したのは 1992 年のことだった。

Plusieurs membres du comité n'*ont* pas *pris part à* la discussion.
委員会のメンバーのうち何人かは議論に加わらなかった。

> **pour ma *part*** 私に関して言えば
> [= quant à moi, en ce qui me concerne, de mon côté]

S'opposer à la vaccination est un choix mais *pour ma part*, je n'ai pas hésité à me faire vacciner.
予防接種に反対するのは人それぞれの選択だが、私に関して言えば迷わず接種を受けた。

> **de la *part* de qn** （人）からの

Elle part demain ! Souhaite-lui bon voyage *de ma part*.
彼女は明日出発ですか！　良い旅になりますようにと、お伝えください。

Je vous transmets ce message *de la part de* mon frère.

このメッセージを兄からお届けします。

> **d'une part, ... d'autre part** [de l'autre] , ... 一方では〜、他方では〜
> [= d'un côté, ... d'un autre côté [de l'autre] ...]

D'une part, Marc était contre l'idée proposée par Anne, mais *de l'autre*, il voulait voir quel résultat ils pouvaient obtenir. Il était donc indécis.

マルクは一方ではアンヌの提案するアイデアに反対だったのだが、他方ではどんな結果が得られるのかが確かめたいと思っていた。だから、彼は決心がつかなかったのだ。

Louer un appartement, *d'une part*, on a moins de responsabilités mais *d'autre part*, après 10 ans de loyer, on ne possède toujours rien.

アパルトマンを賃貸するということは一方で責任がより少なくて済むけれども、他方で 10 年間家賃を払い続けても、相変わらず何も所有するものがないのだ。

> **quelque *part*** どこかで、どこかへ [= à un endroit quelconque]
> **nulle *part*** どこにも〜ない [= en aucun endroit]

Si vous avez vu ce tableau *quelque part* ailleurs, merci de nous le signaler.

この絵をどこか他のところで目にしましたら、どうぞ私たちに知らせてください。

On va acheter des bentos *quelque part* avant de monter dans le Shinkansen.

新幹線に乗る前に、どこかで弁当を買おう。

Je cherche le livre depuis une semaine, mais je ne le trouve *nulle part* dans mon bureau. J'ai dû le ranger *quelque part* ailleurs.

1 週間前からあの本を探しているのだが、仕事場のどこにも見つからない。どこか他のところに片付けたのに違いない。

話題を切り替えるときに使う A part ça

相手との話のやりとりを「ここで一段落」と区切って次の話題に移るとき、Maintenant...（さて）、Bon, ...（さて、それで）、En tout cas（いずれにしても）のような表現をよく使います。今までの話題を受けて A part ça（その他には）というのも便利です。「それはそうと」という意味です。Autrement も同じように使えます。久しぶりの友だちとの話が一段落して切り替える例を見てみましょう。

– Après mon divorce, j'ai changé de travail et j'ai déménagé aussi.
– Tout ça en six mois, tu fais fort ! *A part ça* [= Autrement] , je n'ai pas vu tes parents récemment, ils vont bien ?

「離婚のあと転職して、引っ越しもしたんだよね」
「半年でそんなに！ すごいね！ それはそうと、最近ご両親にお会いしていないけど、お元気？」

exercices

❶ （　　）の中に入れることばを選びましょう。

| prendre part　　mis à part　　nulle part　　sa part　　de la part　　quelque part |

1. Tu pourras stationner ta voiture (　　) au centre ville ?

2. Il faut que chacun fournisse (　　) d'efforts.

3. Qui est d'accord pour (　　) à la soirée de demain?

4. Je vous donne ce cadeau (　　) de ma mère. Elle aurait bien voulu venir aussi.

5. Où est mon smartphone ? Je ne le trouve (　　) !

6. Il n'a aucun souci (　　) quelques petits problèmes de santé.

❷ 例のように適切な組み合わせを見つけて、文を完成しましょう。

例 Dans cette maison de retraite ●————● les résidents **prennent part à** des activités artistiques.

1. J'ai été surprise d'apprendre qu'elle changeait de travail, ●

2. On va garder un morceau pour Junko, ●

3. A cause du décalage horaire, ●

4. Je ne sais comment vous remercier. ●

5. J'aime tous les fruits, ●

6. Tout le monde a donné son avis, ●

- ⓐ (*mis*) *à part* les durians.

- ⓑ j'ai passé *une bonne part* de la nuit à lire.

- ⓒ et *pour ma part*, je n'ai rien à ajouter.

- ⓓ C'est vraiment très gentil *de votre part*.

- ⓔ elle ne m'*avait* pas *fait part de* ses intentions.

- ⓕ alors on coupe le gâteau en 6 *parts*.

❸ part を使って下線部を置き換える表現を考えましょう。

1. Il faut classer ces documents séparément. Autrement, on va les perdre.

2. Si tu es d'accord on y va mais en ce qui me concerne rester ici avec un bon livre, c'est bien aussi.

3. Alors rendez-vous à Umeda et on ira manger ici ou là.

4. Je suis disponible n'importe quand, sauf dimanche matin.

5. D'un côté, on avait envie de rester ensemble, mais d'un autre côté, nos rythmes de vie rendaient la cohabitation difficile.

peine

peine囡 の語源は「刑罰」を意味するギリシャ語の *poinê*、ラテン語の *poena* です。動詞 peiner（苦労する）、pénible形（骨の折れる、辛い、悲しい）、pénal(e)形（刑罰の）、pénaliser（罰金を課す）などへ展開しました。また valoir la peine（〜する価値がある）、à peine（ほとんど〜ない）のような形で幅広い意味を表現できることばです。

心痛、精神的な苦しみ、悲しみ [= souffrance, tristesse, chagrin, difficulté]
avoir de la *peine* 辛い思いをする、心を痛める [= éprouver de la tristesse]
faire de la *peine* à qn 〜を悲しませる

J'ai eu beaucoup *de peine* en apprenant la nouvelle de son décès.
　彼（女）が死去したという知らせを聞いて、私はとても悲しかった。

Ça *me fait de la peine* de laisser ma famille et de quitter mon pays.
　家族を置いて故国を離れるのは、心が痛みます。

骨折り [= travail, effort, activité qui fatigue]
se donner de la *peine* pour + 不定詞 〜するためにがんばる、一生懸命に〜する

Merci beaucoup de cette excellente soirée, vous *vous êtes donné* beaucoup *de peine pour* nous accueillir !
　楽しい夕べを、ほんとうにありがとうございました。私たちを一生懸命にもてなしていただいて。

---

avec *peine* やっとのことで、苦労して　　　**sans *peine*** 苦労せずに、たやすく
comprendre [imaginer] sans *peine* たやすく理解できる [想像できる]

Depuis sa maladie, il n'a plus d'énergie comme avant. Il marche *avec peine*.
　病気をしてから、彼は以前のようなエネルギーがない。歩くのもやっとだ。

On imagine *sans peine* son bonheur après ce beau succès.
　大成功をおさめて彼（女）がどんなに幸せか、たやすく想像できます。

困難
avoir de la *peine* à + 不定詞 〜するのが辛い、〜し難い、なかなか〜できない
[= avoir de la difficulté à + 不定詞、avoir du mal à + 不定詞]

Elle *a de la peine à* comprendre cette explication écrite en anglais.
　彼女は英語で書かれたこの説明がなかなか理解できない。

J'ai eu beaucoup de peine à prendre contact avec Emily. Elle ne répond jamais au téléphone ni au mail. [= J'ai eu beaucoup de mal à …]
　エミリーと連絡をとるのに、とても苦労した。電話にもメールにもちっとも返事をくれないのだ。

> **刑罰**
>
> *peine* de mort / *peine* capitale 死刑　　purger une *peine* 刑期を務める
> prononcer ［**infliger**］**une *peine*** 刑を言い渡す［科す］
> **sous *peine* de ...** 違反すれば〜の罰を受けるものとして〔書きことばのみの表現〕

L'abolition de *la peine de mort* est la tendance mondiale.

死刑廃止は世界的な傾向である。

Défense de stationner *sous peine d'*amende.

駐車禁止。違反すれば罰金を科せられる。

> **valoir la *peine* de + 不定詞 ［que ...］** 〜する価値がある

Tu dois absolument aller voir cette exposition, c'est très beau, ça *vaut* vraiment *la peine de* te déplacer.

あの展覧会は絶対見に行くべきですよ、とても美しくて、ほんとうに足を運ぶ価値があるから。

> **ce n'est pas la *peine* de + 不定詞 ［que + 接続法］ /**
> **ça ne vaut pas la *peine* de + 不定詞 ［que + 接続法］** 〜するには及ばない
> ［= ce n'est pas nécessaire de + 不定詞、ça ne vaut pas le coup de + 不定詞
> （→p.42）］

– Il vaut mieux prévenir tout le monde pour le changement de menu ?

– Non, *ce n'est pas la peine*, ils viendront de toute manière.

「メニューの変更について皆に知らせたほうが良いかな？」

「いや、それには及ばないでしょう、どうせ来るだろうから」

Ça ne vaut pas la peine de lui offrir des gâteaux, il n'en mange jamais.

彼にお菓子をあげるには及びませんよ、絶対食べないのだから。

> **動詞 + à *peine*** ほとんど〜ない ［= ne + 動詞 + presque pas］
> **à *peine* + 形容詞・過去分詞** ほとんど〜ない ［= presque pas + 形容詞/過去分詞］
> **à *peine* + 数・量** やっと、〜足らず

Elle sait *à peine* parler français, mais elle se sent comme chez elle à Paris.

彼女はフランス語がほとんど話せないが、パリが自分の故郷のようにしっくり馴染んでいる。

Ce plat est *à peine* mangeable. Ça a un goût désagréable.

この料理はほとんど食べられたものではない。酷い味だ。

Il avait *à peine* 12 ans quand il a déménagé au Canada avec ses parents.

彼は両親とカナダへ移住したとき 12 歳になるかならないかだった。

À peine 2 heures après l'accident, on comptait déjà des dizaines de victimes.

事故発生後 2 時間足らずのうちに、犠牲者は数十人を数えた。

> à *peine* + 従属節（直説法）+ que +主節（直説法）　〜とすぐに…、〜と思ったら…
> ［= dès/aussitôt que + 従属節（直説法），主節（直説法）］

Les touristes étaient *à peine* descendus de l'autocar *que* la pluie a cessé.

［= Dès que/Aussitôt que les touristes étaient descendus de l'autocar, la pluie a cessé.］

観光客がバスを降りたと思ったら、雨がやんだ。

A peine arrivé à l'aéroport ［= Dès que je *suis arrivé* à l'aéroport］, je me suis rendu compte que j'avais oublié mon passeport.

空港へ着くやいなや、パスポートを忘れてきたことに気がついた。

ポイント! 従属節と主節の主語が共通で従属節の助動詞が être のとき、従属節の主語と助動詞は省略。書きことばで使う。

A peine le voyage organisé, ils partiront pour New York. ［= Dès que le voyage sera organisé, ils partiront pour New York.］

旅行の段取りがついたらすぐに、彼らはニューヨークへ出発するだろう。

A peine la décision prise, Naomi a commencé à hésiter de nouveau.

そう決めたとたんに、直美はまた迷い始めた。

ポイント! 従属節と主節の主語が異なり、従属節の助動詞が受動態の être のとき、être は省略。書きことばで使う。

à peine「ほとんど〜ない」という表現に含まれる意味

次の例文の意味を比較してみましょう。

    Elle ne sait pas bien parler français.　　彼女はフランス語があまり上手に話せない。

    Elle sait un peu parler français.　　彼女はフランス語が少し話せる。

    Elle parle difficilement français.　　彼女はやっとのことでフランス語が話せる。

    ［= Elle parle français avec beaucoup d'efforts et ce n'est pas facile.］

    Elle sait *à peine* parler français.　　彼女はフランス語がほとんど話せない。

    ［= Elle parle français mais c'est limite, on a du mal à la comprendre.］

à peine という場合、「話せる」と「話せない」の境界線上という感覚です。

同じように

    Ce plat est *à peine* mangeable.　　この料理は食べられたものではない。

    ［= On peut le manger, mais c'est limite, ce n'est vraiment pas bon.］

というときも「食べられる」と「食べられない」の境界線上にあって、「やっとのことで食べられるが、ほとんど食べられないほどひどい味だ」という意味です。上記の例文でも、雨がやんだのは「全員がバスを降りた」と「まだ降りていない」、その境界線上のぎりぎりの時点の出来事であることをあらわします。

exercices

1 （　　）の中に入れることばを選びましょう。

à peine	la peine	avec peine	sans peine	la peine de mort

1. J'ai trouvé cette petite rue (　　). Je tournais en rond dans le quartier !
2. La France se mobilise pour l'abolition universelle de (　　).
3. Notre nouvelle voiture est (　　) plus grande que la précédente, mais l'intérieur est beaucoup plus confortable.
4. Ce n'est pas (　　) de t'inquiéter pour le repas. On achètera des bentos sur place.
5. On voit beaucoup de publicités pour apprendre une langue étrangère (　　) en quelques semaines, je n'y crois pas !

2 例のように適切な組み合わせを見つけて、文を完成しましょう。

例 J'ai l'intention de transmettre ces informations oralement •   • alors ***ne vous donnez pas la peine de*** rédiger un résumé.

1. Elle aime les enfants mais elle ne peut pas en avoir, •   • ⓐ mais Brigitte m'a dit que ce n'était pas ***la peine.***

2. J'ai vraiment mal au dos •   • ⓑ on les comprend ***sans peine.***

3. Cette prof explique vraiment bien les textes littéraires, •   • ⓒ ***ça lui fait beaucoup de peine***, à son mari aussi.

4. Au début, je lisais tous les messages reçus mais maintenant •   • ⓓ je me demande souvent si ***ça vaut la peine de*** s'informer.

5. Je voulais apporter du vin chez nos amis •   • ⓔ j'***ai de la peine à*** porter le panier de courses.

3 **peine** を使って下線部を置き換える表現を考えましょう。

1. Il ne sait pas bien nager mais il va souvent à la piscine.
2. Dès qu'on sera rentré au Japon, on reprendra le rythme de vie habituel.
3. Vous devez renvoyer ce document signé sinon ce sera la radiation de votre compte.
4. Aussitôt que je suis arrivé à la gare, j'ai appris qu'il y avait la grève.
5. J'entends mal, j'ai des difficultés à suivre la conversation.
6. Elle adore voyager, elle fait beaucoup d'efforts pour organiser un circuit touristique original.

pied

pied圏 の語源はラテン語の *pedem* です。pied から piétiner（足踏みする）、piéton(ne)图（歩行者）、pédestre图（徒歩の）などのことばへ展開しました。日常の生活で使いやすい表現をたくさん含むことばです。

人間の足

aller［**partir**］**à** *pied* 歩いて行く［出発する］
marcher *pieds* **nus** 裸足で歩く

ポイント！ **marcher à pied** と言わないことに注意。

Tu mets combien de temps *à pied* pour aller à la station de métro la plus proche ?
一番近い地下鉄の駅へ行くのに、徒歩でどのぐらい時間がかかるの？

Si je rate le bus, je me rends au travail *à pied*.
バスに乗り遅れてしまったら、歩いて仕事に行きます。

Ah ! Je rêve de me promener *pieds nus* sur la plage et de respirer à pleins poumons l'air de la mer.
ああ！ 砂浜を裸足で散歩して胸いっぱいに海の空気を吸い込んでみたいなあ。

家具などの脚、作物の株・苗

les quatre *pieds* **d'une chaise** 椅子の４つの脚 **un verre à** *pied* 脚付きのグラス
les *pieds* **des plantes** 植物の苗

On sera combien à table ce soir ? Mets *des verres à pied* pour le vin et des verres à eau aussi.
今日の夕食は何人になるのかな？ ワインのための脚付きのグラスと水のコップも出してね。

Ils ont commencé par planter 300 *pieds de* vigne. Dans quelques mois, on verra les premières grappes de raisin.
彼らはブドウの木をまず 300 株植えた。数ヶ月後には、初めてのブドウの房が見られるだろう。

山のふもと、壁・柱・木など高いものの下

au *pied* **d'un arbre**［**d'une montagne** / **de la Tour Eiffel**］
木の下［山のふもと / エッフェル塔の足元］に

Le village se trouve *au pied des* montagnes d'Abukuma. C'est une région peu connue, mais très pittoresque.
この村は阿武隈山地のふもとにあります。あまり有名でない地方なのですが、とても景色が良いですよ。

Chaque année, il y a des milliers de spectateurs *au pied de* la Tour Eiffel pour admirer les feux d'artifice du 14 juillet.

毎年 7 月 14 日パリ祭の花火は見物人がエッフェル塔の足元に何千人も集まる。

être au *pied* du mur 壁際に追い詰められている、決断を迫られている
[= ne plus avoir le choix, être obligé d'agir]
mettre qn au *pied* du mur 〜を壁際に追い詰める、〜に決断を迫る

La pandémie *a mis* plusieurs pays *au pied du mur*, ils ont augmenté la dette publique pour relancer l'économie.

感染症の世界的大流行によって、複数の国々が壁際に追い詰められた。自国の経済を活性化するために国債を増加させたからだ。

Elle *s'est retrouvée au pied du mur*, elle est rentrée rapidement dans son pays pour travailler et soutenir ses parents.

彼女は決断を迫られてしまった。急いで故国へ戻って働き、両親の生活の面倒を見ることになった。

***pied*-à-terre** 圏 仮住居

On a décidé de quitter Kobe pour déménager dans la région de Tottori, mais on garde un petit appartement comme *pied-à-terre* pour le moment.

神戸を離れて鳥取のほうへ引っ越すことにしたのだが、当面は小さなアパートを仮住居として残しておくつもりだ。

---

mettre sur *pied* quelque chose 作り出す、組織する
[= le créer, l'organiser, le mettre en état]
retomber sur ses *pieds* 難局をうまく切り抜ける
[= se tirer adroitement d'une situation dangereuse, difficile]

On critique les gouvernements qui n'ont pas su *mettre sur pied* des programmes de prévention assez rapidement.

予防対策のプログラムを迅速に立ち上げられなかった国々の政府が批判されている。

Ces stages ont pour but d'aider les sans-emplois à *retomber sur leurs pieds* le plus rapidement possible.

この研修は、失業者がなるべく早く難関を切り抜けられるよう援助することを目的としている。

---

mettre le/les *pied*(s) dehors [en dehors de ... / à l'extérieur de ...] 外へ出かける
mettre le/les *pied*(s) dans ... 〜へ出かける

Je suis allée au Canada en 2012, c'était la première fois que je *mettais les pieds en dehors* [= *à l'extérieur*] du Japon.

2012 年にカナダへ行ったのですが、それが日本から出た最初でした。

Il n'a jamais **mis les pieds dans** un musée ? C'est incroyable !

　彼は一度も美術館へ行ったことがないって？　信じられない！

J'ai un mauvais souvenir de ce quartier, je ne veux plus **y mettre les pieds.**

　この界隈にはいやな想い出があるので、もう足を踏み入れたくないのだ。

être sur *pied* 起きている、病気から回復している
[= être debout, être levé(e), être guéri(e), être rétabli(e)]

Il **était** déjà **sur pied** et en plein travail quand je me suis levé à 6 heures.

　私が 6 時に起き出してみたら、彼はもう起きていて仕事の真っ最中だった。

Deux jours après son opération, elle **était sur pied** et rentrait chez elle.

　彼女は手術を受けた 2 日後にはすっかりよくなって、家に戻ろうとしていた。

---

casser les *pieds* à qn 人を悩ませる、うんざりさせる〔口語〕
[= embêter qn, ennuyer qn]
casse-pieds 形名 うんざりな〔口語〕

ポイント！ casse-pieds は形容詞としても名詞としても使い、性数不変。

Mes voisins sont **casse-pieds** ! [= Mes voisins me **cassent les pieds** !] Ils font du bruit toutes les nuits depuis une semaine !

　隣の人には、いやになっちゃうよ！　1 週間前から毎晩騒音を立てているのだもの！

Elle m'envoie des messages 20 fois par jour ! Quelle **casse-pieds** cette fille !!
[= C'est une vraie **casse-pieds** cette fille !]

　あの女は一日に 20 回もメールを送ってくるのだからね！　うんざりだよ！

「早起きは三文の得」 être sur pied と se lever の違い

上に示した例文で明らかなように、être sur pied は「起きていて活動を始めている」ことを言うときに使う表現です。être levé(e)（起きている）、ne pas être couché(e)（横になっていない）ことを意味します。

　Ils **sont sur pied** dès 5 heures et vont faire de la gymnastique au temple.

　　彼らは 5 時には起きていて、お寺に体操をしに行くのだ。

一方、se lever は「寝床を出て起きだす」、つまり sortir du lit（寝床から出る）、se redresser（身を起こす）、apparaître（姿を表す）と言い換えられます。

　Elle **s'est levée** du pied gauche on dirait, elle est pas sympa ce matin !

　　彼女は左足から起き出したのだね、きっと。今朝は感じが悪いもの！

　L'automne arrive et la journée est de plus en plus courte. Le soleil **se lève** bien plus tard qu'en été.

　　秋の到来とともに日がだんだんと短くなる。夏よりもずいぶん遅く太陽が昇ってくる。

exercices

1 ( ) の中に入れることばを選びましょう。

| casse-pieds | au pied de | les pieds dans |

Alice s'est endormie (1) l'arbre. Le lapin l'a guidée dans un jardin où les théières dansaient sur la table. Après qu'elle a mis (2) le jardin, elle ne trouvait plus la sortie. « Je trouve cette fille beaucoup trop (3) ! Arrêtez-la ! », a crié la Reine.

2 ( ) の中に入れることばを選びましょう。

| casse-pieds | au pied du mur | les pieds en dehors de |
| à pied | trois pieds | un pied-à-terre |

1. C'est très pratique d'avoir ( ) près du bureau. On peut aller travailler ( ).

2. Le nouveau gouvernement met les femmes ( ) : soit elles restent à la maison, soit elles sortent recouvertes d'un voile.

3. J'ai récolté beaucoup de tomates dans mon jardin cet été. Pourtant je n'avais planté que ( ).

4. Ça fait plus de deux ans que je n'ai pas mis ( ) mon pays. Je voudrais vraiment voyager en Europe, comme je le faisais souvent.

5. Jean-Jacques s'oppose toujours à tout, il est super négatif. Il est franchement ( ).

3 例のように適切な組み合わせを見つけて、文を完成しましょう。

例 Vous avez planté combien de **pieds** ———— • cette année ? Autant que l'an dernier ?

1. Laisse ta voiture au parking et viens **à pied** •
　　• ⓐ est difficile à imaginer maintenant.

2. Le héros de ce roman **a mis sur pied** •
　　• ⓑ ce fauteuil me plaisait bien.

3. **Les pieds** sont trop hauts, c'est dommage, •
　　• ⓒ alors que tout le monde pensait qu'il était ruiné.

4. Courir un marathon **pieds nus** •
　　• ⓓ jusqu'au bureau de poste, à 100m.

5. Il a réussi à **retomber sur ses pieds** •
　　• ⓔ une stratégie géniale pour se venger.

place

place囡 の語源はギリシア語で「大きな通り、広い空間」を意味する *plateia*、ラテン語で「公共の場所」を意味する *platea* です。この同じことばが piazza（イタリア語）、placer（イスパニア語）、plaza（英語）という形をとりました。*platea* から place（場所、空間、座席、広場）、placer（置く、据える、位置付ける）、さらに remplacer（置き換える）、emplacement圐（用地、跡地）のようなことばへ展開しました。物理的な「場所、スペース、席」という意味だけでなく、「～のかわりに、～の立場に立って」などの意味も幅広く表現できることばです。

場所、位置

rester [**revenir**] **à la même *place*** 同じ場所にとどまる［戻ってくる］
remettre qch en *place* [**à sa *place***]～をいつもあるところ［元の場所］に戻す
trouver sa *place* 自分にふさわしい場所をみつける

Tu nettoies la casserole et tu la rangeras *à sa place* dans l'armoire.
　鍋を洗って、戸棚の定位置に片付けてね。

Je ne trouve plus le dossier. Tu ne l'*as* pas *remis en place* [*à sa place*].
　あのファイルが見つからないよ。君が元のところに戻さなかったのでしょう。

mettre qch en *place* ～を（あるべき場所に）置く

se mettre en *place* 位置につく、並ぶ　　**mise en *place*** 囡 配置、設置

Mettez-vous en place, s'il vous plaît, on fait une photo de groupe maintenant.
　グループ写真を撮影しますので、どうぞ並んでください！

L'équipe de techniciens travaille pour *la mise en place* du nouvel équipement.
　技術者のチームが新しい設備を設置するため働いている。

スペース、空間、余地　de la place [= de l'espace]

avoir [**prendre**] **de la *place*** スペースがある［スペースをとる］
faire de la *place* 空間をあける　　**manquer de *place*** スペースが足りない

ポイント！ 「空間」を分量としてとらえるので複数で使わないことに注意。

Dans notre voiture, on n'a plus du tout *de place* dans le coffre ! C'est archi plein.
　うちの車のトランクには、もう全然スペースがないよ！　もうぱんぱんだ。

Pour gagner *de la place* pour le texte sur cette page, il n'y a qu'à supprimer une ou deux photos.
　このページにもっと文字を入れるスペースを稼ぐには、写真を1枚か2枚、削除するだけで良い。

席

un canapé 3 *places* 3人掛けのソファー
réserver une *place* de concert ［**pour un concert**］コンサートに席を予約する
trouver une *place* dans le parking 駐車場に場所を見つける

On a réservé *des places* en première classe, côté fenêtre. C'est le train de 18h45.
一等車の窓側に席をとりました。18 時 45 分発の列車です。

La pianiste Mitsuko Uchida va donner un concert dans un hall de 2000 *places*.
ピアニストの内田光子が 2000 人収容のホールでコンサートをする。

地位 ［= poste, emploi, fonction］

順位 ［= rang dans un classement, un concours, une compétition］

obtenir ［**refuser**］**une *place*** 職を得る［断る］ **perdre sa *place*** （自分の）職を失う
avoir une *place* intéressante 収入が良く有利な職に就いている

Il cherche *une place* de comptable mais ce n'est pas facile de trouver un emploi bien payé et stable.
彼は会計士のポジションを探しているが、給料が良く安定した職を見つけるのは簡単ではない。

Félicitations ! Vous avez eu *la première place* à l'examen final.
おめでとう！ あなたは最終の試験で一番の成績をおさめました。

広場

la *place* du village ［**du marché**］村の［市場の立つ］広場
la *Place* Vendôme ヴァンドーム広場 **la *Place* Rouge à Moscou** モスクワの赤の広場

Je connais un très bon restaurant vietnamien près de la *Place d'Italie*.
イタリー広場のそばに、とても美味しいベトナムレストランがある。

On n'oubliera jamais ce qui s'est passé *Place Tian'anmen* en juin 89.
天安門広場で 89 年 6 月に起こったことを、私たちは決して忘れないだろう。

sur *place* その場で、現地で

J'ai oublié le chargeur à la maison. Tant pis, je vais en acheter un *sur place* en arrivant là bas.
充電器を家に忘れてしまった。しょうがない、向こうへ着いたら現地でひとつ買おう。

Le personnel médical a improvisé un hôpital *sur place*.
医療スタッフは現場に急遽、診療所を設けた。

> **à la *place*** そのかわりに〔= en échange, en remplacement〕
> **à la *place* de qch** 〜のかわりに〔= au lieu de〕

La confiture que tu aimes est terminée. Tu veux du miel **à la place**?

あなたの好きなジャムが切れてしまった。かわりに蜂蜜を食べる？

On a dû annuler notre rendez-vous le week-end dernier. On prévoit de se retrouver samedi prochain **à la place**.

先週末の約束をキャンセルしなければならなかったので、かわりに今度の土曜日に会う予定だ。

> **à la *place* de qn** / **à** + 所有形容詞 + **place** 〔人に対して〕〜のかわりに
> **se mettre à la place de qn** / **à** + 所有形容詞 + **place** 〜の立場になって考える

Madame Hayashi viendra nous rencontrer **à la place de** son collègue.

林さんが同僚のかわりに私たちに会いに来ます。

Qu'est-ce que tu ferais **à sa place**?

彼（女）の立場だったら、あなたならどうする？

日本語の「場所」とフランス語の place, endroit

「場所」をフランス語で表現しようとするとき、place と endroit を使い分けていることに注意してください。place がもの・人のあるべき場所、空間、定位置を示すのに対して、endroit は広い範囲の中から限定された、特定の地域、界隈、箇所を指します。

※ endroit を使うが place は使わない例

C'est un **endroit** charmant, cette auberge.

あの旅館は素敵なところだね。

Là, tu trouveras un bel **endroit** pour faire du camping.

キャンプに良い場所があそこなら見つかるよ。

J'ai passé deux jours dans un **endroit** tranquille.

静かなところで2日間過ごしました。

※ place を使うが endroit は使わない例

Au cinéma, je choisis toujours une **place** au fond de la salle.

映画館ではいつも後ろのほうの席を選ぶのだ。

J'ai trouvé ma **place** dans ce groupe d'amis.

この友だちのグループのなかに自分の居場所を見つけた。

ただし、下の例のように、place と endroit どちらでも表現できる場合もあるのです。数多くの例文に触れることで少しずつ違いを感じ取って「場数を踏む」ことが必要です。

Aux alentours des gares, c'est vraiment difficile de trouver **de la place** [**une place** / **un endroit**] pour son vélo.

この駅の周辺では自転車を置く場所を見つけるのがほんとうに難しい。

exercices

1 （　　）の中に入れることばを選びましょう。

| de la place | à ma place | à ta place | à sa place | sur place | leurs endroits |

1. Mathilde est occupée, je suis venue garder votre enfant (　　).

2. Il va venir habiter avec nous, on va lui faire (　　) dans cette pièce.

3. Pas la peine d'emporter des choses à manger, on trouve tout (　　).

4. Ils m'ont parlé de (　　) préférés au Japon.

5. Tu as mal aux dents depuis une semaine ? (　　), j'irais tout de suite chez le dentiste.

6. Mets-toi (　　), c'est vraiment compliqué, cette situation.

2 例のように適切な組み合わせを見つけて、文を完成しましょう。

例 On a renversé le puzzle ●———● il faut remettre toutes les pièces *en place* !

1. Il y a eu une restructuration dans mon entreprise, ●

2. A ce concert, il n'y avait que de jeunes ados, ●

3. L'entracte est terminé, ●

4. Serrez-vous un peu plus, ●

5. Il y a la maison de Victor Hugo●

6. L'appartement est agréable mais avec deux enfants ●

7. Elle ne mange pas de viande, ●

- ⓐ laissez un peu *de place* aux autres !
- ⓑ j'ai perdu *ma place*, je suis au chômage.
- ⓒ *Place* des Vosges à Paris.
- ⓓ je ne me sentais pas *à ma place*.
- ⓔ je vais préparer du tofu *à la place*.
- ⓕ maintenant, on manque *de place*.
- ⓖ retournons *à nos places*.

3 place を使って下線部を置き換える表現を考えましょう。

1. Le décor est installé ? Les acteurs prennent position sur la scène... Parfait, on va commencer !

2. Tu aurais de l'espace dans ton garage pour mettre ce gros tracteur?

3. Cette table est trop encombrante dans la pièce. Il faudra la déplacer!

4. Je vais prendre du vin plutôt que de la bière.

5. Cette personne va prendre le poste du président le mois prochain.

6. Ce serait bien de nous retrouver en présentiel, au lieu de la réunion en ligne !

30 point

point 團 はラテン語の動詞 *pungere*「刺す」の過去分詞 *punctus* と *punctum*「虫刺されでできた穴」から生じたことばです。*pungere* から poinçonner（切符にパンチを入れる）、ponction 囡（穿刺）が、また *punctum* から point、pointer（印をつける、狙いを定める）、ponctuer（句読点を打つ）、ponctuel(le) 囮（時間に几帳面な）、pointe 團（先端、つまさき、ピーク）などへ展開しました。空間的・時間的な意味だけでなく、〈au point de + 不定詞〉（～するほどに：程度）や point de vue（観点、見方）のように抽象的な考えもあらわす、応用範囲の広いことばです。

点、斑点

point d'interrogation 疑問符   **point** d'exclamation 感嘆符
les points de la coccinelle テントウムシの斑点
Un point c'est tout ! 以上、終わり!（→ p.126のコラム）

L'avion a décolé et quelques minutes plus tard on ne voyait qu'*un petit point* lumineux.
> 飛行機が離陸して、数分後にはもう小さな光の点にしか見えなくなった。

Ouf ! *Point final* ! Ça y est, j'ai terminé mon article, je vais pouvoir me détendre.
> ふう！　以上、終わり！　よし、記事を書き終わったよ、やっとリラックスできる。

地点、場所

point de départ [d'arrivée] 出発 [到達] 点
point de repère 目印、手がかり   **point** de chute 落ち着き先、落下点
point de vente 販売店   **point** d'information 案内所   **point** d'eau 水場

Il est difficile de trouver *des points de repère* dans une ville inconnue.
> 知らない街で手がかりをみつけるのは難しい。

Je pars au Québec mais je n'ai pas encore de *point de chute*, je vous contacterai.
> ケベックへ行くのですが、まだどこに落ち着くかわからないので、（後から）連絡します。

Cette marque française compte 300 *points de vente* dans le monde entier.
> このフランスのブランドは世界中に 300 ヶ所の販売店がある。

point de vue 眺めの良い場所、眺望
[= un endroit où on découvre un paysage, une perspective]

A la sortie du tunnel, on découvre tout à coup *un point de vue* exceptionnel sur la chaîne des Alpes.
> トンネルを抜けると突然、アルプス山脈を見渡す、格別に美しい眺望が目に入ってくる。

> **（全体のなかから分離して取り上げる）論点や個所、要点**
> un/des *point(s)* commun(s) 共通点 un *point* essentiel 重要な点
> un *point* faible [fort] de qn 〜の弱点 [得意な点]
> des *points* positifs [négatifs] 肯定的 [否定的] な点
> des *points* à améliorer [éclaircir / vérifier] 改善 [明確に / 確認] すべき点
> sur ce [un] *point* この [ある] 点に関しては

Son cours était ennyeux mais elle a tout de même soulevé *un point intéssant* concernant la fragilité de l'écosystème.

授業は退屈だったが、彼女は生態系の壊れやすさに関して興味深い論点を提起した。

Il faut arrêter la guerre. Tout le monde est d'accord *sur ce point*.

戦争は止めなければならない。この点については誰もが賛成だ。

> **程度**
> au *point* de + 不定詞 [que ...] 〜ほどに
> à ce *point*-là それほどに [= tellement]

Sa mère s'inquiétait *au point de* ne plus dormir.

彼 (女) のお母さんは、眠れなくなるほどに心配していた。

Les parents de Roméo et Juliette ignoraient qu'ils s'aimaient *à ce point-là*.

ロメオとジュリエットの両親は彼らがそれほどまで愛し合っているとは知らなかった。

> **点数、得点**
> gagner [marquer un/des *point(s)*] （試合などで）点数を入れる
> devancer de 5 *points* 5点の差をつける

La TVA a augmenté de *3 points* passant de 7 à 10%.

消費税が 7% から 10 パーセントに変更され、3 ポイント上がった。

Un excès de vitesse ou un stationnement interdit font perdre *des points* sur le permis de conduire.

スピード違反や駐車違反は免許証から減点になってしまう。

> **mettre qch au *point*** 〜を調整する
> [= régler quelque chose, l'arranger, le préparer dans les détails]
> **mise au *point*** 女 調整、整備、手直し

Après toute une série d'analyses médicales, le médecin *a mis au point* le traitement à suivre pendant 6 mois.

いろいろと検査をした後、医師はこれから 6 ヶ月にわたって行なう治療を調整した。

Commencez à noter vos idées, *la mise au point* se fera plus tard.

あなたの考えを手始めに書き留めてください、手直しはあとからすれば良いから。

être sur le *point* de + 不定詞　今にも～するところである
　[= être près de + 不定詞、s'apprêter à + 不定詞]

Le problème *est sur le point d'*être réglé.

問題はまもなく解決をみるだろう。

On *est sur le point de* conclure un nouveau contrat avec ce fournisseur.

うち（の会社）はもうすぐ、この納入業者とのあいだで新しい契約を結ぶところだ。

***point* de vue**　観点、見方、考え　[= opinion, avis]
au/du *point* de vue + 形容詞　[**de qch**]　～の観点からいうと

ポイント! point de vue の使いかたについて詳しくは p.166 を参照。

J'adore parler avec lui, il a *un point de vue* original sur la politique.

彼と話すのが大好きだ、政治について独創的な考えを持っているから。

On ne partage pas le même *point de vue* sur cette question.

私たちはこの問題について同じ見方をしていない。

Cette situation est vraiment déplorable *du point de vue* humanitaire.

人道的な観点から見て、この状況はほんとうに嘆かわしい。

Du point de vue des relations diplomatiques [= *Au point de vue* diplomatique], il est très difficile de maintenir une communication étroite avec ce pays.

外交関係という観点からは、この国と緊密なコミュニケーションを保つのは非常に難しい。

相手の発言を封じる « Un point c'est tout ! »

「これ以上何も言うことはないよ！」と相手の発言を封じるとき « Un point c'est tout ! » を使います。具体的な場面を想像してみましょう。高圧的に「言い放つ」感じです。

Non, je ne t'achèterai pas de smartphone avant tes 12 ans. *Un point c'est tout* !

12 歳になるまでスマホは買ってあげないからね、そういうこと！

Tu viens avec nous demain. *Un point c'est tout !*

明日はあなたも一緒に行くのよ、これ以上は何も言うことはないからね！

どちらの例も、互いの主張が食い違って、いろいろと言い合ったりした状況が想像できますね。その挙げ句に「これ以上何を言っても無駄だ、結論は出ているのだから！」と言い渡す、そのときに « Un point c'est tout ! » と言うのです。英語なら "Full stop!" とか "End of the discussion !" の意味で "End of!" と言うところです。

exercices

1 ( ) の中に入れることばを選びましょう。

> 2 points de plus   un point faible   à ce point
> sur le point de   le point d'information

1. On se donne rendez-vous devant ( ), d'accord ? C'est au milieu du centre commercial, tu le verras tout de suite.

2. Arrivés ( ) de méfiance, on ne peut plus travailler ensemble.

3. Aline avait besoin de ( ) au concours pour être reçue.

4. Ton texte est bien composé mais tu as ( ) à corriger : l'orthographe!

5. Elle était ( ) quitter la ville, mais finalement elle a décidé de rester.

2 例のように適切な組み合わせを見つけて、文を完成しましょう。

例 Pour les lettres i et j, ●━━━━● n'oubliez pas *le* petit **point**.

1. C'est la lecture de plusieurs romans qui •

2. Malgré les différences culturelles, •

3. Une voiture est arrivée à toute vitesse, •

4. Ce sont souvent les enfants de ce village •

5. On ne peut rien faire, •

6. Le directeur est un perfectionniste. •

• ⓐ Il nous demande de faire **une** dernière **mise au point** du programme.

• ⓑ parce que **du point de vue** juridique, c'est correct !

• ⓒ lui a donné **des points de repère** pour visiter New York.

• ⓓ qui vont remplir les seaux et les bidons jusqu'**au point d'eau**.

• ⓔ de nombreux **points communs** permettent la compréhension réciproque.

• ⓕ alors que j'**étais sur le point de** traverser la rue. J'ai eu peur.

3 point を使って下線部を置き換える表現を考えましょう。

1. – Dans un accès de colère, il a giflé le présentateur.
   – Il était en colère <u>tant que ça</u> ?

2. Je ne suis pas toujours d'accord avec vous mais <u>à propos de cette question</u>, je vous donne raison.

3. <u>On allait partir</u> quand tu nous as appelés.

4. Cette réforme est nulle <u>sur le plan social</u>, elle est trop inégalitaire.

5. Prenez ce chemin et vous aurez <u>une vue magnifique</u> sur le lac.

question

31

question囡 の語源はラテン語で「探す動作」を意味する *quaestio*、同じくラテン語で「探す」を意味する *quaerere* の過去分詞「探された」*quaesitus* です。*quaerere* からのつながりで quête囡（募金）、requête囡（嘆願）などへ、また *quaestio* から question（質問、問題）、questionner（質問する、尋問する）、questionnaire團（質問用紙）などが生まれました。「話題になっていること」を伝える表現を知り、うまく使いましょう。

質問、問い

avoir une/des *question*(s) à poser 質問したいことがある
poser une *question* à qn 〜に質問する　　**répondre à la *question*** 質問に答える
formuler [énoncer] une *question* 質問を述べる [発する]
une *question* pertinente [indiscrète] 的確な [無遠慮な] 質問

Je n'ai obtenu aucune réponse à ***mes question*s.**
　私は質問をいろいろしたが、ひとつも答を得られなかった。

– ***J'ai une question à vous poser,*** mais peut-être un peu indiscrète.

– ***Posez*** toujours ***votre question,*** je suis libre d'y répondre ou non.
　「質問があるのですが、少し無遠慮かもしれません」
　「それでもどうぞ質問してください、お答えするかしないかは、私の自由ですから」

主題 [= sujet, idée, point, problème donnant lieu à réflexion, à discussion]

une *question* environnementale [sociale] 環境 [社会] 問題
aborder [soulever / débattre] la *question* 問題に取り組む [提起する / 討議する]
***question* de fond** 根本的な問題　　***question* clé** 重要な問題

La demande en bois ne cesse d'augmenter et on détruit des forêts entières. On se pose alors *la question* de la biodiversité pour le reboisement.
　木材の需要は増加の一途をたどっており森林が破壊されている。そこでわたしたちは、森林再生にあたって生物多様性の問題について考えることになる。

La commission européenne *abordera* cette *question* lors de la prochaine session.
　EU 委員会はこの問題について次の会期の際に取り組むことになるだろう。

remettre [mettre] qch en *question* 〜を [再び] 問題にする、問い直す

La consommation des combustibles fossiles *est remise en question* drastiquement.
　化石燃料の消費が徹底的に問い直されるようになっている。

Choisir de donner naissance à un enfant, c'est aussi *remettre en question* son mode de vie.

子どもを産むのを選ぶということは、自分の生活のありかたを問い直すことでもある。

en *question* 話題の、議論の的となっている

Nous cherchons un(e) interprète, et évidemment la personne *en question* doit être disponible pendant les 3 jours du colloque.

通訳を探しているのだが、問題のその人物はもちろん会議の3日間は体が空いている必要がある。

Il est *question* de qch [**de + 不定詞 /que ...**] ～が問題・話題になっている
[= il s'agit de qch/不定詞、on parle de qch/不定詞]

On est en pleine discussion, *il est question de* construire une nouvelle route dans la région et il y a des opinions divergeantes chez les riverains.

議論の真っ最中なのだ、この地方に新しい道路を建設することが話題になっていて、沿道の住民のあいだには意見の不一致がある。

– Tu viens dîner avec nous dimanche ?

– Merci mais je ne sais pas encore, *il était question que* j'aille aider ma grand-mère, je te réponds demain.

「日曜日、うちへ夕飯に来ない？」

「ありがとう、でもおばあちゃんの手伝いに行くことになっていたから、まだわからないんだ、明日返事するね」

Il n'est pas *question* [**Il est hors de *question***] **de + 不定詞** [**que + 接続法**]
  ～は問題にならない、論外だ、もってのほかだ
Pas *question* de + 不定詞 ～などとんでもないことだ、～してはいけない

*Il n'est pas question d'*annuler la présentation maintenant. On a déjà mis l'annonce partout.

今になってプレゼンをキャンセルするなど論外だ。すでにほうぼうに知らせてしまったのだから。

Pas question de camper avec ce temps-là !

こんな天気なのにキャンプするなんて、とんでもない！

Question + 無冠の詞名詞 〔文頭で〕～に関して [= En ce qui concerne qch]

A Paris, *question spectacles*, on a vraiment un choix de qualité.

劇場の興行という点では、パリではほんとうに優れたありとあらゆるものがそろっている。

Question vins, vous pouvez demander n'importe quoi à mon cousin, c'est un fin connaisseur.

ワインに関しては従兄に何でも尋ねると良いよ、ワイン通なのだからね。

Pour les SDF (sans domicile fixe), *la question* alimentaire est encore plus grave en hiver avec le froid.

ホームレスの人たちにとって冬のあいだ寒さと共に食事の問題がより一層重大だ。

On a décidé la date de départ, mais il reste encore *la question du* logement à régler.

出発日は決めたが泊まるところをどうするか、まだ考えなければならない。

Plusieurs pays méditerranéens doivent trouver des réponses à *la question de* l'immigration clandestine.

地中海地域の複数の国々が密入国の問題の扱いについて解決策を見つけなければならない。

La police interroge un témoin mais *la question est de savoir s'*il dit la vérité.

警察は証人を尋問しているが、その人がほんとうのことを述べているのかどうかが問題だ。

La question est de savoir quand elle pourra se faire opérer. On attend le résultat des analyses.

問題はいつ彼女が手術を受けられるのかということだ。検査結果を待っているところだ。

「問題をひとわたり検討する」 faire le tour de la question

faire le tour de la question という表現は tour の課で扱った「ひとまわりして元のところへ戻る移動」(→ p.160) と question を組み合わせた表現です。aborder une question (問題に取り組む) だけではなく、「いろいろな角度から検討したり複数の人間が協議したりしてプロセスを踏み、深く考えて答を出す」という意味です。

Cet article est vraiment intéressant, les journalistes *ont fait le tour de la question* avec sérieux.

この記事はほんとうに興味深い。ジャーナリストたちが真剣に問題を検討したのだ。

Votre rapport manque d'élements, essayez de *faire le tour de la question* avec vos collègues.

あなたのレポートは足りない部分がある、同僚たちと話し合い、ひとわたり検討してください。

peser le pour et le contre (利害得失を秤にかける) という表現もこれに似ています。コンセンサスを得るために疑問や議論、反対意見を考慮に入れて検討するという意味です。

exercices

1 ( ) の中に入れることばを選びましょう。

la question est de savoir si	question argent	en question
beaucoup de questions	il est question de	éviter les questions politiques

1. C'est une réunion amicale, on va ( ), d'accord ?

2. On vient de nous annoncer la bonne nouvelle, ( ) rendre la piscine municipale gratuite. Les habitants seront ravis.

3. Si nos amis français posent ( ) pendant la conversation, c'est parce qu'ils ont vraiment envie de développer les échanges. Ce n'est pas pour vous contredire.

4. Pour le dossier ( ), il faudra qu'on fixe une autre date pour parvenir à une conclusion ensemble.

5. On est tous d'accord pour se revoir et et ça nous ferait très plaisir, mais ( ) on arrive à trouver le jour et l'heure qui conviennent à tous.

6. Tu es sûr de le laisser gérer tout ça ? Tu sais que ( ) tu ne peux pas lui faire confiance !

2 例のように適切な組み合わせを見つけて、文を完成しましょう。

例 Faut-il donner autant de devoirs de vacances aux enfants ? → C'est *la question* qu'on se pose chaque année en juillet.

1. Vous avez un rendez-vous demain à 14 heures mais •

2. Ils sont allés travailler dans un pays asiatique et •

3. Les parents qui *mettent en question* les enseignants •

4. Ne parlez pas tous en même temps, je ne comprends rien. •

5. *La question de* l'énergie est •

6. Le Japon connaît les typhons, les tremblements de terre, •

7. Si le partage des tâches dans la famille n'est pas *remis en question*, •

• ⓐ le nombre de mariages continuera de diminuer.

• ⓑ alors la sécurité devient *une question* primordiale.

• ⓒ sont de plus en plus nombreux.

• ⓓ au centre des discussions dans le monde entier.

• ⓔ *la question* de la traduction a été réglée par l'IA.

• ⓕ la personne *en question* est malade et ne pourra pas se présenter.

• ⓖ *Il est question* de quoi exactement ?

raison

32

raison囡 の語源はラテン語の *ratio*「計算」です。大きく分けて「理性、分別、道理」という意味と「理由、動機」という意味があります。raison から raisonner（思考する、議論する）、raisonnable厖（分別のある、道理をわきまえた）へ、また語源の同じラテン語の *rationalis* から rationnel(le)厖（合理的な、理性的な）、rationaliser（合理化する）のようなことばへ展開しました。逆の意味の tort勇（間違い）と組み合わせて覚えると便利です。

理性、分別、判断力 [= ensemble des fonctions intellectuelles d'une personne]
avoir toute sa *raison* 全くぼけていない [= avoir toute sa tête (→ p.157)]
perdre la *raison* 気が狂う、正気でなくなる

Elle a 95 ans, elle est très faible physiquement, mais elle ***a*** toute ***sa raison***.
彼女は 95 歳、身体はとても弱っているが、全くぼけていない。

L'héroïne de ce film est tellement malheureuse qu'elle ***perd la raison***.
この映画のヒロインはあまりにも不幸なために正気を失ってしまうのだ。

割合、比率
à *raison* de ... ～の割合で、～の値段で

Les réunions auront lieu ***à raison de*** 2 fois tous les 6 mois.
６ヶ月毎に２回のペースで会議が行なわれるだろう。

理由、動機
la *raison* d'être 人の生きる理由、生きがい
pour la *raison* que + 直説法 ～という理由で、～であるため [= parce que ...]
la/les *raison*(s) pour laquelle/lesquelles ... ～する理由

Le théâtre était ***la raison d'être*** de Molière. Il est mort sur scène.
演劇はモリエールの生きがいだった。彼は舞台の上で死んだ。

Je ne comprends pas ***la raison*** de sa décision.
彼（女）がどうしてこのような決断をしたのか、私にはその理由が理解できない。

Il ***a de*** bonnes ***raisons de*** se comporter de cette manière.
彼がこんなふうに行動するのには、それなりの訳があるのだ。

Je n'ai pas pu continuer mes études au Japon ***pour la raison que*** [= parce que ...] ma famille a déménagé au Mexique.
家族がメキシコへ引っ越したため、日本で勉学が続けられませんでした。

Est-ce que tu connais *la raison pour laquelle* elle a pris cette décision ?

彼女がこのような決断をした理由を、君は知っている？

Quelles sont *les raisons pour lesquelles* tu refuses cette proposition ?

あなたはどういう理由でこの提案を断るのですか？

> **en *raison* de qch**［**pour (des) *raison*(*s*) de qch**］〜のため、〜の理由で
> ［= à cause de qch］

Sayaka n'a pas pu avoir ce travail *en raison de* son âge. Ce n'est pas juste !

さやかさんは年齢のために採用されなかった。不当ですね！

Elle n'a pas participé au voyage *pour raison de* santé ［*pour des raisons familiales*］.

彼女は健康上の理由［家の事情］で旅行に参加しなかった。

> **ce n'est pas une *raison* pour ＋ 不定詞**［**pour que ＋接続法**］〜は理由にならない

Vous ne vous entendez pas bien personnellement ? *Ce n'est pas une raison pour* ne pas travailler ensemble.

個人的に気が合わないって？　それは一緒に仕事をしない理由にはなりませんね。

Tu es au régime, d'accord, mais *ce n'est pas une raison pour* décommander le dîner chez les Legrand.

君がダイエット中だというのはわかるけれども、ルグランさんのお家のディナーをキャンセルする理由にはならない。

> **正しい**

> **avoir *raison*** ［**tort de ＋ 不定詞**］〜するのは正しい、もっともである［間違っている］
> **donner *raison* à qn**　〜が正しいと認める、〔事物が主語で〕〜が正しいと示す

Tu *as* parfaitement *raison*, Halloween est une fête américaine à l'origine.

全く君の言うとおりだ、ハロウィーンは元はといえばアメリカのお祭りだ。

Ils *ont* tout à fait ［parfaitement］ *raison*.

彼らは全く正しい。

Tu *aurais* bien *tort* de ne pas essayer ce plat. C'est délicieux !

この料理は味見したほうがいいよ。すごく美味しいから！

> **ポイント!** avoir raison, avoir tort を強調するときは bien, parfaitement, tout à fait などを使い、très や beaucoup は使いません。

Le tribunal *a donné raison à* Nathalie. Elle pourra divorcer sans problème.

裁判所はナタリーが正しいと認めた。彼女は問題なく離婚できるだろう。

L'histoire leur *donnera raison*.

歴史によって彼らの正しいことが示されるだろう。

Le conférencier a interrompu son intervention *pour une raison ou pour une autre*. On n'a jamais appris ce qui s'était passé.

講演者が何らかの理由で発表を中断した。どういう事情だったのか、わからずじまいだ。

L'été sera chaud cette année aussi, *raison de plus* pour changer le climatiseur qui consomme trop d'électricité.

今年も夏が暑いだろう、だからなおさら、電気を無駄遣いする冷房機は替えなければ。

Cette auberge est dans une station thermale et *raison de plus* : la cuisine est excellente ! Allons-y.

あの旅館は温泉だし、それにもまして、料理が美味しい。行きましょう！

遠慮して丁寧に断るときの il n'y a pas de raison

il n'y a pas de raison という表現は、相手が親切な申し出をしてくれたが、とても受けいれられないというとき、「そんなことをしていただくわけにはいきません」と遠慮しながら丁寧に断るのに使います。例えば以下のような場面です。

– Félicitations pour votre bébé, c'est une fille ou un garçon ? Je voudrais vous faire un cadeau.
– C'est une petite fille, Marie, mais c'est trop gentil, *il n'y a pas de raison*.
– Si si, j'y tiens !

「ご出産おめでとうございます、女のお子さん？ 男の子？ お祝いを差し上げたいのです」
「女の子でマリと言います、ほんとうにありがとうございます、でもそんなことをしていただくわけにはいきません」
「いえいえ、是非お祝いさせてください！」

– Je t'offre un week-end à la station thermale.
– Tu es super gentil, mais *il n'y a pas de raison*, on partage les dépenses.

「週末に一緒に温泉へ行かない？ プレゼントするよ」
「うわぁ嬉しい、でもそんなことしてもらったら悪いから、割り勘にしよう」

反対意見を述べるのに「そんなことをする理由がない」という意味に使う場合もあります。どちらの意味で使われているのか、状況やイントネーションで判断します。

– Depêche-toi, il faut aller à la gare !
– C'est trop tôt ! Le train ne part qu'à 10 heures, *il n'y a pas de raison* d'arriver une heure à l'avance !

「急いで、駅へ行かなければ！」
「早すぎるよ！ 列車は 10 時でなければ出発しないのに、1 時間も前に行くなんて、そんなことをする理由がない」

exercices

1 (　　) の中に入れることばを選びましょう。

raison de	raison	tort de	pour des raisons	pour la raison que
à raison de	pour une raison ou pour une autre			

1. La mairie a renoncé à la rénovation du musée (　　) financières.

2. J'ai eu (　　) critiquer Madame Hayashi. Je dois lui présenter mes excuses.

3. Si, (　　), je devais changer de pays, j'irais vivre au Costa Rica.

4. Vous avez eu (　　) prendre des vêtements chauds et des choses à manger pour votre randonnée. Il a fait froid cet après-midi.

5. (　　) je vous ai donnée, je refuse de voyager dans ce pays.

6. Vous prenez ce complément alimentaire (　　) 2 ou 3 fois par jour et vous verrez votre peau rajeunir.

7. Ils ont décidé de ne pas participer à ce groupe. Ils ont tout à fait (　　). Ses activités sont suspectes.

2 例のように適切な組み合わせを見つけて、文を完成しましょう。

例 Son fiancé l'a quittée au dernier moment •——• *pour une raison ou pour une autre*, mais elle ne lui en veut pas.

1. Elle a décidé de partir à la retraite plus tôt que prévu •

2. Si c'est vraiment impossible, vous pouvez •

3. Je croyais qu'elle ne vieillissait pas •

4. Le banquier lui a conseillé de vendre ses actions, elle a refusé •

• ⓐ et qu'elle gardait *toute sa raison* mais...

• ⓑ *pour plusieurs raisons*, mais pour soigner sa mère peut-être.

• ⓒ et la hausse des cours *lui a donné raison* pour le moment.

• ⓓ démissionner *pour des raisons* de famille ou de santé.

3 raison を使って下線部を置き換える表現を考えましょう。

– J'ai décidé d'apprendre le français.

– Pourquoi[1] ? Tu vas voyager ?

– Oui, mais ce n'est pas la seule motivation[2], c'est plutôt à cause des[3] films et des romans que j'aime.

– Ecoute, que ce soit pour ceci ou pour cela[4], je trouve que tu fais bien[5] alors bon courage !

135

33 rapport

rapport囲 の語源はラテン語の *apportare*「持ってくる」です。*apportare* から apporter（持ってくる、運んでくる、もたらす）、apport囲（もたらすこと、提供、供給）、rapporter（元の場所へ戻す、再び持ってくる、返す、持ち帰る）などのことばへ展開したところから rapport が生まれました。par rapport à qch（〜と比べて）は比較をする文脈で使いやすく役立ちます。また rapport と意味の近いことばに relation囡 があり、表現も共通に使えるものが多いので、関連づけて覚えましょう。

> **（人と人、国家間などの）関係、間柄、交流、性的関係**
>
> **avoir de bons *rapports* avec qn** 〜と良い関係にある［= de bonnes relations］
> **être en bons［mauvais］*rapports* avec qn** 〜と仲が良い［悪い］
> **entretenir des *rapports* étroits** 緊密な関係を保つ［= des relations étroites］
> **mettre qn en *rapport* avec qn** 〜に…を紹介する
> ***rapport* avec la nature** 自然との関係　***rapport* de parenté** 親戚関係
> ***rapport* sexuel** 性的関係

La date à laquelle la consommation de l'humanité dépasse les limites des ressources de la Terre survient de plus en plus tôt dans l'année. Il faut absolument revoir ***notre rapport avec*** la nature.

人類の消費が地球の資源の限界を越える日付が年々早まっている。人類は自然との関係を絶対に見直す必要がある。

– Quelles sont ***ses rapports***［= relations］avec sa famille ?
– Je ne sais pas trop… Il n'en parle jamais.

「彼は家族とどんな関係なのでしょうね？」
「あまりよくわかりません…そのことを彼は全然話さないので」

Nous ***avons des rapports*** chaleureux［étroits］***avec*** nos amis d'ici.

私たちはこちらの友だちと、とても温かい［緊密な］関係だ。

C'est Ken qui l'***a mis en rapport***［= relation］***avec*** Monsieur Hayashi.

彼と林さんの関係を取り結んだのは健さんだ。

Les rapports entre les pays d'Asie du Sud-Est sont de plus en plus complexes.

東南アジアの国々の関係はますます複雑になっている。

Elodie et Léo ont ***un rapport de parenté*** qu'ils viennent juste de découvrir.

エロディとレオは親戚だと最近気づいたばかりだ。

Un rapport sexuel non consenti s'appelle un viol.

合意のない性的関係はレイプというのだ。

il y a [**avoir**] **un/des *rapport*(*s*) avec qch** 〜と関係・関連がある
établir un/des *rapport*(*s*) entre A et B AとBの関係を明らかにする

Pourquoi tu me parles de ces problèmes ? Ça n'*a* aucun ***rapport avec*** moi.

どうして君は私にその問題のことを話すの？ 私とは何の関わりもないのに。

Votre discussion n'*a* pas de ***rapport avec*** le sujet de cette réunion.

あなたたちの議論は、この会議の主題とは関係がありませんね。

On essaie d'***établir des rapports entre*** le phénomène observé et les données qu'on a obtenues pendant l'expérience.

私たちは観察された現象と実験で得たデータとのあいだにどのような関係があるのかを明らかにしようとしている。

***rapport* de cause à effet** 因果関係 (→ p.24)

Il y a bien évidemment ***un rapport de cause à effet*** entre l'abus du tabac et le cancer du poumon.

タバコの吸い過ぎと肺癌のあいだには、もちろん因果関係がある。

Dès l'âge de 6 mois, le bébé commence à établir ***un rapport de cause à effet***, il comprend qu'il peut avoir une influence sur le monde qui l'entoure.

6カ月になれば赤ちゃんは因果関係を明らかに認識するようになり、自分を取り巻く世界に影響を与えることができるとわかってくる。

報告、報告書、レポート [= compte-rendu, exposé]

remettre un *rapport* écrit sur qch 〜に関するレポートを書面で提出する
rédiger [**publier**] **un *rapport*** 報告書を作成 [公表] する
un *rapport* financier [**technique / médical**] 財政 [技術/医学的] 報告書

Le président du comité a présenté ***un rapport*** oral sur l'avancement des travaux.

委員長が作業の進展について口頭で報告した。

Je n'ai pas pu voir le dossier médical de ma sœur, on m'a dit que c'est ***un rapport médical*** confidentiel.

私は姉のカルテを見ることができなかった。医師による報告書で親展だからと言われた。

比率

***rapport* qualité-prix** コストパフォーマンス

– Dans cette gamme de fours à micro-ondes, c'est ce modèle qui vous offre le meilleur ***rapport qualité-prix***. En plus, vous avez la garantie de 2 ans.

– Très bien, je vais prendre celui-ci.

「この価格帯の製品では、こちらのモデルの電子レンジが一番お買い得です。それに2年間の保証もつきます」

「はい（わかりました）、ではこれにします」

On a essayé ce restaurant étoilé au Michelin et je ne suis pas convaincue du *rapport qualité-prix*. La cuisine est excellente, le service impeccable... mais c'est tellement cher !

あのレストランがミシュランの星がついているというので食べに行ってみたが、コストパフォーマンスに納得できない。料理は美味しいしサービスも非の打ちどころがないが、すごく高い！

en *rapport* avec qch 〜に相応する、〜に見合う［= en proportion de qch］

L'évaluation qu'on lui a donnée n'était pas *en rapport avec* ses performances.

彼（女）に下された評価は、能力に見合うものではなかった。

Les résultats obtenus n'étaient pas *en rapport avec* son attente.

得られた成果は彼（女）が期待したほどのものではなかった。

par *rapport* à qch 〜と比べて［= comparé à qch, en comparaison de qch］

Par rapport à l'an dernier, les voyages internationaux sont devenus moins difficiles.

去年に比べて海外旅行はそれほど難しくなくなった。

Les hôtels à Tokyo coûtent cher *par rapport à* d'autres grandes villes du monde.

東京のホテルは世界の他の大都市に比べて高い。

比較に便利な表現 par rapport à ...

比較するときの言い方としてよく使うのは plus / moins ... que, aussi / autant ... que などの表現です。しかし並べてみることで関連づけて「違う」ということを言い表したい場面もあります。そんなときに便利なのが par rapport à... という表現です。両方を組み合わせて使うこともできます。例文を見てみましょう。

① Ma grand-mère était *plus* jeune *que* ma mère quand elle a eu son premier enfant.

祖母は母よりも若いときに最初の子どもを産んだ。

② *Par rapport à* nos grands-mères, nous sommes sportives, actives mais fatiguées aussi !

祖母たちと比べると私たちはスポーツが好きで活発に働いていて、疲れてもいる。

③ Je trouve que nos grands-mères devaient murir plus vite *par rapport à* nous.

祖母たちは私たちに比べると、より早く成熟しなければならなかったように思う。

exercices

1 ( ) の中に入れることばを選びましょう。

des rapports	le rapport	par rapport à	aucun rapport

1. L'étoile polaire ne change pas d'orientation ( ) l'axe de la terre et indique donc de façon constante la direction du nord.

2. On attend toujours ( ) de la police pour déterminer la cause de l'accident.

3. Le responsable a affirmé qu'il n'a ( ) avec le groupe de criminels.

4. C'est toujours assez difficile de maintenir ( ) équilibrés entre les membres de l'équipe.

2 例のように適切な組み合わせを見つけて、文を完成しましょう。

例 Il y a *un rapport de parenté* entre eux : • — • Aki n'est pas sa petite amie, mais une cousine lointaine.

1. Pouvez-vous m'expliquer *le rapport de cause à effet* • • ⓐ souligne l'urgence des mesures à prendre.

2. *Le rapport* du comité d'experts de 300 pages • • ⓑ résulte de certains handicaps.

3. Un *rapport de dépendance* difficile à supporter • • ⓒ le supermarché fait des promotions.

4. Avec les étiquettes « meilleur *rapport qualité-prix* », • • ⓓ entre la lune et les marées ?

5. *Par rapport aux* erreurs qu'on voit dans les réseaux sociaux, • • ⓔ l'orthographe de ma fille est encore pardonnable.

3 下線部を置き換える表現を [ ] から選びましょう。

1. Pour obtenir son diplôme, Marie a fait un stage dans une entreprise, et son rapport a été très bien noté. [renvoi / compte-rendu / intérêt]

2. Nos moyens de communication ont évolué de manière fulgurante par rapport à ceux de nos grands parents. [en comparaison avec / en pécision avec / en lien avec]

3. On m'avait dit que les rapports avec ma belle-mère seraient difficiles mais ce n'est pas le cas, elle est charmante et nous nous entendons bien. [les critiques / les relations / les disputes]

sens

sens 圐 の語源は、ラテン語で「知覚する」を意味する *sentire* の過去分詞 *sensus* です。*sentire* から sentir（感じる）、ressentir（強く感じる）が、また *sensus* から sens（感覚、意味、方向）、contresens 圐（誤った解釈、間違い）、またさらに同じ系統の *sensitivus, sensorium, sensualis* から sensation 囡（感覚、印象、興奮）、sensuel(le) 圕（官能的な）、sensationnel(le) 圕（センセーショナルな、世間を驚かす）、sensible 圕（感じやすい、敏感な）、sensoriel(le) 圕（感覚の）などのことばが派生しました。

感覚

les cinq *sens* 五感　　**éveiller les *sens*** 感覚を呼び起こす
sixième *sens* 第六感 [= intuition]

Les dauphins peuvent entendre des sons que *les sens* humains ne peuvent pas percevoir.

イルカは人間に知覚できない音を聴き取ることができる。

感、センス、勘

avoir le *sens* de l'humour ユーモアのセンスがある
avoir le *sens* de l'orientation 方向感覚がある
développer le *sens* des responsabilités 責任感を養う
exercer son *sens* critique 批判精神を発揮する

Grâce à *leur* excellent *sens de l'orientation,* les pigeons voyageurs reviennent au même endroit après des centaines de kilomètres.

伝書鳩は優れた方向感覚のおかげで何百キロもの旅をして同じ場所へ戻って来る。

Est-ce que les activités des clubs aident les adolescents à développer leur *sens des responsabilités* ?

クラブ活動はティーンエイジャーが責任感を養うのに役立つのだろうか？

Je vais voter parce que j'ai *le sens du devoir* et je veux défendre la démocratie.

私は義務感があるし民主主義を守りたいから投票に行く。

良識、分別

avoir du bon *sens* 良識・分別がある [= être raisonnable]
le *sens* commun 常識

« Quand la superstition entre par la porte, *le bon sens* se sauve par la fenêtre. » (Salman Rushdie)

「迷信が戸口から入ってくると、良識は窓から逃げて行く」（サルマン・ルシュディ）

Cet acteur américain est très égoïste. Il est dépourvu de ***sens commun***.

このアメリカ人俳優は非常に自分勝手で、良識に欠けている。

意味 [= signification]

comprendre [saisir] le *sens* 意味を理解する [とらえる]
le *sens* propre [figuré] d'un mot ことばの本来の [比喩的] な意味
le *sens* large [littéral / strict] ことばの広い [文字通りの/厳密な] 意味
des mots à double *sens* 二重の意味にとれることば

Quand je dis « elle est tombée dans les pommes », c'est bien sûr ***au sens figuré***.

「彼女が気絶してしまった」というとき、もちろん比喩的な意味だ（「りんごの中に倒れ込んだ」という文字通りの意味ではない）。

Les pays consommateurs de ce produit sont l'Europe ***au sens large***, ainsi que l'Asie du Sud-Est.

この製品を消費するのは、（EU に限定しない）広義のヨーロッパと、東南アジアの国々だ。

Cet ouvrage est rempli de mots ***à double sens***. Il est très difficile.

この本は二重の意味にとれることばがいっぱいで、非常に難しい。

---

en un (certain) *sens* / dans un *sens* ある意味では
[= d'un certain point de vue]

En un sens, c'est positif de tout remettre à zéro. Ça permet de reconsidérer des points qui n'étaient pas clairs.

ある意味では全てをゼロに戻すのは良いことだ。明らかでなかった部分の見直しができる。

Le PACS a été, ***en un certain sens***, la reconnaissance du mariage pour tous.

PACS（民事連帯契約、Pacte Civil de Solidarité) はある意味では全ての人にとっての結婚を認めるということだった。

ça n'a pas de *sens* de + 不定詞 ～することは意味がない、馬鹿げている
[= ce n'est pas raisonnable de + 不定詞]

Ça n'a pas de sens de dire une chose et son contraire, réfléchis un peu !

何かを言ってから、その逆のことを言うなんて、無意味じゃないか、ちょっと考えてよ！

意義、存在理由 [= raison d'être, signification]

donner un/du *sens* à sa vie [son existence] 人生 [存在] に意味・生きがいを与える
donner un *sens* nouveau 新たな意味を与える

Vouloir réaliser son rêve, c'est vouloir ***donner un sens à sa vie***.

夢を実現したいと思うのは、自分の人生に意味を与えようとすることなのだ。

方向、向き [= orientation]
aller dans le même *sens* 同じ方向へ行く
aller en *sens* inverse / aller dans le *sens* opposé 逆方向に行く
partir dans tous les *sens* あらゆる方向に、四方八方に散らばる
voie [**rue**] **à *sens* unique** 一方通行路　　***sens* interdit** 車両進入禁止

Ce débat est mal dirigé, les arguments ***partent dans tous les sens***.
　この討論は司会が拙くて、議論があちらこちらへ拡散してしまっている。

Non, tu ne peux pas tourner à gauche ici, c'est ***un sens unique***.
　いや、ここは左折できないよ、一方通行だから。

***sens* dessus dessous**　（ものが）上下逆さまの、ごちゃごちゃの
　[= dans un grand désordre / en désordre, à l'envers]

Pour chercher la robe qu'elle voulait donner à sa fille, elle a mis l'armoire ***sens dessus dessous*** mais ne l'a pas trouvée !
　娘にあげようと思った服を探すために彼女は戸棚の中をごちゃごちゃにひっくり返したが、服は見つからなかった！

à mon *sens* 私の意見では [= à mon avis, selon moi]

A mon sens c'est une information mensongère, il y a des fautes de français et l'adresse de l'expéditeur est bizarre.
　私の意見では、これはフェイクニュースだ、フランス語が間違っているし、発信者のアドレスが変だもの。

---

sens のもつ２つの意味、「方向性」と「意味」

sens の２つの意味について、もう少し考えてみましょう。
　① Ces mots à double *sens* risquent d'être mal pris par les interlocuteurs.
　　二重の意味にとれることばは、話し相手から誤解されるおそれがある。
　② Je me suis trompé en prenant le bus et je suis parti dans le *sens* inverse.
　　バスに乗り間違えて反対方面へ行ってしまった。
　③ Après sa maladie, il s'est demandé quel était le *sens* de sa vie.
　　病気をしてから彼は自分の人生の意味 / 方向性は何かと考えた。
①は明らかに「二重の意味を持つことば」という使いかたであり、「方向」という意味にはとれません。一方②は「反対方向」であって「反対の意味」ではあり得ません。dans la direction opposée と言い換えることができます。しかし③では「人生の意味は何か」という意味にも、「人生の方向性」という意味にもとれるのです。話し手がどのような意図で述べたのか、どんな文脈に含まれるのか、注意深く観察して、解釈する必要がある例です。

exercices

1 （　　）の中に入れることばを選びましょう。

| le sens　bon sens　son sens de l'humour　double sens　un sixième sens |

1. Il garde toujours (　　), même face aux problèmes, c'est sa force.

2. Beaucoup de personnages de bandes dessinées ont (　　) qui leur permet de faire des expériences extraordinaires.

3. Non, vous n'avez pas compris (　　) de ma question, je vous explique encore...

4. Ces paroles à (　　) ont été à l'origine du malentendu.

5. Si elle avait un minimum de (　　), elle n'aurait jamais eu ce genre de problème. Il fallait tout de suite refuser une proposition aussi stupide.

2 例のように適切な組み合わせを見つけて、文を完成しましょう。

例 La dissertation est un excellent exercice ● — ● pour développer *le sens critique* chez les jeunes.

1. Pour préparer la cérémonie on demandera conseil à notre collègue, ●　　● ⓐ *sens dessus dessous*.

2. Elles sont plutôt rares, les maladies ●　　● ⓑ qui font perdre *le sens de* l'odorat.

3. *A mon sens*, on mange plus de légumes dans les plats asiatiques. ●　　● ⓒ grâce à son excellent *sens de* l'orientation.

4. Toute guerre met notre univers quotidien ●　　● ⓓ elle a un très bon *sens* de l'organisation.

5. Même dans une ville totalement inconnue, elle ne se perd jamais ●　　● ⓔ C'est plus diététique *dans un sens*.

3 sens を使って下線部を置き換える表現を考えましょう。

1. J'ai pris le métro sans faire attention et je me suis retrouvé <u>dans la direction opposée</u>.

2. Tu as raison <u>d'un certain point de vue</u>, mais tu l'as blessée en le disant comme ça.

3. Ce petit chien saute <u>partout</u>, il est si heureux de retrouver son maître.

4. Faire les démarches par internet ou par téléphone, <u>ça donne le même résultat</u>.

5. Après un divorce difficile, il a retrouvé <u>une signification</u> à sa vie.

35 sorte

sorte囡 の語源はラテン語の sors「特殊な行動」の属格 sortis です。sors から生まれたことばに sortir（出る、外出する）、ressortir（再び外出する、目立つ）、sortie囡（外出、出口）、sorte、assortir（合わせる、組み合わせる）などがありますが、sort囲（運命、境遇）、sorcellerie囡（魔法、妖術）や sorcier(ère)囲（魔法使い）、ensorceler（魔法にかける、魅了する）などのことばともつながりがあります。différentes sortes de qch（いろいろな種類の〜）や une sorte de qch/qn（一種の〜、〜のようなもの）などを覚えておくと、日常の暮らしのなかで幅広い表現ができます。目的や結果をあらわしたり、ニュアンスのある受け答えにも使えます。

種類、部類

plusieurs *sortes* de qch　いくつかの種類の〜
différentes *sortes* de qch　いろいろな種類の〜
toutes *sortes* de qch　あらゆる種類の〜

On met ***plusieurs sortes de*** graines avec du riz pour obtenir un mélange parfait pour le repas végétarien.
> 米にいくつかの種類の穀類を入れると、菜食のための最適な混ぜ方になる。

Il a essayé ***différentes sortes de*** métiers avant de trouver ce qui lui plaît vraiment.
> ほんとうに自分の気に入ることを見つけるまで、彼はいろいろな種類の仕事を試した。

Pour l'utilisation d'internet, il y a ***toutes sortes de*** forfaits et on peut en choisir un suivant nos besoins.
> インターネット利用のため、あらゆる種類のプランがあり、ニーズに応じて選べる。

– Tu aimes la cuisine japonaise ? Tu préfères ***quelles sortes de*** plats ?

– Moi j'adore les brochettes de poulet ! Une fois, Mariko m'a emmenée au comptoir d'un petit restaurant. C'était super !
> 「日本の食べ物は好き？　どんな種類の料理が好きなの？」
> 「焼き鳥が大好き！　まりこが一度カウンターのある小さな店に連れて行ってくれて、すごく美味しかった！」

une *sorte* de qch/qn　一種の〜、〜のようなもの ［= une espèce de qch/qn］

Quand j'étais étudiant, je partageais un logement avec deux amis. C'était ***une sorte de*** colocation... mais on a eu des tas de problèmes et ça n'a pas duré très longtemps.
> 学生の頃、2人の友人と住まいを分け合っていた。一種のシェアハウスだったのだけれども…たくさん問題があって長くは続かなかった。

Dans une maison tranditionnelle japonaise, les pièces étaient séparées par des portes coulissantes. C'est *une sorte de* cadre de bois recouvert de papier opaque ou semi-transparent pour laisser la lumière s'infiltrer.

日本の伝統的な家では、部屋と部屋のあいだは引き戸で区切られていました。一種の木の枠のようなもので、光を通さない紙、または部屋の中に光が差し込むように半透明な紙で覆われています。

faire en *sorte* de + 不定詞、faire en sorte que + 接続法 〜ようにする

Il faut d'abord *faire en sorte de* rendre le dialogue possible entre les opposants.

まずは対立している人たちのあいだの話し合いができるようにすることが必要だ。

Ne t'inquiète pas, nous *ferons en sorte que* tout se passe bien pendant le voyage.

心配しないでね、旅行のあいだは私たちが何もかもうまくいくようにするから。

de (telle) *sorte* que + 接続法 〜ように〔目的〕
[= de (telle) façon que + 接続法（→ p.62）]
[= de (telle) manière que（→ p.93）/ afin que + 接続法]

Placez la caméra *de telle sorte qu'*on puisse voir l'atterrissage de l'avion.

飛行機の着陸が見られるようにカメラを据えつけてください。

Ce livre est conçu *de telle sorte que* les apprenants étudient seuls.

この本は、学習する人たちが独学できるように作られています。

de (telle) *sorte* que + 直説法 その結果〜である〔結果〕
[= Par conséquent, si bien que]
[= de (telle) façon que + 直説法（→ p.62）]
[= de (telle) manière que（→ p.94）/ afin que + 直説法]

Ils n'ont pas pris le bus de 9h20, *de (telle) sorte qu'*ils ont raté le TGV.

彼らは 9 時 20 分のバスに乗らなかったので TGV に乗り遅れてしまった。

C'est devenu normal de travailler à distance ces dernières années, *de telle sorte qu'*on a la possibilité de quitter les grandes villes et de partir habiter dans un meilleur environnement.

この数年テレワークが一般化したので、大都市を離れて、より良い環境のところに住める。

de la *sorte* そんなふうに
[= de cette manière, comme ça]

Ils s'opposaient sur toutes les choses dans leur couple, ils ne pouvaient plus continuer *de la sorte* [= comme ça].

彼らは夫婦生活の何もかも正反対だったので、そんなふうに続けることはもうできなかった。

Manger tous ensemble ces plats spéciaux de Nouvel An, c'est ***en quelque sorte*** un rite familial pour beaucoup de Japonais. Si on ne le fait pas le 1er jour de l'an, on se sent un peu en manque.

> 新年の特別な料理を皆で食べることは、多くの日本人にとってある意味で家族の決まりごとのようなものだ。元日にそれをしないと、何か物足りないような感じがするのだ。

Mon meilleur ami Tetsu a toujours joué un rôle de médiateur, ***en quelque sorte,*** entre ce groupe et moi. Et ça a toujours très bien fonctionné.

> このグループと私のあいだで、いつも親友のテツがいわば仲介者のような役割をしていて、すごくうまくいったのだ。

「あいまいさ」を残すあいづち en quelque sorte

フランス語のやりとりの中で「あいづちをどう返せば良いのだろうか？」と悩むことが多いですね。「同意・肯定する」「完全には同意・肯定しない」「違った見方や追加情報を加える」「相手が今まで知らなかった情報を導入する」「同意しない」「感動をあらわす」のようにさまざまな種類があります ＊。

◆ 同意・肯定する

Oui, c'est ça. / Oui tout à fait.	はい、そうです。
Voilà exactement. / Oui c'est sûr.	まさにその通り。
Ah oui, je vois.	なるほど。

◆ 違った見方を加える、完全には同意・肯定しない

Vous avez raison, mais...	そうですけれども…
Hum...	そうかなあ…
Ça dépend...	場合によりますね…

下の例のように en quelque sorte を使うと、oui, on peut le dire comme ça. / oui, si vous voulez... という意味で「そうですね、まあそういうふうにも言えますね」とニュアンスのある返し方になります。

– Vous êtes partis en voyage d'affaires ?

– ***En quelque sorte*** oui. On a rencontré les collègues de New York mais on a aussi visité les musées et les théâtres.

> 「仕事で出張に行かれたのですか？」
> 「そうですね、ある意味ではそのようなことですね。ニューヨークの仕事仲間に会ったのですが、美術館や劇場に行ったりもしました」

＊田中幸子、川合ジョルジェット著『フランス語で話す自分のこと日本のこと』（白水社）pp.157-159「あいづちとストラテジー」を参照。一覧から具体例をたどって確かめてください。

exercices

1 ( ) の中に入れることばを選びましょう。

en quelque sorte	de telle sorte	une sorte	de la sorte	toutes sortes

1. J'ai acheté ( ) de fromages, je ne sais pas lesquels tu préfères.

2. On y va 30 minutes plus tôt ( ) qu'on parle avec Léa avant la réunion.

3. Il est parti tout à coup, je ne comprends pas pourquoi il a agi ( ).

4. Toutes ces abréviations deviennent ( ) un nouveau vocabulaire.

5. Offrir des chocolats à un garçon le jour de la St Valentin, c'est ( ) de déclaration ?

2 例のように適切な組み合わせを見つけて、文を完成しましょう。

例 Quand je vois ces enfants rentrer si tard à la maison après avoir passé toute la soirée au Juku, • → • je me demande si c'est vraiment nécessaire de les faire étudier *de la sorte.*

1. Je lui ai prêté des livres mais je sais qu'il ne me les rendra pas, •

2. Elle a mis dans le frigo *toutes sortes de* légumes et de viandes•

3. Il est urgent de réguler notre consommation, •

4. On va changer les pneus •

5. Elle a commandé *plusieurs sortes d'*outils en ligne •

• ⓐ *de telle sorte que* sa famille a pu bien manger pendant son absence.

• ⓑ *de sorte qu'*on roule en sécurité sur les routes gelées.

• ⓒ nous devons faire *en sorte que* la planète survive.

• ⓓ *de telle sorte qu'*on puisse choisir le plus pratique.

• ⓔ c'est un cadeau *en quelque sorte.*

3 sorte を使って下線部を置き換える表現を考えましょう。

1. Il ne faut pas critiquer les autres <u>de cette manière</u>. On vous traîtera éventuellement de la même manière.

2. On vous propose <u>différents types de</u> crèmes pour les soins adaptés à votre peau.

3. Près de chez nous, il y a une petite maison très simple, qui ressemble à <u>une espèce de</u> cabane. Pendant l'été, c'est un café qui attire des touristes.

4. Ils vivent ensemble depuis si longtemps qu'on les considère comme un couple <u>pour ainsi dire</u>.

36 sujet

sujet囲 の語源はラテン語で「～を規則・義務などに従わせる、拘束する」という意味の *subjicere* の過去分詞 *subjectus* です。*subjicere* から sujet（主題、テーマ、題材、問題、理由）、assujettir（～を規則・義務などに従わせる）へと展開した一方で、時代とともに *subjectivus* という形に変化したラテン語から subjectif(ve)囮（主観的な）、subjectiver（主観的に見る）、subjectivité囡（主観性、主体性）などのことばが生まれました。「主題、テーマ」の意味で多様な動詞や形容詞と組み合わせて頻繁に用いられるのはもちろんですが、au sujet de（～のことで、～について）という形はコミュニケーションの流れを作るのに使い勝手の良いことばです。

主題、題材、テーマ [= propos, thème]

sujet **d'une discussion** [**d'une conversation**]　議論［話題］のテーマ
sujet **d'un livre**　本の主題・テーマ
traiter un *sujet*　題材を扱う　　**débattre sur un** *sujet*　テーマについて論じる
s'exprimer sur un *sujet*　テーマについて意見を述べる
revenir à son *sujet*　自分の主題に立ち戻る

Le titre de ce film est bizarre, c'est quoi *le sujet* ?
　変わった題名の映画だね、テーマは何？

J'adore cet écrivain, il *traite des sujets* sérieux avec un bon sens de l'humour.
　私はこの作家が大好きだ、深刻なテーマをユーモア感覚で扱っている。

Ne vous éloignez pas avec trop d'exemples, *revenez à votre sujet*.
　例をたくさん出し過ぎると、主題から離れてしまいますよ、話の本題に立ち戻ってくださいね。

sujet **important** [**brûlant** / **délicat**]
　重要な［人々の関心を集めている / 取り扱いに注意を要する］テーマ
sujet **tabou**　タブーになっている、触れてはならないテーマ
sujet **d'actualité**　時事的な話題
sujet **d'une sculpture** [**d'un roman** / **d'un tableau**]　彫刻［小説 / 絵画］の題材
sujet **culturel** [**social** / **philosophique**]　文化的な［社会的な /哲学的な］題材

La place des sectes religieuses dans la société japonaise est *un sujet brûlant*.
　日本社会における宗教セクトの位置付けは人々の関心を集めるテーマだ。

Est-ce que le salaire est *un sujet tabou* au Japon comme en France ?
　給料をいくらもらっているということは、フランスと同じように日本でも触れないほうがよい話題なのでしょうか？

Elle a vu au Louvre de très beaux tableaux de *sujets* mythologiques.
彼女はルーヴル美術館で神話の題材を扱った美しい絵画を見た。

Dans son discours, il s'est exprimé essentiellement sur *des sujets culturels.*
彼は演説のなかで主として文化的な題材について考えを述べた。

（試験・課題の）問題

choisir comme *sujet* 問題として選ぶ

Il *a choisi le* premier *sujet* pour sa dissertation.
彼は論述試験で第1の課題を選んだ。

Tu as décidé sur quel *sujet* tu écris ton article ?
論文をどんな問題について書くのか決めた？

（感情・行為の）原因、理由 [= cause]

sujet de mécontentement 不満の原因　　*sujet* de disputes 喧嘩の理由

Dites-moi quel est *le sujet* [= le motif] *de votre mécontentement.*
あなた方の不満の理由は何なのか教えてください。

Cette console de jeux reçue à Noël est devenue *un sujet de disputes* entre les amis.
クリスマスにもらったゲーム機が友だちのあいだの喧嘩の原因になってしまった。

人、人物、被験者、患者、モニター

sujet témoin 被験者　　*sujet* d'expérience 実験の対象者 [= cobaye]
le roi [seigneur] et ses *sujets* 王 [領主] とその臣下

Elle a accepté d'être *sujet témoin* pour ce nouveau produit de beauté qui va être mis sur le marché prochainement.
彼女は近いうちにマーケットに出される新しい化粧品の被験者になることを引き受けた。

Aux yeux des Français, le système britannique avec le souverain et *ses sujets* semble anachronique.
英国の君主と臣下のいるシステムはフランス人の目には時代遅れに映る。

[文法で] 主語

sujet parlant 話し手　　*sujet* du verbe 動詞の主語

En linguistique, *le sujet parlant* est le locuteur.
言語学では、発話主体とは話し手のことである。

En français, on doit conjuguer le verbe suivant les 6 *sujets.*
フランス語では6つの主語に応じて動詞を活用しなければならない。

> **au *sujet* de qch/qn** 〜のことで、〜について
> [= à propos de, concernant, en ce qui concerne qch/qn]
> **à ce *sujet*** このことで [= à ce propos, à cet égard]   **à quel *sujet* ?** 何のことで？

Ils se sont renseignés *au sujet de* ce candidat et ils ont appris qu'il a une très riche expérience professionnelle.

この候補者について調べたところ、非常に豊富な職業的経験を積んだ人であるとわかった。

– Tu te souviens de notre rendez-vous de samedi prochain ?
– Justement je voulais te contacter *à ce sujet*.

「今度の土曜日の約束のことを覚えている？」

「ちょうどそのことで、連絡しようと思っていたんだ」

– Monsieur Leroy vient de m'envoyer un message.
– *A quel sujet* ?

「ルロワさんからメッセージを受け取ったところだ」「何のことで？」

会話の最初で使うとインパクトのある au sujet de

背景説明をしてから本題に入ろうと思って話し始めたのに、相手に遮られてしまって本題に行き着けなかったという、苦い経験がありませんか？「〜のことで、〜について、〜に関して」という表現を覚えておくと、コミュニケーションの流れをつかんで自分のペースで話を進めたいときに、とても重宝です。au sujet de... の他に à propos de... や en ce qui concerne... なども同じように使えます。

例えば次のような場合に、話のはじめに「〜についてですが」と単刀直入に言っておけば、相手の注意を引くことができます。「このテーマについて、これから話そうとしているのだな」「話の続きを聞かなければならない」と思ってもらえれば、やりとりの流れのなかで話の主導権をとることができます。

– *Au sujet de* ce que je vous ai dit hier...
– Oui... ?
– Je me disais que ce serait bien d'avoir une autre réunion.

「昨日あなたに話したことですけど …」

「はい？」

「もう一度会議をすると良いのではと考えていたんですよね」

– Restaurant Côte d'Or, bonjour.
– Bonjour, je vous appelle *au sujet de* ma réservation.
– Oui... quelle est la date de votre réservation ?

「レストラン・コートドールでございます」

「もしもし、私の予約のことについて、お電話しているのですが」

「はい、ご予約の日付はいつでしょうか？」

150

exercices

1 ( ) の中に入れることばを選びましょう。

du même sujet	au sujet de	le sujet brûlant	un sujet de disputes
classée par sujets	de sujet	des sujets du Bac	le sujet du débat

1. Avant une discussion, en classe ou à la télévision, il faut lire attentivement ( ), définir les mots-clés et préparer les arguments.

2. Depuis 2020 ( ) concerne l'âge de la retraite, et ce n'est pas fini.

3. Les annales ( ) des années précédentes et leurs corrigés sont accessibles sur Internet.

4. Le partage des tâches est ( ) entre les enfants de la famille.

5. Leurs conversations tournent toujours autour ( ) : le football !

6. Bon, c'est bien triste, changeons ( ).

7. Les discussions ont été longues parmi les habitants de l'immeuble ( ) l'installation de caméras de surveillance.

8. Le professeur nous a donné une bibliographie ( ), c'est très pratique.

2 例のように適切な組み合わせを見つけて、文を完成しましょう。

例 De plus amples informations *à ce sujet* — vous seront transmises plus tard.

1. Si on s'éloigne du *sujet* ou si on ne l'a pas bien compris,

2. Cette pâtisserie a besoin de *sujets témoins*.

3. La guerre, l'inflation, tous *ces sujets* d'actualité sont éprouvants.

4. *Au sujet de* ces anciennes traditions et croyances,

5. Dans la phrase, *le sujet* doit être toujours bien explicite,

6. Les chercheurs essaient un nouveau traitement sur un groupe de *sujets*

7. J'ai oublié *à quel sujet* Mamie a téléphoné ce matin.

- ⓐ vous pourriez en parler avec les vieilles personnes du village.
- ⓑ autrement on aura des difficultés pour savoir de quoi il s'agit.
- ⓒ On cherche des clients qui répondent au questionnaire.
- ⓓ l'évaluation risque d'être négative.
- ⓔ pour vérifier son efficacité.
- ⓕ Elle voulait te parler.
- ⓖ Le sport est un dérivatif.

37　temps

temps圏 はラテン語の *tempus* を起源とします。*tempus* から temporaire圏 （一時的な）、temporel(le)形 （束の間の）、tempérament圏 （気質、気性） や température囡 （温度）などのことばが生まれました。「時間」「時代」「季節」「天候」などの意味を含みます。日常生活でよく使う表現を取り上げましょう。

> **時間**
>
> **mettre ［prendre］ du *temps* à/pour + 不定詞**　～するのに時間がかかる
> **passer son *temps* à + 不定詞**　自分の時間を～するのに費やす
> **trouver ［gagner］ du *temps* pour + 不定詞**　～する時間をみつける［稼ぐ］

ポイント! temps に定冠詞、部分冠詞、所有形容詞のいずれを使うのか、どの動詞や前置詞と組み合わせるのかに注意して使い分けましょう。

Le temps passe vite.
　　光陰矢の如し。

– Tu *as mis* combien *de temps* à apprendre l'anglais ?

– 6 ans... mais je ne sais toujours pas bien parler.
　　「英語を学ぶのにどのぐらい時間がかかったの？」「6年…でも相変わらず話すのは苦手なんだ」

– Le dimanche, qu'est-ce que vous faites ?

– Moi, je *passe* (tout) *mon temps à* lire.
　　「日曜日は毎週、何をするのですか？」
　　「わたしは本を読んで（ばかり）いますよ」

Avec le télétravail, il est important de *trouver du temps pour* faire de l'exercice.
　　リモートワークでは、身体を動かす時間をみつけることが大切だ。

> **avoir le *temps* de + 不定詞**　～する時間がある

ポイント! 「～する時間」は〈 le temps de + 不定詞 〉〈 du temps pour + 不定詞 〉のいずれも可能ですが、後者は「（時間の）分量＝長さ」に力点があります。

– Tu *as le temps d'*aller déjeuner avec moi ?

– Désolée, je n'*ai* pas *le temps* !
　　「一緒にランチに行く時間ある？」「ごめんなさい、その時間はないんだ！」

– Tu *as du temps pour* aller déjeuner avec moi ?

– Oui, j'*ai un peu de temps* après la réunion.
　　「一緒にランチに行く時間ある？」「うん、会議の後、ちょっと時間があるよ」

On fumait partout *dans le temps*. On n'était pas conscient du danger.

昔は至る所でタバコを吸っていたものだ。危険性を意識していなかったのだ。

Je n'ai pas vu mes cousins *depuis quelque temps*. Je vais leur téléphoner.

しばらく前から従兄弟たちに会っていないな。電話しよう。

Elle a enfin acheté un smartphone, *depuis le temps qu*'elle en avait envie !

彼女はやっとスマホを買った、ずっと前から欲しいと思っていたのだからね！

Louise critique *tout le temps* sa sœur ［= elle n'arrête pas de la critiquer］, mais elles s'entendent bien malgré tout.

ルイーズは姉のことをいつも批判しているが、それでも仲が良いのだ。

Ils arrivent à se mettre d'accord *la plupart du temps*, mais pas cette fois-ci.

彼らはたいてい意見の一致をみるのだが、今回は例外だ。

J'ai mal à l'estomac *de temps en temps* mais pas *tout le temps*.

ときどき胃が痛いのです。ずっと痛いのではなくて。

Je n'aime pas les dictées, mais *de temps à autre*, c'est utile, il me semble.

書き取りは好きではないのですが、それでも時には役にたつと思います。

J'ai pensé *pendant quelque temps* que j'avais fait une grosse erreur. Finalement tout s'est arrangé.

少しのあいだ私はとんでもない間違いをしてしまったと思った。結局何もかもうまくいった。

Prenez ce médicament toutes les 3 heures *dans un premier temps*.

手始めにこの薬を3時間毎に飲んでください。

Tu as encore plus d'une heure à attendre. *Entre-temps* ［= pendant ce temps］, tu peux aller prendre un café.

まだ1時間以上も待ち時間があるよ。その間にコーヒーでも飲みに行ってくれば？

Les enfants se changent, *entre-temps*, je prépare le goûter.

子どもたちは着替えをしているから、私はその間におやつを準備します。

Nous avons débuté *en même temps* dans l'entreprise. C'est pour ça que nous sommes très proches.

私たちは同時に入社したので、とても身近な同僚なのです。

Amélie est partie *en même temps qu'*Annie. Elles sont allées déjeuner.

アメリはアニーと一緒に帰ったよ。ランチに行ったのだね。

Il y avait des embouteillages mais je suis quand même arrivé *à temps*.

道が渋滞していたけれども、時間通りに間に合いましたよ。

Il a vendu ses actions *à temps*, la semaine suivante elles perdaient la moitié de leur valeur.

彼はタイミング良く株を売ったね、次の週には株価が半分も下落してしまったのだから。

Je *travaillais à mi-temps* dans un café quand je l'ai rencontré.

彼に出会った頃、私はカフェでパートタイムで働いていた。

Par *un temps clair* comme aujourd'hui, c'est agréable de marcher dehors.

今日みたいな晴れた日には、外を歩くのは気持ちが良い。

不定形容詞 quelque は temps と組み合わせて使うとき s をつけない

depuis, pendant, dans quelque temps のような表現に含まれる不定形容詞quelque は「いくらかの、少しの」という意味で s をつけません。temps は数えられない、分量で考えるものですが、語尾に s があるために間違えやすいので注意してください。

Il reviendra dans *quelque temps* ［= dans un certain temps］.

彼は少ししたら、また来るだろう。

同じ不定形容詞 quelque でも複数名詞（数えられるもの）との組み合わせで「いくつかの」という意味で使うときには s をつけます。

Il reviendra dans *quelques heures* ［= dans deux ou trois heures］.

彼は 2、3 時間したら、また来るだろう。

同様に de temps à autre（ときどき）の autre にも s をつけません。細かいことですが、このような点を意識することが、ことばの働きかたの理解を深めるのに役立ちます。

---

exercices

1 ( ) の中に入れることばを選びましょう。

| de temps en temps | depuis le temps | quelque temps | du temps | le temps |

1. Le robot aspirateur nous permet de gagner ( ).
2. Il n'a même pas ( ) de manger.
3. Ça me fait vraiment plaisir de te voir ! ( ) qu'on ne s'est pas vus !
4. Il habite loin, je suis occupé mais j'irai le voir dans ( ).
5. Je lui téléphone ( ) pour garder le contact.

2 ( ) の中に入れることばを選びましょう。

| dans le temps | en même temps | à temps | entre-temps | tout le temps |

1. J'ai deux rendez-vous dans la matinée mais ( ), je pourrai passer à la poste.
2. Il s'endort ( ) après le repas du soir, surtout devant la télé.
3. On ne se préoccupait pas du réchauffement climatique ( ). On avait bien tort !
4. – Tu peux étudier et écouter de la musique ( ) ?
   – Oh oui, bien sûr, ça marche bien pour moi.
5. – Tu crois que tu finiras ton article ( ) ?
   – Ne t'inquiète pas, je suis en train de terminer la conclusion.

3 例のように適切な組み合わせを見つけて、文を完成しましょう。

例 Mes parents ont fait un mariage arrangé. •   • C'était la coutume *dans le temps*.

1. On piquenique dimanche •
2. Ils ont vécu ensemble •
3. Le supermarché vend de plus en plus de plats préparés, •
4. Elle est contente de pouvoir vivre correctement •
5. Ça peut être dangereux de faire de la voile •
6. Ils sont vraiment pris par leur travail, cependant, •

- ⓐ et se sont mariés *quelque temps* après.
- ⓑ ils trouvent toujours *du temps* pour s'amuser avec leur enfant.
- ⓒ on n'*a* plus *le temps de* cuisiner.
- ⓓ avec *ce temps* orageux.
- ⓔ si *le temps* le permet ?
- ⓕ avec son nouveau travail à *plein temps*.

tête

tête囡 はラテン語の *testa*「土をこねて作った焼き物の壺」を語源とすることば
です。身体のいちばん上にあって中味（＝脳みそ）が入っている「壺」のような容
れ物というイメージです。日常の会話に使える表現が満載です。

> ## （人間・動物の）頭、先端・上の部分
> **avoir mal à la *tête*** 頭が痛い
> **approuver en hochant la *tête*** うなずいて同意を示す
> **monter en *tête* du train** 電車の先頭に乗る
> **des missiles à *tête* nucléaire** 核弾頭ミサイル
> ***tête* [pied] du lit** ベッドの枕側［足元］

La tête de la girafe, au bout de son long cou, culmine à 6 mètres de hauteur.
> 長い首の先についているキリンの頭は、高さ６メートルにも達する。

Pour la correspondance à Umeda, je vous conseille de monter ***en tête*** du train.
> 梅田の乗り換えには、電車の前のほうに乗るのが良いですよ。

Les drones passent à ***la tête*** [= à la cime / au sommet] des arbres.
> ドローンが木々の梢をかすめて通って行く。

Si on n'a pas imprimé pendant les vacances d'été, des fois il arrive que les
cartouches se dessèchent. Dans ce cas-là, il faut nettoyer ***la tête*** de l'imprimante.
> 夏の休暇のあいだずっと印刷しないでおくと、カートリッジが乾燥してしまうことがある。そう
> いう場合はプリンターのヘッドを清掃しなければならない。

> ## （組織の）先頭、（競争の）首位
> **être à la *tête* de qch** 〜の先頭にいる、〜の経営者・指導者である、指導・経営している
> [= être à la position la plus haute de la hiérarchie]
> **être [arriver] en *tête* de qch** 〜の首位にいる［首位で到着する］
> [= être/arriver le premier]
> **prendre la *tête* de qch** 〜の先頭のポジションにつく、〜を指導・経営するようになる

Depuis la retraite de son père, c'est elle qui ***est à la tête de*** l'entreprise familiale.
> お父さんが引退してから、家族経営の会社のトップは彼女だ。

Une semaine avant les élections, le candidat de ce parti ***est en tête des*** sondages.
> 選挙の１週間前の世論調査では、この党の候補者が第１位になっている。

Ce coureur ***a pris la tête du*** marathon dès le début, et il a fini premier.
> この走者がマラソンの始めから先頭に立ち、優勝した。

avoir une bonne [**jolie**] ***tête*** 人の良さそうな［かわいい］顔だ
faire la *tête* ふくれっ面をする
faire [**avoir**] **une drôle de *tête*** 変な顔をする

Ta nouvelle collègue, elle ***a une bonne tête*** [= elle a l'air sympathique].

あなたの新しい同僚、良い人みたいじゃない？

Tu ***fais une drôle de tête***, tu as des soucis [ennuis] ?

変な顔して、心配ごと［困ったこと］でもあるの？

garder la *tête* froide 冷静さを保つ [= garder toute sa tête, garder son sang-froid]
perdre la *tête* かっとなる、逆上する
avoir la *tête* ailleurs / **la *tête* en l'air** 上の空である
n'avoir rien dans la *tête* 何も考えていない、思慮分別を欠く

– C'est une simple divergence d'opinion mais il ne peut pas ***garder la tête froide*** et il devient agressif.

– Tu veux dire qu'il ***perd la tête*** ?

「意見が違うというだけで、彼は頭に血がのぼって攻撃的になるのだ」

「かっとなってしまうということ？」

Julien ***n'a rien dans la tête*** et inquiète sa mère.

ジュリアンは頭が空っぽで母親を心配させてばかりだ。

avoir [**garder**] **qch en *tête*** ～を記憶している［記憶しておく］
avoir toute sa *tête* 頭がしっかりしている [= être tout à fait lucide]
c'est une *tête* 頭の切れる人だ、物知りだ [= C'est quelqu'un d' intelligent]

Il faut toujours ***garder en tête*** que c'est un problème humain et pas seulement économique.

これは経済的というだけでなく、人道的な問題でもあることを常に念頭に置いておく必要がある。

– Ma grand-mère a vécu jusqu'à 104 ans. Elle ***avait toute sa tête*** jusqu'à la fin.

– Ah, elle a de la chance ! La mienne ***a*** un peu ***perdu la tête***. Ça dépend des moments...

「祖母は 104 歳まで生きたけれども、最期まで頭ははっきりしていました」

「ああそれは良かったですね、うちの祖母は少しぼけてしまいました。その時々で違うけれど ...」

Damien réussit tout, ***c'est une tête***, ses parents sont très fiers de lui.

ダミアンは何でも上手くやって優秀なので、両親は彼のことをとても誇りに思っている。

> **se mettre dans la *tête* [en *tête* de] + 不定詞 [que ...]** 思い込む、固く心に誓う
> **une *tête* de bois** 思い込みの強い人、石頭

Elle *s'est mis dans la tête* [*en tête*] que le plus important, c'est de réussir sa carrière.

　職業的に成功することが最も重要だと、彼女は固く心に誓ったのだ。

S'il *se met* une idée *en tête*, impossible de le faire changer d'avis ! Quelle *tête de bois* !

　あの人はこうと決めたら、なんと言われても絶対考えを変えないんだ！　何て頑固者なんだ！

> **se casser [se creuser] la *tête*** 頭を絞る、熟考する
> **un casse-*tête*** 悩み、難問、骨の折れる仕事

Elle *s'est creusé la tête* toute la semaine, mais elle n'a trouvé aucune solution.

　1週間ずっと頭を絞ったけれども、全く解決方法が見つからなかった。

ポイント! 代名動詞の過去分詞が性数一致しないことに注意。

Oh là là ! Quel *casse-tête*, la garde des enfants, quand l'école est fermée !

　ほんとうにね！　学校が閉鎖のあいだ子どもたちの世話をどうしようかと思うと頭が痛いですよ！

> **par *tête*** ひとりにつき [= par personne]

– On va payer la note maintenant, ça fait combien *par tête* ?

– 30 euros.

　「それじゃ精算しましょうか、ひとりにつきいくらになりますか？」「30 ユーロですよ」

ポイント! 「～につき」という他の言い方と合わせて覚えましょう。

「～につき」をあらわす表現

par an（1 年につき）、par mois（1 ヶ月につき）、par semaine（1 週間につき）や le kilo, par kilo, au kilo（1 キロにつき）は日常生活でよく使う表現です。par tête, par personne（ひとりにつき）と同時に、まとめて覚えましょう。

La consommation de beurre est de 8 kg *par an* et *par tête* en France, c'est le record du monde!

　フランスでは 1 年につき、ひとりあたり 8 キロのバターを消費する。世界記録ですよ！

Le bœuf de Kobe de bonne qualité peut coûter jusqu'à 60,000 yen *le kilo* [= par kilo / au kilo].

　良質な神戸ビーフは、1 キロにつき 6 万円もすることがあります。

Notre week-end entre amis nous est revenu à 50 euros *par tête* seulement, tout compris.

　友だちどうしの週末は全部含めてもひとり 50 ユーロしかかからなかった。

---

exercices

1 ( ) の中に入れることばを選びましょう。

| cette tête | à la tête | la tête | en tête | par tête |

1. On va partager les frais et ça va faire à peu près 1000 yen ( ).

2. A la place des oreillers, elle a mis de beaux coussins en soie ( ) du lit.

3. Ne fais pas ( ), ça ne sert à rien de bouder.

4. Monte ( ) du métro et à « Cité », tu auras tout de suite l'ascenseur.

5. Tout est automatique sur cet appareil, vous n'avez pas besoin de vous casser ( ) pour les réglages.

2 下線部を置き換えることばを選んで、適切なかたちを入れましょう。

| perdre la tête pour | avoir une jolie tête | c'est une tête | garder la tête froide |

Le fils de mon amie Hélène, <u>il est très intelligent</u>[1], il sait <u>rester calme</u>[2] dans les concours. En plus les filles l'adorent, <u>il est mignon</u>[3] et il parle gentiment. Mais <u>il n'est encore jamais tombé amoureux de</u>[4] l'une d'elles.

3 tête を使って下線部を置き換える表現を考えましょう。

1. Les statistiques du revenu <u>par habitant</u> permettent de comparer le niveau de vie de différents pays.

2. <u>Ils réfléchissent très fort</u> pour régler ces problèmes, mais il n'y a rien à faire, ils sont au pied du mur.

3. En présence d'un danger, il ne faut pas paniquer mais <u>garder son sang-froid</u>.

4. <u>Je ne me souviens plus de la chronologie des événements</u>.

5. <u>Madeleine est de mauvaise humeur</u> mais je ne sais pas pourquoi.

6. Se protéger des virus, c'est <u>un problème difficile</u> pour les médecins et les soignants.

7. L'addition ? Ce sera 25 euros <u>par personne</u>. Je m'occupe du vin.

8. Des fois il vaut mieux laisser de côté quelque chose qui ne marche pas.... mais <u>elle est convaincue</u> que ce serait un échec.

9. Ce cheval est vraiment beau, j'étais sûre qu'il arriverait <u>le premier</u> de la 7ème course.

10.L'hélicoptère rase <u>la cime</u> des arbres. Il passe si bas, c'est impressionnant.

39　tour

tour圏 の元になったラテン語のことばには *turris* 「建物」と *tornus* 「ろくろや旋盤を回す人の道具」の２つがあります。*turris* から la tour囡（塔、望楼、高層ビル）が、*tornus*（ギリシア語の *tornos*）から le tour圏（回転、周囲、順番、芸当、事態のなりゆき）と動詞 tourner（まわす、まわる）が生まれました。

ひとまわりして元のところへ戻る線の長さ、距離、周囲（場所）
le *tour* du lac　湖の周囲
le *tour* de taille ［de poitrine］　ウエスト［バスト］のサイズ

A Tokyo, nombreux sont les sportifs qui courent sur les 5 km *du tour du* Palais Impérial. C'est aussi une belle promenade pour admirer les cerisiers au printemps.
> 東京では皇居の周りの一周 5 km のコースを走っているスポーツ好きな人たちがたくさんいます。きれいな散歩道で春には花見ができますよ。

Quel est votre *tour de taille* ［*tour de poitrine*］？
> お客さまのウエスト［バスト］のサイズはおいくつでしょうか？

回転する動作、回す・回ること
faire ［donner］ un *tour* de clé　鍵を回す
faire 2 *tours* de grande roue　大観覧車で２周する

Fais attention, pour bien fermer cette vieille porte, il faut *faire 2 tours* de clé.
> この古い扉をちゃんと閉めておくように注意してね。鍵は２回まわす必要があるよ。

La Terre accomplit *un tour* complet en 24 heures.
> 地球は 24 時間かかって丸一回転する。

Les patineurs font maintenant des sauts à *4 tours* ! C'est merveilleux !
> スケート選手たちは今では４回転のジャンプをするようになっている。素晴らしいね！

ひとまわりして元のところへ戻る移動
faire le *tour* de ...　〜めぐりをする、〜を一周する
le *Tour* de France　ツール・ド・フランス（自転車競技会の名称、固有名詞）
le *tour* du monde　世界一周

ポイント!▶「（お気に入りの場所の）訪ね歩き」も同じ言い方ができます。このとき、〈le tour de ＋場所（名詞）〉は定冠詞をつけます。「このあいだ話していた／自分がよく知っているあの〜」との前提を踏まえるからです。〈 le tour de ＋定冠詞 les 〉が le tour des... というかたちになります。課題や問題、テーマを「ひとわたり検討する」というときにも同じ表現を使います。

La prochaine fois à Lyon, on *fera le tour de* nos bistrots préférés ?

今度リヨンに行ったら、お気に入りのビストロ巡りをしようね？

Chaque année au jour de l'An, on a l'habitude de *faire le tour des temples* dans notre quartier.

毎年元日には家の近くの神社にお詣りしてまわります。

Il *a fait le tour du monde* en 15 jours en s'arrêtant à Rome, à Paris et à Rio.

彼はローマ、パリ、リオデジャネイロと泊まって、15日間で世界一周をしました。

Je crois que nous *avons fait le tour du problème* [*le tour de la question*].

この問題について、だいたい検討し尽くしたように思いますが。

移動や旅、気晴らしのための散歩

faire un (petit) *tour* （ちょっと）散歩・旅行する

Un petit tour [= Une petite promenade] après le repas vous fera du bien.

食事のあとにちょっと散歩をすると、気持ちが良いですよ。

Vous n'avez qu'à *faire un tour* sur leur site web [= aller voir leur site web] pour découvrir leurs produits.

あの会社の製品のことを知るのにはホームページを見ればよい。

ポイント! faire le tour de ... と同じ faire と tour の組み合わせですが、不定冠詞を使うことに注意。faire le tour de ... と比べると、こちらの表現は「戻ってくる」ことよりも「行く」ほうに力点のあることがわかります。

順番

c'est le *tour* de qn [c'est au *tour* de qn /c'est son *tour* (de + 不定詞)]
（…のは）～の番だ

– C'est à qui de prendre la parole ?
– *C'est le tour de* [*au tour de*] Yuki. [= C'est à Yuki.]

「発言するのは誰の番？」

「ゆきさんの番です」

– Qui prépare le repas ce soir ?
– *C'est mon tour* [*à mon tour*] [= C'est à moi] ! Je vous fais une fondue savoyarde ?

「今晩の食事は誰が作るの？」

「わたしの番よ！ チーズフォンデュを作ってあげようか？」

Chacun [à] son *tour* ! めいめい順番に、代わるがわる、お互いさまだ
à *tour* de rôle 順番に、交代で

ポイント! もともとは à のある chacun à son tour が使われましたが、話しことばでは chacun son tour が一般的になっています。

C'est fatiguant de voyager de nuit, il vaut mieux conduire *chacun à son tour* [*à tour de rôle*].

夜のドライブは疲れるから、交代で運転するほうが良い。

Les fans de cet acteur font la queue pour se faire photographier avec lui *à tour de rôle*.

この俳優のファンたちが彼と順番に写真を撮るために列をつくっている。

---

le *tour* des événements 事態の成り行き、様相
[= la manière dont quelque chose évolue]

Nous déciderons ce qu'on fera en fonction *du tour* que prendront les *événements*.

事態の成り行きに応じて、これからどうするかを決めよう。

Avec son intervention de dernière minute, la discussion a pris *un tour* inattendu.

彼（女）が最後になって口を出したために、議論が思わぬ方向へ発展した。

---

un *tour* de force 力わざ、神わざ

ポイント! ▶ tour de magie（手品のわざ）、tour d'acrobatie（曲芸、軽業）のように「普通には考えられないような器用なこと」から発展して、tour de force は「力わざ」という意味をあらわします。

Ce magicien fait *des tours* extraordinaires. Quelle technique !

あのマジシャンが凄い技を見せるのだ。何と素晴らしい技術だろう！

Les gymnastes réussissent *des tours* d'acrobatie qui demandent un entraînement surhumain.

体操選手たちのアクロバットのわざは超人的なトレーニングを必要とするのだ。

Il a réussi à convaincre ses opposants. Quel *tour de force* !

彼は反対していた人たちをうまく説得してしまった。何というカわざだ！

返信に便利な à mon tour

新年に受け取ったカードやメールに返事をするとき、こんな言い方が便利です。「あなたからもらった挨拶に、今度はわたしが返す番です」という意味で à mon tour を使います。

Merci beaucoup de tes/vos vœux de Nouvel An. Je te/vous souhaite *à mon tour* [= moi aussi] une très belle année.

新年のお祝いのことばをありがとう。わたしからも、あなたにとって素晴らしい年であるようにと祈ります。

---

exercices

❶ (　) の中に入れることばを un tour もしくは le tour から選びましょう。

Tu as envie de faire un voyage ce week-end ? Si on faisait (　1　) à Kyoto ? On pourrait faire (　2　) des jardins zen notés dans ce guide. (　3　) de l'étang du temple Daikaku-Ji est très agréable en cette saison.

❷ (　) の中に入れることばを選びましょう。

à tour de rôle	le tour	mon tour	leur tour

Les patients attendent (　1　) dans le cabinet du docteur. Ils verront le docteur (　2　). La secrétaire demande :

– C'est à qui (　3　) ?

Un patient se lève mais une dame l'arrête.

– Pardon Monsieur, je suis arrivée avant vous, c'est (　4　).

– Excusez-moi Madame, répond le Monsieur.

❸ 例のように適切な組み合わせを見つけて、文を完成しましょう。

例 Merci de patienter. ●————● Vous passerez *à tour de rôle*, attendez *votre tour* s'il vous plaît.

1. Mais enfin, ne passez pas devant tout le monde, ●

2. J'ai expliqué ce que je cherchais à la vendeuse, ●

3. Merci infiniment de votre carte de vœux. Je vous souhaite ●

4. Cette robe me serre trop, ●

5. Je n'ai pas trouvé ce que je cherchais, ●

6. Il arrive souvent que dans la vie, ●

7. Attendez, je voudrais encore un peu de temps ●

8. Les astonautes ont réussi une sortie de la station spatiale. ●

- ⓐ C'est *un tour de force* technique.
- ⓑ *à mon tour* une très heureuse année, ainsi qu'à votre famille...
- ⓒ pour *faire le tour de* toutes ces questions.
- ⓓ les événements prennent *un tour* qu'on n'avait même pas imaginé.
- ⓔ *chacun son tour* !
- ⓕ qui, *à son tour*, est allée s'informer.
- ⓖ j'ai pourtant *fait le tour de* tous les fleuristes de la ville.
- ⓗ *le tour* de poitrine est trop juste.

40 vue

vue女 の語源はラテン語で「見る」を意味する *videre* です。*videre* から voir（見る）、entrevoir （垣間見る）、revoir （再会する）、vue などが生まれました。一方 *videre* に由来する *visio* から vision女（視力、視覚）が、同じく「見る」という意味の *visare* から viser （ねらう、対象とする）、viseur男 （ファインダー）、rétroviseur男 （バックミラー）、aviser （知らせる）へ、*visibilis*「目に見える」から visible形（目に見える）、visibilité 女 （視界）、visiblement副 （目に見えて）、invisible形 （目に見えない）が、また *videre* から派生した *visitare*「訪れる」から visiter （訪れる）や visite女 （訪問、見学）が生まれました。「見ること、景色」という具体的な意味だけでなく「目標」や「観点、意見」のような抽象的な意味まで幅広い範囲に使えることばです。

視覚、視力、見ること、視野

avoir une bonne [**mauvaise**] *vue* 目が良い［悪い］
perdre la *vue* 視力を失う ［= devenir aveugle］
hors de *vue* 視野の外に、目の届かないところに

La visite de ce musée sera une expérience spéciale, sollicitant *la vue*, l'ouïe, aussi bien que le toucher.

この博物館の見学は、視覚や聴覚、また触覚にも訴えかける特別な経験になるでしょう。

L'avion a décolé il y a 5 minutes. Il est *hors de vue* maintenant ［= il est invisible］.

飛行機は 5 分前に離陸した。今は見えなくなっている。

connaître qn de *vue* ～と顔見知りだ、面識がある（だけだ）

Vous me dites de contacter Monsieur Kiffer ? Mais je *le connais de vue*, c'est tout... Il ne se souvient sans doute pas de moi.

キフェール氏に連絡をしろとおっしゃるのですか？　だって顔見知りなだけですよ…私のことをおそらく覚えていないと思います。

Je *connais de vue* cette dame, mais son nom m'échappe...

あの女の人と面識があるのだが、名前がわからなくなってしまった…

perdre qch/qn de *vue* ～を見失う、～と疎遠になる ［= perdre contact avec qn］
se perdre de *vue* ～と（互いに）疎遠になる

– Tu as des nouvelles d'Hélène ? Qu'est-ce qu'elle devient?
– Je ne sais pas... On *s'est* un peu *perdu(e)s de vue*. C'est dommage.

「エレーヌの消息を聞いた？　彼女はどうしているかな？」
「わからない…ちょっと疎遠になってしまっていて。残念だ」

à première *vue* 一見したところ ［= au premier abord, au premier coup d'œil］

Le journaliste n'avait pas l'air intéressé *à première vue*, mais au bout d'une semaine il nous a recontactés pour faire une interview.

あのジャーナリストは一見したところ興味のないような様子だったが、1 週間後になってインタビューをしたいと改めて連絡してきた。

眺め、景観、見晴らし ［= paysage, panorama, site, point de vue］
la *vue* sur la mer ［**la ville** / **le lac** / **les montagnes**］ 海［街 / 湖 / 山々］を見渡す眺め
chambre ［**appartement** / **terrase**］ **avec *vue*** 眺めの良い部屋［アパルトマン / テラス］

［比較］point de vue については p.124 を参照。

Paul Cézanne a peint *la vue* de la Montagne Sainte-Victoire plus de 80 fois, à l'aquarelle comme à l'huile.

ポール・セザンヌはサント・ヴィクトワール山の景色を 80 回以上も水彩や油絵で描いた。

Nous avons fait un tour en hélicoptère pour survoler le Grand Canyon. *La vue* aérienne était à couper le souffle.

ヘリコプターのツアーでグランドキャニオンの渓谷の上を飛んだ。空からの眺めは息を呑む美しさだった。

De notre chambre d'hôtel, nous avons *une vue* magnifique *sur la mer*.

ホテルの部屋から海に臨む素晴らしい眺めが見られる。

à perte de *vue* 見渡す限り、果てしなく ［= aussi loin que l'on peut voir］

Le désert s'étend *à perte de vue*. On dirait une mer de sable. Au loin, on remarque quelques bâtiments en ruine.

見渡す限り砂漠が広がっている。砂の海のようだ。遠くのほうに、廃墟になった建物がいくつか見える。

見解、見方、考え
［= idée, opinion, avis, conception, impression, perception, point de vue］
la *vue* d'ensemble / **la *vue* globale** 概観、全体像
avoir une *vue* claire de qch 〜に関してはっきりした考えがある、〜を明確にとらえる
partager les mêmes *vues* 同じ意見を持つ

Une vue pessimiste de la situation économique actuelle a fait baisser la bourse des valeurs.

現在の経済状況への悲観的な見方が、株価の低下につながった。

Regardez ce document. Ça vous donnera *une vue d'ensemble* de la question.

資料をご覧ください。この問題の全体像がつかめるかと思います。

> **point de *vue*** 観点、見方、考え［= opinion, avis］（→ p.126）
> **à mon point de *vue*** 私の考えでは
> **de ce point de *vue*** この観点に立てば　**d'un autre point de vue** 別の見方をすれば
> **au/du point de *vue* + 形容詞［de qch］** 〜の観点からいうと
> **à tout point de *vue* / à tous les points de *vue*** どこから見ても、あらゆる点で

Je partage *votre point de vue* sur cette question.

この問題に関して、私はあなたの考えに賛成です。

Du point de vue médical［= médicalement parlant］, cette hypothèse ne vaut rien. Elle est même dangereuse.

医学的な観点からいうと、あの仮説は何の価値もない。危険でさえある。

La gelée royale, c'est bon pour la santé *à tout point de vue*... pour la fatigue, pour le stress, pour la peau, tout !

ロイヤルゼリーはあらゆる点で健康に良い。疲れにも、ストレスにも、肌にも、全てに良いのだ。

> **en *vue* de qch/de + 不定詞** 〜のために、〜を目標として
> ［= de manière à préparer qch, dans l'intention de réaliser un objectif］

L'équipe française de judo s'entraîne *en vue des* prochains JO.

フランスの柔道チームは次のオリンピックへ向けてトレーニングをしている。

Les étudiants préparent une fête *en vue d'*accueillir de nouveaux membres dans leur troupe de théâtre.

学生たちは劇団に新しいメンバーを迎えるため、パーティーを準備している。

「〜という点では」　au/du point de vue + 形容詞 [de qch]

「〜の観点からは」「〜という点では」という表現をいくつか知っておくと便利です。
　Ces régions se confrontent à des problèmes différents *du point de vue politique*, même si elles partagent la même tradition sur le plan culturel.

この地方は文化的には同じ伝統を分かち合っているのだが、政治面においては異なった問題に直面している。

du point de vue politique を du point de vue de la politique / au niveau politique と言い換えることができます。例文では〈du point de vue + 形容詞〉を繰り返さずに〈sur le plan + 形容詞〉を使っていることにも着目してください。
　Du point de vue［=Au niveau］*de l'originalité culinaire*, ce restaurant est parmi les plus appréciés en Europe.

料理における斬新さという点においては、このレストランはヨーロッパで最も評価の高いうちのひとつだ。

自分で例文を作ったり、言い換える方法を考えながら、使いこなしていきましょう。

exercices

1 ( ) の中に入れることばを選びましょう。

| à première vue   perdre de vue   connaître de vue   une vue   en vue de |

1. Notre recherche du confort nous fait ( ) les besoins vitaux de certaines populations.

2. Plusieurs stages sont proposés aux chômeurs ( ) leur réinsertion dans le monde du travail.

3. Pour avoir ( ) panoramique et imprenable sur Paris, allez à la Tour Eiffel ou au Sacré Cœur.

4. Au yoga, ces exercices me paraissaient impossibles ( ), mais après 3 jours et plusieurs essais, je vais pouvoir continuer.

5. Pierre Ducreux, je crois le ( ), il a les cheveux longs ?

2 例のように適切な組み合わせを見つけて、文を完成しましょう。

例 Je dois porter des lunettes maintenant que • ━━• *ma vue* a baissé.

1. Il est arrivé de New York hier, • • ⓐ cet immeuble nous a bouché *la vue*, on pense déménager.

2. Les travaux ont commencé • • ⓑ même si c'est bon marché à *première vue*.

3. Avant, on voyait bien les collines mais • • ⓒ tu ne peux pas le *connaître de vue*.

4. Les sites des hôtels de cette île montrent tous • • ⓓ *en vue de* l'élargissement de la route.

5. Il vaut mieux comparer avec d'autres magasins, • • ⓔ des photos de plages qui s'étendent *à perte de vue*.

3 vue を使って下線部を置き換える表現を考えましょう。

1. L'expansion de la pandémie a contrarié les perspectives de ces jeunes entrepreneurs.

2. Apparemment ce plat semblait délicieux, mais on a été déçus.

3. Les diplomates font de gros efforts pour harmoniser les idées opposées.

4. Allez en Bourgogne et vous verrez des vignobles jusqu'à l'horizon.

5. Elle est à la recherche d'une amie d'enfance dont elle n'a plus de nouvelles.

exercices の解答と訳

---

1. air （p.11）

❶

1 **au grand air**　初めて砂浜でヨガをしました。外気のなかで思いっきり呼吸して海の匂いを嗅ぐのはとても気持ち良かったです。またこういう機会があるといいな。

2 **l'air de**　2018 年に実施されたアンケートによればフランスの 18 歳から 23 歳までの人たちのうち 12% が菜食主義であると言っている。肉なしの食事に宗旨替えした若者たちは環境保護のためにそうした生活様式を選ぶようだ。

3 **de l'air**　汚染された空気は健康に強い影響を及ぼす。公害はフランスにおいて年に 6 万人以上の人たちの死因になっている。

4 **l'air**　あなたの同僚はとてもいらいらしているようだね。どうしたのかな？

❷

例　これは信頼することのできない、でたらめなことばだ。

1 ⓓ　ここはあまり良さそうじゃないね。他のカフェへ行こうか？

2 ⓑ　「空中でモーターを使わずに移動できる飛行機は何というのでしたか？」
「グライダーですね」

3 ⓔ　君は落ち着かないようだね、何が心配なの？

4 ⓒ　銀行の人にでたらめなことを言われたので、もう彼のアドバイスは聞きたくない。

5 ⓐ　このアパルトマンは大きさも充分だし、この界隈は静かなところのようだね。購入予約しようか？

❸

1 **le grand air**　砂浜をたっぷり散歩したあとで、ぐったりしてしまったって？　それは外気のせいだよ。今晩ゆっくり休めば、明日は元気いっぱいになるよ！

2 **en l'air**　あの政治家はでたらめに約束してばかりで、決して責任をとらない。

3 **en plein air**　うちの建物の周りはぐるりに緑地があって、子どもたちも遊べるし、座って本を読んだり、少し外で仕事をしたりもできるのだ。

4 **a l'air**　この仔犬はとても気だてが良さそうだね。欲しくなってしまう。

---

2. bout （p.15）

❶

1 **à bout**　彼女は家のことを全部ひとりきりでしている。もう限界だ。

2 **Au bout**　1 年経って、彼女は自分がこの仕事に向いていないとやっとわかった。

3 **un petit bout**　買うものをメモするために紙の切れ端を探している。

4 **Le bout**　シモンの鼻の先が真っ赤になってるよ。今朝はほんとうに寒い。

5 **petits bouts**　この地方では相当な被害が出たようだ。何が起こったのか、まだ詳細はわからない、ニュースが断片的にしかわからないのだ。

❷

例　彼女は同僚を怒らせてしまった。彼にとっては辛かっただろうね。

1 ⓒ　「1 週間経ったら、また会いましょうか？」「了解しました。それまでのあいだに資料を検討しておきますよ」

2 ⓐ 「彼（女）に何かちょっと軽く食べるものをあげてもらえるかな？」「ハムサンドイッチで良いかな？

3 ⓑ 「マチウが見つかるかどうか、ホームの先のほうまで行ってみようか？」「いや、電話すれば良いよ」

4 ⓕ 「郵便局までまだかなりの距離ありますよ」「別に構いませんよ、他にすることといっても何もないので」

5 ⓓ 廊下のつきあたりまで行くとバスルームは左にあります。

6 ⓔ 「ジャン・リュック・ゴダールの映画〈勝手にしやがれ〉を見ましたか？」「はい、ジャンポール・ベルモンドが主役を演じましたね」

3

1 **à bout**　この子どもは我慢できないほどひどい。先生たちは彼にはうんざりしている。

2 **un bout de**　ジャン・ヴァルジャンはひとかけらのパンを盗んだために流刑地に行ったのだ。

3 **sur le bout de la langue**　この花の名前が頭に浮かんでいた（そこまで出かかっていた）のだが、口に出して言うことができなかった。

4 **(jusqu')au bout de**　この小説のなかで、アンヌは夢を追い求め、最後の最後まで行くことも厭わない。

5 **d'un bout à l'autre**　こちらにご登録ください、そうすればお客様の注文を始めから終わりまでフォローいたします。

6 **jusqu'au bout**　あのコンサートは好きではなかったが、友だちを喜ばせたくて最後まで残っていた。

---

3. bras（p.19）

1

1 **à bras ouverts**　数カ国が観光客に国境を開放することに決めて、大歓迎で迎えた。

2 **sur les bras**　喜太郎はまだとても小さな子どもの頃から兄弟姉妹を抱えていた。疫病で両親を喪ってしまったからだ。

3 **baisser les bras**　絶対にあきらめてはいけないよ、規則正しく勉強を続けていれば、いつか必ず試験に合格するからね！

4 **le bras long**　彼女は新しい会社を作るのにあたって祖父に後押ししてもらった。彼はこの領域では影響力があるのだ。

5 **bras de fer**　核搭載潜水艦の問題をめぐってのフランスとアメリカ合衆国の小競り合いのニュースが、新聞に毎日載っていた。

2

例　　坊やが泣きながら学校から出て来たので、マドレーヌは彼を抱きしめた。

1 ⓓ　この映画は2人の女友だちのあいだの敵対関係がテーマなのだが、結局のところエリザが友だちを許してハッピーエンドになるのだ。

2 ⓒ　車の中に荷物があるから、腕をこまねいていないで、こちらへ来て手伝ってくれないかな。

3 ⓔ　彼はソファーのアームに腰をおろしてばかりいて、壊してしまった。

4 ⓑ　鳴海聡子さんは非常に有能で、新しい社長の右腕だ。

5 ⓐ　彼女が腕を伸ばしても、一番高いところにある本に届かない。

3

1 **sans baisser les bras**　水害のあと、住民たちはあきらめずにがんばり続けている。

2 **Ils ont sur les bras** 　彼らはとても深刻な経済的問題を抱えている。

3 **lui donner le bras** 　ピエールはお祖父さんと一緒に来る。集まりのある部屋まで腕を貸して
あげられるだろう。

4 **un bras de fer** 　さまざまな派閥のあいだで内閣を組閣する際に、しばしば小競り合いになる。

---

4. cas（p.23）

❶

1 **au cas où** 　今日午後から雨が降るかもしれないから（＝雨が降る場合に備えて）、傘を持って
行きなさい。

2 **en cas de pluie** 　雨天の場合はお祭りは後日に延期される。

3 **nouveaux cas** 　疫学報告書によれば東京地方において毎月 2000 件以上の新たな症例と 10 件
ほどの死亡が確認されている。

4 **en tout cas** 　コーヒーは眠りを妨げるというけれども、とにかく私の場合は本当だ。

5 **selon les cas** 　この地方の生産者のチーズは、場合によって地元の市場で、または販売業者に
売られたりしている。

❷

例　　出席するようにしますが、差し障りができた場合にはお知らせしますね。

1 ⓕ　彼らは同じ地区で引っ越しをした。子どもたちがどうあっても学校を変えたくなかったか
らだ。

2 ⓑ　コマを動かす前に、オセロで遊ぶ人は相手がどんな動きをする可能性があるか、全てのケー
スを予測する。

3 ⓔ　自動車のハンドルは左側にあるが、英国と日本ではそうではない。

4 ⓐ　彼がアメリカ人で仕事のためニューヨークへ行くので、その場合には彼女はきっと一緒に
行くだろう。

5 ⓓ　離婚のあと、日本ではたいていの場合、子どもの世話は母親に任される。

6 ⓒ　パリへ到着したとき、私たち 5 人の旅客が同じ状況だった。私たちの荷物が紛失していた
のだ。

❸

1 **une obligation** 　予定どおりに駅の待ち合わせに行かれませんでした、不可抗力で家にいなけ
ればならなくなって。※ cas de force majeure は「不可抗力」

2 **au maximum** 　自然資源の産出国による凍結が続けば、最悪の場合にはコントロールできな
いほどの不況が引き起こされるかもしれない。※ dans le pire des cas は「最悪の場合には」

---

5. cause（p.27）

❶

1 **pour cause de** 　RER の B 線は 8 月のあいだ工事のため動いていない。

2 **plusieurs causes à** 　あなたの病気は原因がいくつもあります。血圧、体重が重すぎること、
コレステロールも高すぎますね。

3 **les causes** 　この論文では国家を戦争へと駆り立てる原因について分析する。

4 **cause de** 　土砂降りの雨が酷い洪水の原因である。

5 **remet en cause** 　女性が働くことによって、家事をどのように分担するのかが問い直される。

❷

例　次の段階へ進むには、いずれにしても、この問題を解決しなければならない。

1 ⓔ　この会社が倒産した原因がひとつだけだと考えるのは思い違いだ。理由は多種多様で、し
　　かも相互に関連していたのだ。※ de plus は「しかも、そのうえ」

2 ⓐ　祖母は事情をすべて知ったうえで、お見合い結婚を受け容れたのだ。連れ合いになる男は
　　身体が弱かった。

3 ⓒ　両親は彼に財政的な援助を与えることは、もうしたくないのだ、それもそのはず、彼がカ
　　ジノで擦ってしまうお金は馬鹿にならない。

4 ⓓ　彼はパリの生活について事情をよく知ったうえで話ができますよ、30 年前からパリに住ん
　　でいるのだから。

5 ⓑ　ジャンが病気で辞めたので、急遽後任を探している。

❸

1 **en tout état de cause**　自分で身体を治そうとするのは良いけれども、とにかく医者に診ても
　　らうことをお勧めします。

2 **a été (la) cause**　週末の雪嵐のため、あちらこちらで事故があった。

3 **remettent en cause**　定年の年齢に関する政府の提案について、組合が問い直しをしている。

4 **pour cause d'**　仕事上どうしてもはずせない用事があるため、彼は欠席です。

---

6. chose（p.31）

❶

1 **des tas de choses**　2 **peu de choses**　3 **quelque chose**　4 **pas grand-chose**
5 **une petite chose**

「この骨董屋さんの店にはほんとうにいろいろなものがどっさりあるのだけれども、おもしろい
ものはそれほどないよね」

「それでもあなたは何か買ったの？」

「そうね、たいしたものは買っていないけど…でも姪にちょっとした可愛いものを買ったわ。お
腹についている小さなボタンを押すと『ニャー』と鳴く猫を」

❷

例　私のオフィスにちょっと来てもらえますか、お願いしたいことがあるので。

1 ⓖ　冷蔵庫にたいしたものがない、旅行から昨日戻ったので。

2 ⓑ　今朝の新聞で読んだのは悲惨なことばかりだった。

3 ⓕ　海外へ旅行に行きたいのなら、何よりもまず、パスポートが必要だよ。

4 ⓒ　マリからビックリすることを聞いたのだ、別れた彼とまた付き合うようになったのだって。

5 ⓔ　ほんとうに疲れたときは、何か甘いものを食べたほうがよい。

6 ⓓ　夕飯のための（何を作ったらよいのかという）アイデアがもう浮かばない、鶏肉かそれと
　　も何か別のものが良い？

7 ⓐ　キャンプに行くとき忘れてはいけないもの、それは蚊除けだ。

❸

1 **quelque chose**　「何か買った？」「いや、全然何も（買ってないよ）！」

2 **avant toute chose**　「これはあとでやろう、急いでないから」「いえいえ、そんなことないよ、
　　何よりも先にやらなければ」

3 **grand-chose** 「うわー、とても素敵、ありがとう！」「いやいやたいしたものじゃないよ」

※ Ce n'est pas grand-chose とも言うが、会話では否定の ne が省略されることが多い。

4 **autre chose / quelque chose d'autre** 「私と同じものにする？」「いや、他のものにする」

5 **par la force des choses** すき好んで仕事を変えるのではなく、自然のなりゆきなのだ。会社が廃業しまうので。

---

7. compte（p.35）

❶

1 **mon compte** アカウントを廃止するよ、ソーシャルメディアで問題を生じるのは2回目だから、もう使うのはやめようと思う。

2 **le compte-rendu** 彼女は新聞でこの本のレポートを読んで、すぐに注文した。

3 **Le compte à rebours** ロケット発射へ向けてカウントダウンが始まった。

4 **en fin de compte** 私はフィアットにしようかシトロエンにしようかと迷っていたのだが、ポールは結局トヨタの車を選んだ。

5 **Compte tenu** 現在の状況に鑑み、オフィスは午後4時にサービス終了することといたします。

❷

例 「勘定をきちんとすれば良い友だちでいられる」という諺がある。実際のところ、お金の問題が喧嘩の原因になることがあるのだ。

1 ⓓ 娘のために銀行口座を開設しようと思うのだけれども、どこの支店が良いと思う？

2 ⓔ 手続きをしなければならないのだったら、夏のヴァカンスを考慮に入れると、かなり前から取りかからなければならないよ。

3 ⓐ このレストランでは、ウェイターの給料にチップも考慮に入れている。そんなことをする権利があるのだろうか。

4 ⓑ 敵対する暴力団の報復行為を防ぐため、県警はこの界隈の警察官の数を増やそうとしている。

5 ⓒ 人によっては、自分たちのコメントが性差別的であることに気づかないのだ。

❸

1 **me rendre compte de** この状況の重大さに気づきつつあった。

2 **tout compte fait / en fin de compte / au bout du compte** 出発前にいろいろな問題があったのだが、結局のところ何もかもうまくいった。

3 **il s'est installé / il s'est mis à son compte** ジャンは研究者としての職を辞めて、自分の会社を立ち上げたのだ。彼は非常に良い評価を得ているから、問題なく顧客がつくだろう。

4 **après avoir pris en compte sa vie de famille / après avoir tenu compte de sa vie de famille** マリーはテレビニュースのプレゼンターの仕事をしたかったのだが、家族の生活のことを考慮した末に諦めた。

5 **a rendu compte du jugement / a fait un compte-rendu du jugement** 裁判所から出てきたところで、弁護士が判決について報告した。

---

8. côté（p.39）

❶

1 **sur le côté** USB ポートはコンピュータの横についています。周辺機器のケーブルがポートに適合しない場合はアダプターを使う必要があります。

2 **du côté** アルプス山脈に行くと、素晴らしい景色が見られるし、歩くコースもたくさんありま

すよ。トレッキングが好きならシャモニーのほうへ行ってみてください。

3 **les côtés**　彼女は物事の否定的な面しか見ない傾向がある。悲観的なのだ。

4 **de côté**　この問題はひとまず置いておこう。今はその話をする良いタイミングではない。

5 **un côté**　彼は夢想家なところがあって想像力が豊かなんだ。ほんとうの芸術家肌だね！

6 **Le côté**　この城の西側はロワール川に面しています。

2

1 **de l'autre côté**　「すみません、お手洗いはどこでしょう？」「大きなホールの向こう側へ行ってください、左手のほうにございます」

2 **les côtés**　「今のところゾエはニューヨークの愉快な面ばかり見ている」「楽しんでいるのなら良かった！　少しずつ他の側面も発見していくようになるだろう」

3 **D'un côté**　「一方では彼と一緒に働くのがほんとうに嬉しいのだけれども、でも同時にちょっと怖い気もするのだ」「何が心配なのですか？」

4 **du côté**　「週末に親戚の大きな集まりがあったのだ。母は姉妹と再会してほんとうに喜んでいたよ」「ああそれは良いですね、わたしの親戚は、母方の伯母たちはもう皆亡くなっています」

3

1 **De notre côté**　君は明日の朝すぐに出発したいの？　私たちのほうは、問題ないよ。

2 **De ton côté**　アニーとニコラは今度の火曜日、暇なのだけれども、あなたはどう？　火曜日の夕方、Zoom のミーティングをするのに都合がつきますか？

3 **le côté positif**　何でも批判ばかりするのはやめなさいよ、私は状況の良い面を見るほうが良いと思う。

---

9. coup（p.43）

1

1 **coup de froid**　気温が急に下がったので風邪をひきこんでしまった。

2 **coup terrible**　コロナウイルスの蔓延は世界経済にとってひどい打撃だった。

3 **coup de main**　両親の手伝いをするように子どもたちに言っている。

4 **coup de foudre**　一郎さんは花子さんに一目惚れしてしまった。30 年経つ今も一緒に暮らしている。

5 **coup d'œil**　このアパルトマンが一目で気に入ってしまった。すぐに契約にサインしたよ。

6 **coup de soleil**　日焼け止めクリームをちゃんと 2 時間毎に塗ってくださいね。日焼けをすると危険なこともあるのです。

2

1 **à coup sûr**　2 **Sur le coup**　3 **du coup**

「このメッセージのアドレスを見てごらんよ、きっと迷惑メールだよ」

「そうかしらね？」

「絶対そうに決まってるから！　私も先週こういうのを受け取ったけど、すぐにはわからなくて、でも変だなと思ってゴミ箱に入れたんだよ。こういうことがあるとすごく危険なのかもしれないと思ったんだ」

3

1 **ce coup-ci / Ça valait le coup**　今回は彼女に逢えたのでしょう？　また来たかいがありましたよね？

2 **du coup,**　彼女は疲れているのだ。だから約束をキャンセルしたのだ。

3 **à coup sûr**　彼は信頼できるよ、君が頼んだ資料を必ず送ってくれるよ。

4 **à tous les coups**　あーあ、トマ、面白くもなんともないよ、いつも同じ話ばかりするのだから。

5 **du premier coup**　ボーリングは一度もやったことがないのに、最初からストライクを出したよ！　やったね！

6 **en coup de vent**　彼らは慌ただしく出発してしまった。ちょっとおしゃべりでもできればと思ったのだけれども、後の祭りだった。

7 **tout d'un coup / tout à coup**　パスポートをあちらこちら探しまわっていたら、急にタブレット端末の下にあるのが見えた。

8 **après coup**　はじめはあの人の決めたことにショックを受けたのだが、あとになって、おそらくあれが一番良い選択だったのだとわかった。

10. cours（p.47）

❶

1 **au cours**　去年1ヶ月間ダイエットをしたのだが、その期間中に1キロしか体重が減らなかった。あまり元気が出ないよね。

2 **en cours**　当該月の月末までに税金の申請をしなければならない。

3 **le cours**　アルデッシュ川の流れはカヌーやカイヤックで川下りをするのに、とりわけ適しているって知ってる？　いつか一緒に行こうね！

4 **les cours**　夫は株に資金を投資したので、毎日株価を見ている。

5 **dans le cours**　シリーズのストーリーを3つ見損なったので、話の筋が分からなくなってしまった。

❷

例　　イランには稼働中の原発が1ヶ所あり、ほか4ヶ所が建設中だ。

1 ⓒ　パスポートの申し込みの多くのものがまだ取り扱い中だ。手続きに遅れが出ている。

2 ⓓ　この製品はまもなくあなたに届くでしょう。ご注文は配送中です。

3 ⓔ　自動車メーカーによれば、完全に自動で動く車が実現されつつあるとのことだ。

4 ⓑ　明日の朝早く出発するが途中で止まってピクニックをしよう。

5 ⓐ　ITサービスは午後6時までメンテナンス中である。

❸

1 **une leçon**　毎週火曜日の朝、歌のクラスに参加している。

2 **Le taux**　ユーロの相場が上がり過ぎて、ヨーロッパへ行くのが高くなっている！

3 **sa pensée / sa réflexion**　ジェレミーは少し混乱していて、私は彼の考えが理解しにくい。

4 **pendant**　就職の面接の間に彼女はパニックになってしまって、泣きながら出てきた。

5 **le courant /（le fil）**　鮭が卵を産むために川の流れを遡っていく。

11. droit（p.51）

❶

1 **droit à un remboursement**　注文したものが届かないのなら払い戻しを求める権利がある。

2 **le droit de**　この手当を受け取るには、この書類に書き込まなければならない。

3 **donne droit à**　サブスクリプションすればファイルをオンラインに保存するスペースが使えます。

4 **les droits des femmes**　女性の権利に関する討論は初日の会議で行なわれる予定です。

5 **les droits d'entrée**　入場料金の支払完了後、チケットを差し上げます。

❷

例　基本的人権に含まれる権利は（時代の動きにつれて）変化するのだ、例えば住居を持つ権
　利といった新しい権利も認められるようになっている。

1　ⓐ　彼は社会から除け者にされている市民を助けるために、彼らが権利を行使できるように、
　弁護士のキャリアを選んだ。

2　ⓔ　私は死刑に反対だ。何人たりとも誰かの生殺与奪の権を握ることはできない。

3　ⓒ　自由を享受する権利はフランス人にとって最も重要なものだ、ストライキをする権利も同
　じく大切だ。

4　ⓑ　日本の企業にいまだに残っている問題は、私たちが権利として持っている育児休暇が現実
　には取り難いという点だ。

5　ⓓ　2020 年には感染症の流行のためにフランス人たちは特別の許可を得なければ家から外出す
　ることができなかった。

❸

1 **porte atteinte à mon droit à**　2 **'ai le droit d'**　3 **faire valoir mes droits**

　「デュボワさん、あなたの犬はうるさすぎます、静けさに関する［静けさを享受できるはずの］
　私の権利を侵害していますよ、眠れないのですからね」

　「あら、私の犬はとても穏やかってご存知ですか、それに、こんなに小さなワンちゃんなのです
　からね、私だってペットを持つ権利があるでしょう？」

　「それはちゃんと犬にしつけができればの話ですよ、管理組合に言って私は（静かな生活をでき
　るという）自分の権利を行使することにします。

---

12. effet（p.55）

❶

1 **l'effet domino**　公的援助によって中小企業の倒産のドミノ効果が避けられた。

2 **sous l'effet**　恐怖で彼（女）の髪は数日のあいだに白くなってしまった。

3 **aucun effet**　エネルギーを取り戻すためにこのサプリメントを買ったのだが、何の効果もな
　かった。

4 **en effet**　ポールの言ったとおり、実際にこの街はほんとうに観光地だ。

5 **de l'effet**　候補者の宣言が人々に強い印象を与えたのか、SNS 上で数多くの反応が見られた。

❷

例　あの歌手が来るとは期待していなかったので、全くびっくり仰天しましたよ！

1　ⓒ　麻酔の影響で彼女は幻覚を見たが、痛みは全く感じなかった。

2　ⓑ　二酸化炭素は地球の表面の熱を保存する働きをし、温室効果に関与する。

3　ⓔ　春の霜が夏の果物の収穫に壊滅的な影響をもたらした。

4　ⓕ　軍事介入のニュースが世界中で冷水をあびせるような効果をもたらした。

5　ⓐ　社員が間違いを犯すと解雇される結果になる。厳しい決定だ。

6　ⓓ　この本は難しいものとみなされているが、確かにそのとおりだ。

❸

1 **un effet**　マリは敏をほろりとさせたかったのだけれども、涙を見せたことが彼には逆の効果
　をもたらしてしまった。彼は立ち去った。

2 **en effet**　この発明はコンクールで 1 等賞をとった、実際それだけの価値がある。

3 **l'effet**　原因を取り除けば結果も自ずと取り除くことになるだろう。

4 **en effet**　「この車は運転しにくいね」「ほんとにそうだね、試乗したのだけれども事故を起こしそうになったよ」

5 **a fait de l'effet sur**　オリンピックのセレモニーはテレビの視聴者に強い印象を与えた。

13. face（p.59）

p.58 のコラムの解答と訳

①**la face sud**　彼女は山の南面を登ることにしている。

②**face à face avec**　彼らは敵と対峙していた。

③**faire face à**　現実を直視しなければいけませんよ。

④**en face**　私たちは彼にそのことを面と向かって言ってやった。

⑤**face au**　危険に直面して彼はひるむことなく反撃した。

1

1 **perdre la face**　面子を失うのが怖くて彼は嘘をついた。

2 **faire face à**　海外旅行のあいだに彼女は予想外の出費に直面しなければならなかった。

3 **regarder en face**　私があなたに何かを説明するあいだ私を正面から見ていてね？

4 **dire en face**　彼は上司に遠慮なく面と向かって、彼女は間違っていると言ったのだ。

2

1 **face à face**　2 **face à / en face de**　3 **face au**　4 **en face de**

〔旅行会社で〕「並びのお席になさいますか？　向かい合わせのほうがよろしいでしょうか？」

「母の向かいに座るほうが良いです、そのほうが話しやすいですからね」

「湖に面したホテルをおとりしました。駅のすぐ向かいのところにミニバスのサービスがありますよ」

3

例　　地方予選で優勝した相手選手に対して、このゴルファーは力不足だ。

1 ⓐ　この政治家は過失を犯したので、もう面子が保てない。

2 ⓓ　彼は食事の内容に気をつけなければならないし、病気に対して警戒をゆるめていない。

3 ⓒ　この商店の経営者は競争に立ち向かうため、価格を下げなければならなかった。

4 ⓑ　いいかげん、ぼんやりしていないで、真実を直視してくださいよ。

4

1 **se voiler la face**　#MeToo（という動きが出て）以来、知らん顔を決め込むことは不可能だ。

2 **Face au directeur**　ディレクターの前では、決まったことを批判することは彼にはできない。

3 **perdre la face**　侍たちは面子を失うぐらいなら、死ぬことを選ぶのだった。

4 **Le dernier face-à-face**　選挙の最終段階における候補者間の討論がほんとうに決定的だ。

5 **Face aux variants**　ウイルスの変異株に対して、科学者たちはワクチンが有効であるかどうかを心配している。

14. façon（p.63）

1

1 **de façon à**　電気の消費量を抑えるため、家のサイズに合う湯沸機を、また可能であれば太陽エネルギー対応のものを選んでください。

2 **à la (façon)**　彼女はベトナム風の料理をするのが上手だ。ベトナム語も話すのだと思う。

3 **la façon de**　講演をした女の人の話し方がとても良かったと思う。

4 **d'une façon générale**　彼らは息子のことで心配することはない、彼はだいたいの場合、出来が良いので。

5 **une façon**　みつこさんはいつも非常に特別な装い方をしていた。遠くからでも彼女だとすぐわかった。

❷

例　弁当を準備しましたよ、こうすれば昼食を早く済ませられるでしょう。

1 ⓓ　この会談の目的は、何らかの方法で戦争を終結させることだ。

2 ⓔ　フランス風の挨拶をするためにキスをするのは、彼女はあまり好きではないのだ。

3 ⓑ　非常に高名な科学者だけれども、気軽に招待を受け容れてくれた。

4 ⓐ　気をつけてくださいね、植物の根が腐らないように、水やりは軽めにしてください。

5 ⓒ　痩せたいのなら、もっとバランスの良い食事をしなければいけないよ。

❸

1 **de façon élégante**　彼女はおしゃれな店で働いているのでエレガントな装いをしなければならない。

2 **de façon différente**　この仕事で成功するのには、違ったやりかたで行動することをお勧めします。

3 **de quelle façon**　あのね、伊勢神宮へどうやって行くのか説明してもらえる？

4 **à la façon des impressionnistes**　50 年代には数多くの日本人画家たちが印象派風な絵を描くためにフランスへ行った。

5 **de cette façon**　この問題について私はインターネットを参照した。この方法で答をあっという間に見つけた。

15. fin（p.67）

❶

1 **en fin de compte / à la fin**　車が故障したのだが、結局はバッテリーに問題があっただけだった。

2 **en fin de journée**　雌鶏たちは一日の終わり頃になって卵を産む。

3 **du début jusqu'à la fin**　日本対イギリスのカーリングの試合を始めから最後まで見てしまった。すごくわくわくする面白さだった！　このスポーツを発見しました。

4 **une fin**　圧政者たちは悲劇的な最期を迎えることが多い。

5 **à la fin**　人々はもういい加減にたくさんだと感じている。デモ行進が行なわれるだろう！
　※ここでは en fin de compte は使わない。

❷

例　始めから最後まで、彼らは同僚のことを批判してばかりだった。

1 ⓕ　ハイレベルのスポーツ選手たちはキャリアを終えることがなかなかできない。

2 ⓓ　宇宙は無限だ、始まりも終わりもない。

3 ⓑ　ネットでは料理のレシピを作っているところを始めから最後まで早回しで１分間のあいだに見ることができる。

4 ⓒ　あなたから電話をもらったとき、講演会はもうすぐ終わるところだった、だから心配しなくても大丈夫。

5 ⓐ　ストライキの終わりに組合は失敗だったと認めた。

6 ⑧ 元気に働き続けて人生の最後の花道を飾りたいと思うのだ。

7 ⑥ 月末には銀行の口座を気をつけて見ておかなければならない。

❸

1 **en fin de journée / à la fin de la journée** 夕方この丘の頂から眺める、灯火のまたたく街の景色は魔法のように美しい。

2 **a pris fin** そしてセレモニーは目を見張るような美しい花火で終わりを告げた。

3 **mettre fin au conflit** 現在のところ、交渉によって紛争を中断することができるのかどうかという疑問を私たちは抱いている。

4 **en fin de compte** 彼が欠席したので私はほんとうに心配したのだが、結局待ち合わせの時間を忘れただけだったのだ。

5 **mettre fin à ses jours** この老人を自殺へと追いやったのは絶望感だ。

---

16. fois （p.71）

❶

1 **une fois que** お風呂に入ってしまってから、いつも掃除をする。

2 **des fois / des fois** 食事のときに政治の話をすることは、問題ない場合もあるが、うんざりさせられるときもある。

3 **pour la première fois** この作家の小説が気に入ったのは初めてだ。（この人の作品に）興味を持ったことは一度もなかったのだ。

4 **la dernière fois** 彼と 11 月に話した。それが最後だった。ご冥福をお祈りします。

5 **une fois de plus** 今いちどお願いしますよ、スープにセロリを入れるのはやめてくださいね、大嫌いなので。

❷

例　この地方ではたまには雪が降りますが、国の北の地方のようではありません。

1 ⑥ この会議に私が出席するのは最後です。4月からは私のかわりに木村さんが来ます。

2 ⑤ 電気料金は去年に比べて倍にも値上がりしている。

3 ⑥ いったんオフィスに着いたが最後、もう仕事のことしか頭にないのだ。

4 ⑥ 英語の記事はほんとうに理解できるまで同じものを何度も読まないといけない。

5 ⑧ フランス人たちが大統領選挙のため投票するのは、5年に一度のことだ。

6 ⑥ 最後にもう一度確認しましょう、間違いを残してしまうことがよくあるから。

❸

1 ⑧ ああ、このアプリは出来が悪すぎる、初めて使うけれど、これが最後だ！

2 ⑥ ジュンはこの映画を前回2Dで見て、すごく気に入ったので、次は3Dで見たいと思っている。

3 ⓒ 彼は朝のうちコンビニへ行き、午後も行き、そして夕方も最後に一度だけ行くのだ。家のすぐそばだからということはあるけれども、それにしてもね！

4 ⑥ 子どもたちが家へ来るといつもチェスをして遊ぶのだけれども、この前のときはちょっと気分を変えてトランプをした。

---

17. instant （p.75）

❶

1 **à tout instant** いまの世の中では私たちの職業的なキャリアは安定しているとはとても言え

ない。状況はいつでも急変する可能性がある。

2 **pour l'instant** 彼に何を言っても無駄だよ、今のところは個人的な問題を解決するので頭がいっぱいだから。

3 **à l'instant** ポーラ？ 今帰ったところだよ。廊下を通るのを見なかった？

4 **dans un instant** 申し訳ありませんが、すぐ対応いたしますので（お待ちください）。

❷

1 **pour l'instant** 皆がそう言っているけれども、今のところ何の確証もないのだから、おそらくフェイクニュースだろう。

2 **à partir de cet instant** 彼女は玄関の前に捨てられていた小さな犬を拾った。そしてそのときから、犬は彼女を片時も離れないようになったのだ。

3 **un instant** これは重要な資料ですよ、ちょっと見てください。間違いはありませんか？

4 **en un instant** このテストでは迅速に反応しなければならない、瞬時に答を出して次の質問へ移らなければならないのだ。

5 **d'un instant à l'autre** 緊急往診サービスへ電話をかけたので、もうすぐ来てくれるよ。

❸

例　私は一瞬パニックだった、スマホが見つからなかったのだ。

1 ⓐ 大統領はまもなく国民へ向けて演説をします。スピーチを中継でお伝えします。

2 ⓓ 彼女はお宅のお子さんたちのベビーシッターとしていつでも来られますよ、自由な時間がたくさんありますので。

3 ⓔ 今のところそのことについて何もわからない、続報を待っているところだ。

4 ⓑ 戸口に鍵をかけようとしていたら、ちょうどその時、タクシーが到着した。

5 ⓒ 今朝から一瞬も休めなかったのだ、忙しすぎて！

6 ⓕ 彼は解決方法をあっという間に見つけた。皆がびっくりしていた。

18. intention （p.79）

❶

1 **c'est bien mon intention** まず計画をはっきり決めてから、能力ある人たちのワーキンググループを作ろう、私はそうしようと思っている。そうすれば時間をあまり無駄にせずに仕事が進められるだろう。

2 **dans l'intention de** 節約して貯めたお金を増やすために株に投資した。それが間違いでなければ良いのだが。

3 **avait l'intention de** レアはタイに1ヶ月間滞在するつもりでいたのだが、気候も食事も我慢できなかったので計画を変更しなければならなかった。

4 **à l'intention de** あの立派な銅像は寄付をした主要な人物である広瀬氏のために建てられたものだ。この施設に到着するとすぐに目に入る。

5 **aucune mauvaise intention** 彼は悪意は全くないし、ほんとうは良い人だと確信しているのだが、時々言いかたが悪くて人々を居心地悪くしてしまうのだ。

6 **à l'intention des** 大学が新入生のためにちょっとした旅行を実施する。

7 **une bonne intention** 善意にもかかわらず犯してしまった間違いを許すとき、「気持ちが大切だ」と言うのだ。

❷

1 **aucune arrière-pensée** 冗談だよ、君を傷つけようなどという下心（つもり）は全くなかっ

たのだ。

2 **Mon plan**　私の計画としてはこの本を全部、どこかの団体にでも寄付しようということだったのだが、どうしても（もったいなくて）手離せないのだ、助けてくれないか。

3 **ses objectifs**　彼は私たちと考えが一致しているからグループに入りたいと言っているが、どういうつもりなのか（どういう目的なのか）少し用心してしまうのだ。

4 **votre volonté**　3ヶ月前にはこの家を売りに出したいということでしたが、今もその意思は変わっていませんか（今もそのつもりですか）？

5 **leur décision**　彼らは地方選挙に立候補するつもり（決意）だと発表した。

6 **l'idée**　クロエは家の番犬が欲しいと考えて犬の飼育所に行った。

---

19. lieu（p.83）

p.82 のコラムの解答と訳

①**ma place**　列車の中で自分の席が見つからない。※ p.121 参照。

②**un lieu / un endroit**　この街は歴史的な建造物で世界的に有名だ。とても人気のある観光地だ。※ un endroit も可能ですが、形容詞との組み合わせで un lieu touristique「観光地」と覚えておくと便利です。

③**un endroit / un lieu**　横浜の中華街はわたしにとって忘れることのできない場所です。子どもの頃、日曜になるといつも夕飯を食べに行ったのです。

④**la place**　村の広場で市がたちます。※「広場」という意味で使うのは place です。p.121 参照。

⑤**sa place**　パスポートはいつもこの引き出しにしまうのだが、その（いつもある）場所に見当たらない。※ p.120 参照。

1

1 **au lieu**　自家用車を使うかわりに、地下鉄に乗ってください。

2 **s'il y a lieu**　必要であれば医師のチームを呼んでください。彼らは現場にいて、すぐに介入できますので。

3 **les lieux**　新しい借り手が物件を訪問した。

4 **a donné lieu**　病院長の発表があったために看護スタッフの仕事に混乱が起きてしまい、特に医師たちからは怒りの声が上がった。

5 **votre lieu**　あなたはあの時、自分の仕事場にいませんでしたね。

6 **le lieu**　待ち合わせの日時と場所はまだ決まっていません。

2

例　　専門家によれば、殺人犯は常に犯罪現場に戻ってくるという。

1 ⓔ　展覧会は直前にキャンセルされた。実は6月に行なわれるはずだったのだ。

2 ⓑ　喧嘩するのはやめてください、この問題について興奮する必要はありませんよ。

3 ⓐ　時間を無駄にしないよう私が提案をして、それから最後に投票をして決めましょう。賛成していただけますか？

4 ⓓ　中島さんが欠席なので、本日はアシスタントの林さんが議長のかわりをします。

5 ⓒ　フライトを予約するかわりに車で行ってはどうでしょうね？

3

1 **Ce certificat vous tiendra lieu de preuve**　この証明書をもって、あなたがここで全ての講義に出席した証拠となります。

2 **Il n'y a pas lieu de t'inquiéter.**　心配するにはおよばないよ、彼女はちょっと風邪をひいて

いるだけだから。

3 **Les élections auront lieu**　選挙は来年実施されます。だから新聞でよく話題になっているのです。

4 **au lieu de faire une grande cérémonie**　大袈裟なセレモニーをするよりも、ささやかなパーティーに数人の友だちを招待して写真を撮ってもらうことにしたのだ。

5 **Ils ont sécurisé le capital en premier lieu**　彼らは資本金をまず確保しておいて、それから会社を設立した。

20. main（p.87）

❶

1 **sous la main**　彼（女）の携帯番号が手元にないのです。アニーに聞いてみましょうか？

2 **de main**　このビルは最近持ち主が変わった。新しいオーナーは家賃の値上げを決めた。

3 **faite à la main**　娘の結婚式用の白いベールを見てください！　きれいでしょう？　アイルランド人の友人が手作りにしてくれた伝統的なレースなのです。

4 **de seconde main**　この店に行くと古着がたくさん見つかるのです。中にはブランド物のとても素敵なのがあって、安いのです！

❷

例　　マイクがひとつしかないので、手から手へとまわします。

1 ⓓ　彼らの家のすぐ近くでこの草を見つけたのだが、有毒なものとは知らずに素手で取ってしまった。

2 ⓑ　薬を子どもの手の届くところに放置してはいけません。

3 ⓒ　きれいですね！　ひとつしかない、非常に貴重な作品ですね。それに手作りなのです。今となっては見つかりませんよ。

4 ⓐ　彼は偶然手に入る、多くは自然の中で見つけたもので、とても独創的なインスタレーションを創る、

❸

1 **a levé la main**　彼女は会議のあいだに手を挙げたが誰も気づかなかった。

2 **se lave les mains**　病気にならないために皆が外から帰ったら手を洗うのだ。

3 **prendre en main**　この国際的な資金供与によって、何ヵ国かの国々が自ら経済の立て直しに取り組めるよう援助をしている。

4 **donnes/donneras un coup de main**　郵便局へこの小包を持っていくのに、君の助けが必要だ。手伝ってもらえる？

5 **faire à la main**　私の思ったように壁にペンキを塗るための機械がひとつも見つからなかった。仕方がない、手でするよ。

21. mal（p.91）

❶

1 **un mal**　副作用を伴うワクチンは、病気になるのを避けたければ受け入れなければならない必要悪と見なされている。

2 **le mal**　新聞によっては、どこにもかしこにも悪を見出し、批判をたくさん載せている。

3 **sans mal**　この棋士はほんとうに強い。トーナメントに難なく優勝した。

4 **du mal**　ビールを飲んでいるときでも同僚たちの悪口を言うのはやめたほうが良いですよ。

5 **mal à**　階段で転んだのは、もう 3 ヶ月も前だが、彼女は今でもまだ脚が痛い。

2

例　　もう少し大きな声で話しなさい、彼女は数ヶ月前から耳が聴こえにくくなっているのだから。

1 ⓒ　痛いときは温タオルをお腹の上に載せて横になっていれば、よくなるのだ。

2 ⓕ　政府はこの地方の農民を満足させようと骨を折っている。

3 ⓐ　息子は 15 歳のときまで乗り物酔いで苦しんでいたのだが、今では F1 の選手だ！

4 ⓑ　車を修理するのに苦労したけれども、彼は立派にやりとげたことを誇らしく思っている。

5 ⓓ　けがをするよ、そんなもので遊ぶのはやめなさい！

6 ⓔ　医師が単なる季節的な病状だと断言したので、彼女はほっとした。

3

1 **du mal**　彼女をあれほどひ弱にしてしまう病気の原因を、どの医師もまだ見つけられずにいる。

2 **a fait du mal**　今年の夏の日照りが葡萄栽培農家の葡萄に害を及ぼした。

3 **le mal est fait**　子どもたちは庭で猫を見つけて、猫の毛にアレルギーなのになでてしまった。しかたがない、すんでしまったことはどうしようもない、幸い家に薬がある。

4 **vous avez du mal à**　フランス語の R と L の発音をするのに苦労していても、良いイントネーションができるようにしてみてください、そうすればわかりやすくなりますから。

5 **s'est donné un mal fou / s'est donné beaucoup de mal**　ゾエはこの本の翻訳を必死で頑張った。※「頑張って〜する、骨折って〜をする」と表現するとき、se donner du mal pour + 不定詞（p.90）、se donner de la peine pour + 不定詞（p.112）をよく使います。mal や peine に「たくさんの」という副詞を加えれば、より強い表現となります。se donner beaucoup de mal/peine、énormément de mal/peine、または p.90 で見た se donner un mal fou といった言い方です。問題文の faire de gros efforts pour + 不定詞（非常に頑張って〜する）もあわせて覚えておきましょう。

22. manière （p.95）

1

1 **de quelle manière/ la manière dont**　あなたたちがタイ旅行をどうやって計画したのか、説明してよ。

2 **sa manière d'**　彼（女）の状況の分析のしかたはとても興味深いということだった。

3 **de manière à**　よく眠るためには、就寝する直前にスクリーンを見るのは避けたほうが良いですよ。

4 **la manière dont**　教授がプレゼンテーションを行なった方法は非常に明快だったと参加者たちは述べた。

5 **les bonnes manières**　皆、良いマナーを尊重して、礼儀正しく行動している。

2

例　　コンピューターの前に座っていても何にもならない、とにかく君は疲れすぎているのだから。

1 ⓓ　貧困はますます目に見えるようになっている、それでも経済的な状況はある意味では安定しているのだが。

2 ⓒ　自分の国を離れて外国へ留学するのは、自分自身の文化を見直す良い方法だ。

3 ⓐ　別々に仕事をするほうが良いと思う？　確かに君のやりかたは私のやりかたと違っているものね。

4 ⓑ　マルクはこのところすごく奇妙だ、彼の振る舞いがあんなふうなので、飲みに行こうと誘

う人が誰もいない。

5 ⓔ 13 時発の飛行機に乗るには、真由は朝 8 時頃に出発しなければならない。

3

1 **de telle manière que** 彼は年老いた母親が家にいられるように段取りをした。

2 **de manière à** 学生たちは多くの者がお金を少し稼ぐためにアルバイトをしている。

3 **de/d'une manière insistante** 人からじろじろ見られるとマスクをしていないことに気づくのだった。

4 **à sa manière** 彼は妻にむかって乱暴な話し方をするけれども、彼なりに愛しているのだ。

5 **d'une manière ou d'une autre** 冒険映画を見るとき、主人公はいずれにしても難関を乗り越えるだろうということが私たちにはわかっている。

23. mesure（p.99）

1

1 **avec mesure** アルコールを飲んでも良いが、ほどほどにしなさいよ。

2 **des mesures** 現在の政府は最近の経済危機に際して具体的な措置を提案できなかった。支持率は低下している。

3 **la mesure** 16 世紀になって地球のサイズがわかった。

4 **dans la mesure où** あなたが責任を引き受けるのだから、私はあなたの決断に反対する理由はありません。

5 **au fur et à mesure** 近隣の女の人たちと友だちになるにつれて、彼女はここの暮らしに慣れるだろう。

2

例 あの仕立屋が首相のスーツをオーダーで作っているのだ。

1 ⓔ 銀行は常に顧客に現金が供給できなければならない。

2 ⓐ あの統計は選挙前に（発表され）公になるという点において重要なものだ。

3 ⓓ 空港における保安措置はテロリズムのため強化された。

4 ⓑ 情報が入って来ましたら、そのたびにご連絡するようにいたしましょう。

5 ⓒ 海の上の距離は海里で測る。

3

1 **faite [réalisée] sur mesure** この花嫁衣装はオーダーメードで作られたものだ。

2 **Il n'est pas en mesure de** 彼はその日は空港へあなたを迎えに行くことができません。

3 **au fur et à mesure** 皿洗いはどんどんやってしまいなさい。最後まで全部放っておかないで。

4 **outre mesure** スポーツを過度にやると健康を害することがある。

5 **dans la mesure du possible** 私のできる限り、手伝ってあげるよ。

6 **A mesure [Au fur et à mesure] que la population vieillit** 人口の老化が進んでおり、社会保障の赤字がますます増大している。

7 **Je ne suis pas en mesure de** 君の自転車を修理できないよ、ごめん。

24. moment（p.103）

1

1 **au moment où** この重要な情報は記者会見の終わる頃になって言及された。残念なことだ。

2 **un moment** ちょっとお時間をいただけますか？ あなたのインスタレーションについて記事

を書きたいを思いまして。

3 **un grand moment**　結婚は人生の重要なターニングポイントだ。

4 **du moment qu'**　娘は外国へ行って暮らしていますが、幸せでいてくれるのならば、わたしたちは彼女のために嬉しく思っています。

5 **au moment de**　初めに出会ったとき、彼（女）の青い目が印象的でした。※ ses yeux というとき、男の人の目なのか、女の人なのか、より広い文脈がなければ判断できない。また話し手の性別もここではわからない。impressionner の過去分詞は直接目的語である人称代名詞 me（話し手の言う「私」）に一致するので、男なら impressionné、女であれば impressionnée になる。発音は変わらない。

6 **sur le moment**　くるぶしを捻挫したがその時は痛みを感じなかった、あとになって腫れてきたのだ。

7 **au bon moment**　ジェームス・ボンドがちょうど良いときにやって来て、美しい主人公を殺そうとしていた暴漢を倒した。

2

1 **au mauvais moment**　2 **par moments**　3 **au moment crucial**　4 **en ce moment**
　あーあ、ほんとうにタイミングが悪いなあ。うちのテレビは古すぎて、映像が時々乱れるのだけれども、おまけに映画がちょうど佳境に差しかかったときに、そういうふうになってしまうのだ。ほんとうは買い換えるべきなのだろうが、今は失業しているので、もう少し様子見だな。

3

例　大統領選挙は来年行なわれるので、新聞では今、その話でもちきりだ。

1 ⓑ　ポールはそのことで有名だよ、いつも原稿を土壇場になって出すのだからね。

2 ⓓ　ユーゴは世界一周の旅をして、魔法のような素敵な時間を、全部ブログに書き留めたのです。ほんとうに興味深いブログですよ。

3 ⓐ　ドレスの丈を短くするなんて、けしからぬことと見なされていたのだ。その頃はまだ女性はくるぶしを隠さなければならないことになっていた。

4 ⓒ　彼を待たないでください、かなり時間がかかるでしょうから。

---

25. occasion（p.107）

1

1 **grande occasion**　最も最近参加した晴れの日は、オスロでノーベル医学賞の授与式に出席したときのことだ。

2 **de l'occasion**　リユース商品のマーケットを拠り所とするサイトがたくさんある。私もそういうところを利用して、かなりのものを売っている。

3 **à cette occasion**　彼らの娘は大企業に就職したので、その機会に両親にハワイ旅行をプレゼントした。

4 **l'occasion**　この技術的進展によって、メーカーは環境により良いソリューションを提案できるようになった。

2

例　友人がアフリカで 2 年間働いていたので、良い機会だからマラウイを発見したいと思って出かけた。

1 ⓒ　私たちは、新しい大使が到着した機会に大阪で開催されたレセプションで出会ったのだ。

2 ⓑ　植木屋さんが隣家で働いていて、うちの灌木の剪定についてアドバイスを求めるとても良

いチャンスだった。

3 ⓐ 古い服、特に晴れの日に着る服は、なかなか捨てられない。

4 ⓓ 1989 年、フランス革命の 200 年記念のとき、大学で盛大なお祭りをした。

③

1 **les occasions** あの学校は、外国へ研修に行く機会があることを大いに宣伝して、人集めをしている。

2 **à l'occasion** バス旅行はあまり好きではないのだけれども、君が喜ぶのなら、たまには行っても良いよ。

3 **cette grande occasion** このハイヒールの靴は足が痛くなるだろうけれども、仕方がないよね、そういう特別の催しには、エレガントにしたいものね。

4 **une bonne occasion** 彼はこの道具がほんとうに必要だというわけではないのだが、何か良いものがあれば買うのだ、そしてとても嬉しそうにしている。

26. part（p.111）

①

1 **quelque part** 町の中心部のどこかに車を駐車できるかな？

2 **sa part** 各自がそれぞれに努力しなければならない。

3 **prendre part** 明日の夕方の会合に参加するのに賛成の人は？

4 **de la part** この贈り物は母からです。母も伺いたかったのですが（来られなかったのです）。

5 **nulle part** 私のスマホはどこだろう？ どこにも見つからない！

6 **mis à part** 健康上の 2、3 の些細な問題を除けば、彼は何の心配事もない。

②

例 このシニア向け住宅では住民たちが芸術的な活動に参加している。

1 ⓔ 彼女が仕事を変わることを聞いて私はびっくりした、そういうつもりでいることを知らされていなかったので。

2 ⓕ 純子のためひとつ取っておくのだから、ケーキを 6 つに切りましょう。

3 ⓑ 時差ぼけのせいで、夜のあいだほとんど本を読んでいた。

4 ⓓ なんとお礼を申し上げたら良いのかわかりません。ほんとうにご親切にありがとうございます。

5 ⓐ どの果物もみんな好きですよ、ドリアン以外は。

6 ⓒ 皆が意見を述べましたね、私としては何も付け加えることはありません。

③

1 **à part** この資料は別にファイルしておかなければならない。そうしないと失くしてしまうだろう。

2 **pour ma part** 君が賛成なら行きましょう、でもここに居て本を読むのでも、私としては構わない。

3 **quelque part** じゃあ梅田で待ち合わせして、どこかで食事しよう。

4 **à part** 日曜の朝を除いては、いつでも都合がつきます。

5 **d'une part, ... d'autre part,** 一方では一緒に住んでいたかったのだが、他方では生活のペースが合わず同居が難しかった。

27. peine（p.115）

1

1 **avec peine**　この小さな道をやっとのことで見つけた。界隈をぐるぐる回ってしまったよ。

2 **la peine de mort**　フランスは死刑が世界中で廃止されるよう運動を続けている。

3 **à peine**　うちの新しい車は前のと比べてそれほど大きいわけではないが、内部の乗り心地は格段に良い。

4 **la peine**　食事のことを心配する必要はないよ。現地で弁当を買おう。

5 **sans peine**　2、3週間で苦労もせずに外国語が学べるという広告を数多く目にするけれども、私はそんなものは信用しない！

2

例　　この情報を口頭で伝えようと思っていますので、あなたが一生懸命にレジュメを書くにはおよびませんよ。

1 ⓒ　彼女は子どもが好きなのに自分では子どもがもてないので、彼女自身も夫もそのことでとても辛い思いをしているのだ。

2 ⓔ　私はとても腰が痛くて、買い物かごを持つのが辛い。

3 ⓑ　あの先生は文学のテキストをほんとうに上手に解説してくれるので、たやすく理解できる。

4 ⓓ　はじめは受け取ったメッセージを全部読んでいたけれども、今はニュースを見聞きする必要があるのだろうかと考えてしまうのだ。

5 ⓐ　友だちの家にワインを持って行こうと思っていたが、ブリジットがそれにはおよばないと言った。

3

1 **Il sait à peine nager**　彼はほとんど泳げないが、よくプールへ行く。

2 **A peine rentré au Japon,**　日本に戻ったらすぐに、いつもの生活のペースを取り戻すでしょう。

3 **sous peine de**　この書類に署名のうえ返送しなければならない、そうしないと口座が抹消される。

4 **A peine arrivé à la gare,**　駅に着くやいなや、ストライキをやっていることを聞いた。

5 **ai de la peine à**　私はよく聴こえないので、会話についていくことが難しい。

6 **se donne beaucoup de peine**　彼女は旅行が大好きで、一生懸命に他にはないような観光コースを考えている。

28. pied（p.119）

1

1 **au pied de**　2 **les pieds dans**　3 **casse-pieds**

アリスは木の根元で眠り込んでしまいました。ウサギが彼女を庭園に連れて行ってくれました。お茶のポットがテーブルの上で踊っていました。庭に足を踏み入れたら、アリスは出口がわからなくなってしまいました。「あの女の子には全くうんざりよ！捕まえて！」と女王様は叫びました。

2

1 **un pied-à-terre, à pied**　仕事場の近くに仮住居があると、とても便利だ。歩いて通勤できる。

2 **au pied du mur**　今度の政府によって女性たちは壁際に追い詰められている。家にいるか、あるいはベールを被って外出するしかないのだ。

3 **trois pieds**　この夏はトマトがたくさん収穫できた。苗を3つしか植えていなかったのだが。

4 **les pieds en dehors de** もう2年以上も国の外へ出ていない。以前よくやっていたように、ヨーロッパへ旅行に行けたら良いのだが。

5 **casse-pieds** ジャン・ジャックは何に対しても、常に反対する。すごくネガティブなのだ。はっきり言って、彼にはうんざりだ。

❸

例　今年は苗をいくつ植えたのですか？　去年と同じ数ですか？

1 ⓓ　駐車場に車を停めて、100メートルのところにある郵便局まで徒歩で来てね。

2 ⓔ　この小説の主人公は、復讐をするため天才的な戦略を考え出した。

3 ⓑ　脚が高過ぎる、残念だな、このソファーがとても気に入っていたのだけれども。

4 ⓐ　マラソンを裸足で走ることは今は想像し難い。

5 ⓒ　彼のことを皆が破産したと思っていたのだが、彼はなんとか難しい局面を乗り越えた。

29. place（p.123）

❶

1 **à sa place**　マチルドが忙しいので、私がかわりに子どもさんのベビーシッターをしに来ました。

2 **de la place**　彼が私たちといっしょに住むことになったから、この部屋に彼のための場所をつくろう。

3 **sur place**　食べるものを持って行く必要はないよ、何でも現地で見つかるから。

4 **leurs endroits**　彼らは日本のお気に入りの場所について私に話してくれた。

5 **A ta place**　1週間前から歯が痛いの？　私だったらすぐに歯医者さんに行くけどなあ。

6 **à ma place**　私の身にもなってみてよ、この状況はほんとうに複雑なのだから。

❷

例　パズルをひっくり返してしまった、ピースを全部、元のところへ並べ替えなければ。

1 ⓑ　うちの会社でリストラがあって、私は職を失ってしまった、失業中ですよ。

2 ⓓ　このコンサートには年の若いティーンエイジャーばかりで、私は場違いに感じました。

3 ⓖ　幕間が終わったから席へ戻りましょう。

4 ⓐ　もう少し詰めてもらえませんか、他の人たちにもちょっと場所を譲ってください。

5 ⓒ　パリのヴォージュ広場にヴィクトール・ユーゴーの家がある。

6 ⓕ　このアパルトマンは気持ちが良いのだが、子どもがふたりになった今ではスペースが足りない。

7 ⓔ　彼女は肉を食べないから、代わりに豆腐を準備しましょう。

❸

1 **en place, se mettent en place**　舞台装置は設置されていますか？　役者たちは舞台の上の位置につきますね…大変結構です、それでは始めましょう！

2 **de la place / une place**　ガレージの中にこんな大きなトラクターを置く場所があるの？
※ avoir de l'espace / de la place は「スペースがある」という意味で「空間」を分量としてとらえる使い方です（p.120参照）。しかし「1台分の駐車場所」としてとらえるのなら、une place /un espace qui correspond à la taille du tracteur（トラクターのサイズに合う1台分の駐車場所）という意味で avoir une place/un espace と言うことも可能です（p.121参照）。

3 **prend trop de place**　テーブルがこの部屋のスペースを大きく取り過ぎだね。他のところへ移さなければ。

4 **à la place de la bière**　ビールよりもむしろワインを（ビールのかわりにワインを）注文するよ。

5 **la place**　この人物が来月会長のポストに就く。

6 **à la place de**　オンライン会議のかわりに、リアルに再会できれば良いだろうね！

---

30. point （p.127）

❶

1 **le point d'information**　案内所の前で待ち合わせようね、いいかな？　ショッピングセンターの真ん中にあるから、すぐ見つかるよ。

2 **à ce point**　こんなに不信感が募ってしまっては、もう一緒に働くことができない。

3 **2 points de plus**　アリーヌは試験に合格するためにあと２点必要だった。

4 **un point faible**　君の文章はよく書けているけれども、ひとつだけ直さなければならない弱点がある。綴字（スペリング）だ！

5 **sur le point de**　彼女は今にも街を出ていきそうだったが、結局残ることにした。

❷

例　　ｉとｊの文字に小さな点をつけるのを忘れないこと！

1 ⓒ　何冊か小説を読んだことで、彼（女）はニューヨークを訪問するための手がかりを得ることができた。

2 ⓔ　文化的な違いがあっても、数多くの共通点のあることで互いに理解できる。

3 ⓕ　今にも道路を横切ろうとしていたのだが、１台の車が全速力でやって来たのだ。怖かった。

4 ⓓ　バケツやブリキ缶に水を満たすために水場まで行くのは、この村の子どもたちであることが多い。

5 ⓑ　法律的には正しいのだから、何も打つ手がないのだ。

6 ⓐ　ディレクターは完璧主義者だ。プログラムの最終的な見直しをするように私たちに要求している。

❸

1 **à ce point**　「発作的に怒りにかられて、彼は司会者を平手打ちしてしまったのだ」「それほどまでに激怒していたのかな？」

2 **sur ce point**　私はあなたと必ずしも意見を同じくしないが、この点についてはあなたが正しい。

3 **On était sur le point de partir**　あなたから電話がかかってきたとき、今にも出発しようとしていた。

4 **du point de vue social**　この改革は社会的な観点からは無価値だ、不平等過ぎるから。

5 **un point de vue magnifique**　この道を行くと、湖の見晴しの素敵な所に出ますよ。

---

31. question （p.131）

❶

1 **éviter les questions politiques**　友だちどうしの集まりだから、政治的な話題は避けることにしようね、OK？

2 **il est question de**　良いニュースが届いたところだ、市営プールを無料にするということだ。住民たちはとても喜ぶだろう。

3 **beaucoup de questions**　フランス人の友だちが話をしているあいだにたくさん質問をするのは、やりとりを発展させたいとほんとうに願っているからなのです。あなたたちに反対意見を述べるためではありません。

4 **en question**　議論の的となっている件に関しては、もう一度日時を決めて結論を出すことに

しましょう。

5 **la question est de savoir si** 皆が再会することに賛成で、ほんとうに嬉しく思うのだが、皆の都合が良い日時をみつけられるかどうかが問題だ。

6 **question argent** ほんとうにあの人に全部管理を任せてしまうのかい？ お金に関して彼は信頼できないとわかっているだろう？

2

例　子どもたちにこんなにたくさん夏休みの宿題を与えなければならないのだろうか？ それが毎年7月に私たちが自問する（考える）ことなのだ。

1 ⓕ　あなたは明日午後2時に約束がありますが、会うことになっている人物は病気で来られないでしょう。

2 ⓔ　彼らはアジアの国に働きに行ったのだが、翻訳の問題は AI によって解決された。

3 ⓒ　教員のことを問題にする親がますます増えている。

4 ⓖ　皆で同時にしゃべらないでくださいよ、何もわからないから。正確には何が問題なのですか？

5 ⓓ　世界中でエネルギーの問題が議論の的となっている。

6 ⓑ　日本は台風や地震を経験して、安全が最優先の課題になっている。

7 ⓐ　家族における役割分担が問い直されないのであれば、婚姻数は減少の一途をたどるだろう。

32. raison （p.135）

1

1 **pour des raisons** 市役所は財政的な理由で博物館のリニューアルを断念した。

2 **tort de** 林さんを批判した私が間違っていた。謝らなければならない。

3 **pour une raison ou pour une autre** もしも何らかの理由で別の国へ行かなければならないとしたら、コスタリカで暮らすのだけれどなあ。

4 **raison de** あなたたちが暖かい服と食べるものをトレッキングに持って行ったのは正しかった。今日の午後は寒くなりましたからね。

5 **Pour la raison que** ご説明したような理由で、私はあの国へ旅行へ行くのはお断りします。

6 **à raison de** このサプリメントを1日に2回か3回の割合で飲んでください、そうすればお肌が若々しくなりますよ。

7 **raison** 彼らはあのグループに参加しないことに決めたのだが、彼らは全く正しい。怪しい活動をやっているグループだから。

2

例　彼女の婚約者は、どういうわけか土壇場になって彼女と別れてしまった。しかし彼女はそのことで彼を恨んではいない。

1 ⓑ　彼女が予定よりも早く引退することに決めたのには、いくつかの理由があるのだが、お母さんの介護のためなのかもしれない。

2 ⓓ　ほんとうに無理であれば、家の事情か健康上の理由で辞めていただいても構いません。

3 ⓐ　彼女は老化していなくて、まだ頭がしっかりしているのかと思っていたのだが…。

4 ⓒ　銀行の人から株を売るようにとアドバイスされて、彼（女）は断ったのだが、株が値上がりしているから今のところは彼（女）が正しかったということになる。

3

1 **Pour quelle raison**　　2 **raison**　　3 **en raison des**　　4 **pour une raison ou pour**

une autre　　5 tu as parfaitement raison

「フランス語を勉強することに決めたよ」

「どうして？　旅行に行くの？」

「うん、旅行のためというのもあるけれども、それだけが理由ではなくて、映画や小説が好きだからということだな」

「どういう理由であっても、良いことだよね、がんばってね！」

※ここでは置き換え練習として 2 を raison、3 を en raison de としていますが、3 の部分は pour les films et les romans que j'aime. と言うこともできます。à cause de + les (films) と en raison de + les (films) の場合、de + les が des の形になっていることにも着目してください。同じ文の中で同じことばを繰り返すのは現実のコミュニケーションでは冗長な感じを与えるので避けるほうが良いのです。そのためにも、意味の同じ（近い）表現をいくつも知って入れ替えるよう心がけましょう。

---

33. rapport（p.139）

❶

1 **par rapport à**　北極星は地軸に対して方向を変えることはなく、したがって常に北の方角を示している。

2 **le rapport**　事故の原因をつきとめるため、私たちはまだ警察の報告を待っている。

3 **aucun rapport**　責任者の男性は犯罪者グループとは何の関わりもないと断言した。

4 **des rapports**　チームのメンバーのあいだにバランスの取れた関係を維持することは、いつもかなり難しい。

❷

例　あの 2 人は親戚関係にある。あきは彼のガールフレンドではなくて遠い従姉妹だ。

1 ⓓ　月と潮の満引きの因果関係を説明してもらえますか？

2 ⓐ　専門家の委員会による 300 ページにおよぶ報告は、講じるべき措置の緊急性を強調している。

3 ⓑ　障害によっては耐え難い依存関係の原因となることがある。

4 ⓒ　「お買い得」という札をつけてスーパーマーケットでバーゲンをやっている。

5 ⓔ　ソーシャルネットワークで目にする間違いに比べたら、娘の綴り方はまだ許せる範囲内だ。

❸

1 **compte-rendu**　学位を取るためにマリーは企業での実習をした。彼女のレポートはとても良い点数をもらった。

2 **en comparaison avec**　私たちのコミュニケーションの方法は、祖父母の時代に比べたら衝撃的と言ってよいほど瞬く間に変化した。

3 **les relations**　義母との関係は難しいだろうと言われていましたが、実際にはそんなことはなくて、彼女は感じの良い人で、とても気が合います。

---

34. sens（p.143）

❶

1 **son sens de l'humour**　彼は問題に直面しているときでさえ、いつでもユーモアのセンスを持ち続けている。それが彼の強みだ。

2 **un sixième sens**　漫画の登場人物は第六感があって、普通にはないような体験ができるのだ。

3 **le sens**　いえ、私の質問の意味をわかっていただけなかったようですね、もう一度説明します

よ。

4 **double sens**　二重の意味のことばが原因で誤解が生じた。

5 **bon sens**　彼女に最小限の良識があったならば、こんな問題に遭うことは決してなかっただろう。これほど馬鹿げた提案は即、断らなければならなかったのだ。

2

例　作文は若い人たちにとっては批判精神を養うのにとても良い練習だ。

1 ⓓ　セレモニーを準備するにあたって、うちの同僚に相談しよう。彼女は企画力が優れているから。

2 ⓑ　臭覚をなくさせる病気は、どちらかといえば稀だ。

3 ⓔ　私が思うのにはアジアの料理のほうが（西洋料理よりも）野菜を多く食べると思う。だからある意味でダイエットに良いのだ。

4 ⓐ　戦争はどのようなものであっても私たちの日常の世界を滅茶苦茶にしてしまうのだ。

5 ⓒ　全然知らない街でも、彼女は絶対迷子にならない。とても方向感覚が良いおかげで。

3

1 **en sens inverse**　ぼんやりして地下鉄に乗ったら反対方向に行ってしまった。

2 **dans un sens**　あなたの言うことはある意味では正しいけれども、そういう言い方をしたことで彼女を傷つけたのだ。

3 **dans tous les sens**　あの子犬は飼い主に会えたのが嬉しくて、あちこち飛び回っている。

4 **ça va dans le même sens**　インターネットで手続きをしても電話でも、どちらでも結果は同じだ。

5 **un sens**　離婚はとても辛かったけれども、その後、彼は人生に意義を見出すことができた。

35. sorte（p.147）

1

1 **toutes sortes**　ありとあらゆる種類のチーズを買ったよ、君はどれが好きなのか、わからないから。

2 **de telle sorte**　会議の前にレアと少し話ができるように、30 分早く行こう。

3 **de la sorte**　彼は突然席を立ってしまった。どうしてあんな行動をとったのか、私には理解できない。

4 **en quelque sorte**　こういう略語が全て、いうなれば新しいことばになるのだ。

5 **une sorte**　ヴァレンタインデーに男の子にチョコレートをあげると、告白みたいなことになるわけね？

2

例　あの子どもたちが夕方の時間をずっと塾で過ごした後、こんなに遅くに家に帰るのを見ると、そんなふうに勉強させることがほんとうに必要なのだろうかと考えてしまうのだ。

1 ⓔ　私は彼に本を何冊も貸したけれども、返してもらえないだろうとわかっている。いわばプレゼントしたようなものだ。

2 ⓐ　彼女が冷蔵庫にありとあらゆる種類の野菜や肉を入れておいたので、留守のあいだ家族はちゃんと食事ができたのだ。

3 ⓒ　私たちの消費を調整することが急務になっている。地球が生き延びることができるようにしなければならない。

4 ⓑ　凍った道路を安全に走れるように、タイヤを取り替えよう。

5 ⓓ 彼女はオンラインでいろいろな種類の道具を注文した。一番使いやすいのを選べるように。

❸

1 **de la sorte**　他人をそんなふうに批判してはいけない。いつか同じように自分が扱われるようになるだろう。

2 **différentes sortes de / plusieurs sortes de**　お肌に合わせたお手入れのため、いくつかの種類のクリームをご提供いたします。

3 **une sorte de**　家の近くに小屋のようなものに似た、とても簡素な小さな家がある。夏のあいだは観光客に人気のカフェなのだ。

4 **en quelque sorte**　彼らはもうずっと前から一緒に暮らしているので、いうなればカップルであると見なされている。

36. sujet（p.151）

❶

1 **le sujet du débat**　議論の前に、それが授業中であれテレビ番組であれ、討論のテーマを注意深く読んでキーワードを明確にし、論旨を準備しておくことが必要だ。

2 **le sujet brûlant**　2020 年以来、人々の注目を集めている話題は定年の年齢に関してであり、これからも続くだろう。

3 **des sujets du Bac**　バカロレアで出題された課題の過去数年の問題集と模範解答はインターネットで見られる。

4 **un sujet de disputes**　家のなかの家事をどう分担するのかということが、家族の子どもたちのあいだの喧嘩の原因だ。

5 **du même sujet**　彼らはいつも同じテーマをめぐって、ああだ、こうだと話し合っている。それはサッカーのことだ！

6 **de sujet**　さあ、悲しいから話題を変えましょう。

7 **au sujet de**　監視カメラの設置について、マンションの住民のあいだで長々と話し合いが行なわれた。

8 **classée par sujets**　教授がテーマ別に分類された参考文献表をくれた。とても役立つ。

❷

例　このことに関して、もっと詳しい情報を後ほどお伝えします。

1 ⓓ　（試験の）課題から（回答が）かけ離れてしまったり、よく理解していなかったりすると、マイナス評価になってしまうおそれがある。

2 ⓒ　このお菓子屋さんではモニターを必要としている。アンケートに答えてくれる客を探しているのだ。

3 ⓖ　戦争だとかインフレーションだとか、時事的な話題は辛い話ばかりだ。スポーツは気晴らしになる。

4 ⓐ　昔の伝統や信仰については、村の老人たちと話をすると良いかもしれませんね。

5 ⓑ　文のなかで主語は常に明確でなければならない、さもなければ何の話をしているのかわかり難くなってしまう。

6 ⓔ　研究者たちが新しい治療方法を被験者グループに試している。有効性を検証するためだ。

7 ⓕ　おばあちゃんからの今朝の電話、何のことだったか、忘れちゃった。ママと話したいって。

37. temps（p.155）

❶

1 **du temps** ロボット掃除機で時間が稼げる。

2 **le temps** 彼は食事をする時間もない。

3 **depuis le temps** あなたに逢えてほんとうに嬉しい！ ほんとうにずいぶん久しぶりだものね！

4 **quelque temps** 彼は遠いところに住んでいるし私は忙しいのだが、もうしばらくしたら会いに行こうと思う。

5 **de temps en temps** 連絡を保つために彼（女）にときどき電話している。

❷

1 **entre-temps** 午前中に2つ約束があるのだけれども、その間に郵便局へ行ってこられるよ。

2 **tout le temps** 彼はいつでも夕飯のあと、特にテレビの前で眠りこんでしまう。

3 **dans le temps** あの頃わたしたちは気候温暖化について懸念していなかったのだ。確かに間違っていた。

4 **en même temps** 「勉強しながら同時に音楽を聴くことができるの？」「うん、もちろん、私にとっては良い具合だよ」

5 **à temps** 「論文が締め切りに遅れずに書き終えられると思う？」「心配しなくても大丈夫、結論を書き終えるところだから」

❸

例　私の両親はお見合いで出会った。その頃は、そういう習慣だったのだ。

1 ⓔ 日曜にピクニックに行こうか、天気が大丈夫だったら？

2 ⓐ 彼らは一緒に生活して、それからしばらく経ってから結婚した。

3 ⓒ スーパーマーケットで売っている調理済みの料理がますます増えている。料理をする時間がもう取れなくなっているからだ。

4 ⓕ 彼女は新しいフルタイムの仕事できちんとした生活ができることに満足している。

5 ⓓ ヨットセーリングは危ないかもしれない、こんな荒れ模様の天気では。

6 ⓑ 彼らは仕事がほんとうに忙しいのだが、それでも子どもと遊ぶ時間はいつもつくっている。

38. tête（p.159）

❶

1 **par tête** 割り勘にすればひとり千円ほどになるだろう。

2 **à la tête** ベッドの枕元に、彼女は枕のかわりに絹のきれいなクッションを置いた。

3 **cette tête** そんな顔しないでよ、ふくれっ面しても無駄だよ！

4 **en tête** 地下鉄の前のほうに乗れば、シテ駅では（降りたところに）すぐエレベーターがありますよ。

5 **la tête** このカメラは全部自動なので、調整に四苦八苦しないですみますよ。

❷

1 **c'est une tête**　2 **garder la tête froide**　3 **il a une jolie tête**　4 **il n'a encore jamais perdu la tête pour**

友人のエレーヌの息子はとても優秀で、試験のとき冷静でいられるのだ。それに女の子たちは彼のことが大好きだ。イケメンで話し方も優しくて。でも女の子に夢中になったことはまだ一度もない。

❸

1 **par tête**　ひとり当たりの所得に関する統計で、いろいろな国の生活水準を比較することができる。

2 **Ils se cassent/creusent la tête**　彼らはこの問題を解決しようと頭を絞っているが、どうすることもできない、壁に突き当たっているのだ。

3 **garder toute sa tête / garder la tête froide**　危険に直面したら、パニックにならずに冷静さを保つことが大切ですよ。

4 **Je n'ai plus la chronologie des événements en tête**　あの出来事がどういう前後関係だったか、もう覚えていない。

5 **Madeleine fait la tête**　マドレーヌがふくれっ面をしている（機嫌が悪い）のだが、どうしてなのかわからない。

6 **un casse-tête**　医師と看護に従事する人たちにとって、ウイルスからどのように身を守るのかが難問だ。

7 **par tête**　お勘定ですか？　ひとり 25 ユーロですよ、ワインはわたしがもちます。

8 **elle s'est mis en tête / dans la tête**　ときには、うまくいかないことは放っておくほうが良いこともあるのだが……彼女はそれは失敗になってしまうと思い込んでいるのだ。

9 **en tête**　この馬はほんとうに素晴らしい、第 7 レースでは首位になるだろうと確信していたのだ。

10 **la tête**　ヘリコプターが木々の梢のすれすれを通っていく。あんなに低く飛ぶのだね、印象的だ。

---

39. tour（p.163）

❶

1 **un tour**　2 **le tour**　3 **Le tour**

今週末、旅行に行かない？　京都へ行ってみようよ。このガイドブックに載っている禅の庭めぐりをするのはどうかな？　大覚寺の池の周りは、この季節はとても気持ちが良いよ。

❷

1 **leur tour**　2 **à tour de rôle**　3 **le tour**　4 **mon tour**

患者さんたちが医院で自分の番になるのを待っています。順番に医師に診察してもらうのです。受付の人が「どなたの番ですか？」と言うと、男の人が立ち上がりましたが、女の人が割って入ります。「ちょっとすみません、わたしのほうが先に来ていましたよ、わたしの番です」男の人は「あ、すみません」と謝ります。

❸

例　お待ちください。順番にお入りいただきますので、自分の番を待っていてください。よろしくお願いします。

1 ⓔ　ちょっとそこの人、他のひとたちを押しのけて通らないでくださいよ、順番ですよ！

2 ⓕ　探しているものを店の人に説明したら、彼女も問い合わせに行った。

3 ⓑ　新年のカードをありがとうございました。私からもご家族とあなたにとって幸せな年でありますようにお祈りいたします。

4 ⓗ　このドレスはきつ過ぎる、バストのサイズがきついのだ。

5 ⓖ　探していたものは見つからなかった、この町の花屋を全部回ったのだが。

6 ⓓ　人生は物事が想像もしていなかったような事態に発展することがよくある。

7 ⓒ　ちょっと待ってください、もう少し時間をとって、この全ての課題について検討したいの

ですが。

8 ⓐ 宇宙飛行士たちがステーションから出ることに成功した。技術的に神わざだ。

40. vue （p.167）

1

1 **perdre de vue** 私たちは快適さを追求するあまり、人によっては生命にかかわるものを必要
としていることを見失ってしまいがちだ。

2 **en vue de** 失業者の社会復帰のため、いくつかの研修が提案されている。

3 **une vue** 建物などに妨げられずにパリを一望に見渡そうとするのだったら、エッフェル塔か
サクレクール寺院へ行きなさい。

4 **à première vue** ヨガのこのエクササイズは一見したところ不可能なように思えたのだが、3
日間、何度もやってみたら、どうも続けられそうだ。

5 **connaître de vue** ピエール・デュクルー、顔見知りのような気がする、髪の長い人でしょう？

2

例 今では眼鏡をかけなければならない、視力が低下したので。

1 ⓒ 彼は昨日ニューヨークから到着したのだから、君がこの人と顔見知りだということはあり
得ない。

2 ⓓ 道路を拡張するための工事が始まった。

3 ⓐ 以前はあの丘がよく見えたのだが、あの建物ができて見晴しがきかなくなってしまった。
引っ越そうと思っている。

4 ⓔ この島のホテルはどこも、見渡す限りに広がる砂浜の写真をホームページに載せている。

5 ⓑ 他の店を比較してみたほうが良い、ちょっと見たところは安くても。

3

1 **les vues** 感染症の流行が拡大したことで、この若い経営者たちの見通しが妨げられてしまった。

2 **A première vue,** この料理はちょっと見には美味しそうだったが、がっかりさせられた。

3 **les vues** 外交官たちは相反する見解を調整しようと懸命の努力を重ねている。

4 **à perte de vue** ブルゴーニュへ行ってごらんなさい、見渡す限りの葡萄畑が見られますよ。

5 **qu'elle a perdue de vue** 彼女は疎遠になってしまっていた子ども時代の友だちを探してい
る。

Postface et remerciements

Merci à vous, chers apprenants, d'avoir choisi *40 mots dans tous les sens* 『40 の名詞からひろげる中級者のためのフランス語』, pour continuer à progresser dans vos connaissances de la langue française et de ses usages. Vous a-t-il aidé ? Avez-vous trouvé de nouveaux chemins dans la forêt des mots ?

Après *Communiquer en français, le Japon et moi* 『フランス語で話す自分のこと日本のこと』et *Le vocabulaire français en mouvement* 『中級者のためのフランス語語彙力アップ 1500題』, l'amical trio de Sachiko Tanaka, Georgette Kawai, auteures, et Kazumi Kanke, éditrice confirmée et guide efficace que nous remercions ici chaleureusement, nous souhaitons vous proposer de revisiter ces 40 mots, sans doute connus, et de vous les approprier dans leurs différents usages.

En effet, un mot, ou un substantif, plus il est utilisé, plus il va connaître des variations de sens, des développements et aura des nuances différentes dans des expressions, des locutions. Bref, il part « dans tous les sens » et il serait dommage de s'arrêter au sens premier uniquement, de ne pas savoir le reconnaître et l'utiliser dans ses autres emplois.

Sachiko Tanaka a fait l'expérience de ces ressemblances et différences dans son apprentissage et elle est passée par des découvertes, des comparaisons et des erreurs avant d'arriver à maîtriser le français. Cette sensibilité et nos expériences d'enseignantes ont orienté nos choix dans les 3 pages consacrées à chaque nom et la page des exercices. Des échanges amicaux à la lecture de la presse, vous trouverez différents niveaux de langue dans nos phrases exemples, et l'influence de nos intérêts personnels qui y est aussi visible.

De Roundwood (Irlande) à Nishinomiya (Japon) en passant par Tokyo (Hakusuisha), nous vous souhaitons de profiter pleinement de cet ouvrage conçu pour le courage et le plaisir de l'apprentissage des langues. Bonne promenade !

Mars 2023
Georgette Kawai et Sachiko Tanaka

著者略歴

田中幸子
上智大学名誉教授。専門は言語教育。
著書:『モザイク Méthode Vidéo』（共著／第三書房）、『コミュニケーショ
ン重視の学習活動 1：プロジェクト・ワーク』（共著／凡人社）、『マルシェ
オピュス』『E メールのフランス語［増補版］』『フランス語で話す 自分の
こと 日本のこと』『中級者のためのフランス語語彙力アップ 1500 題』（以
上、共著／白水社）

川合ジョルジェット
甲南女子大学名誉教授。専門はフランス語教育。
著書:『モザイク Méthode Vidéo』（共著／第三書房）、『初めてのフランス
旅行』（共著／駿河台出版社）、『E メールのフランス語［増補版］』『フラ
ンス語で話す 自分のこと 日本のこと』『中級者のためのフランス語語彙力
アップ 1500 題』（以上、共著／白水社）

40 の名詞からひろげる中級者のためのフランス語

2023 年 5 月 15 日　印刷
2023 年 6 月 5 日　発行

著　者　ⓒ　田　中　幸　子
　　　　　　川合ジョルジェット
発行者　　　岩　堀　雅　己
印刷所　　　株式会社三秀舎

〒101-0052 東京都千代田区神田小川町 3 の 24
電話 03-3291-7811（営業部），7821（編集部）　株式会社白水社
www.hakusuisha.co.jp
乱丁・落丁本は送料小社負担にてお取り替えいたします。

発行所

振替　00190–5–33228　　Printed in Japan　　加瀬製本
ISBN978-4-560-08972-9

中級者のためのフランス語語彙力アップ 1500 題

田中幸子, 川合ジョルジェット 著

「文法はひととおり終えたけど, 語彙が足りない」と感じている方にぴったりの問題集です. 接頭辞や接尾辞の知識, 同義語や反意語を覚えるテクニック, 基本動詞の使いまわしなど, 厚みと広がりのある〈語彙力〉を体得して, 自信をつけましょう. 読んだり聞いたりする際の〈理解語彙〉をひろげていけば, 話したり書いたりする際の〈使用語彙〉も増やすことができます. 仏検3級以上をめざす方, DELF・DALF 対策にも最適です.　　　■A5 判／202 頁

✦✦✦✦✦✦✦✦✦✦✦✦◆✦✦✦✦✦✦✦✦✦✦✦✦

フランス語で話す 自分のこと 日本のこと

田中幸子, 川合ジョルジェット 著

せっかく勉強したのだから, フランス語で伝えてみたい！ この本に出ている例を土台にして, 身近なことからどんどん話してみましょう. ひとつひとつのセンテンスは短くてOK. 大切なのは, センテンスをつなぐテクニック, 説明を組み立てる力と, ほんの少しの勇気です. 音源がついていますので, リスニングの練習にもなります.

CD付　　　　　　　　■A5 判／164 頁

白水社の
フランス語の
参考書

中級を目指す
60 トピックで鍛える
フランス語リスニング

フローラン・ジレル・ボニニ 著

少し長めの文章を，聞いて理解できますか？　多聴にも最適なテキスト 60 編で，リスニング力を鍛えましょう！　音声ダウンロードあり.
■A5 判／ 150 頁

◆◆◆◆◆◆◆◆◆◆◆◆◆◆◆◆◆◆◆◆◆◆◆◆◆◆

DELF B1・B2 対応
フランス語単語トレーニング

モーリス・ジャケ，舟杉真一，服部悦子 著

B1，B2 のレベルに沿った 40 篇のテキストで単語を習得し，DELF 試験形式の練習問題で語彙を広げる力をつけましょう．音声ダウンロードあり.
■四六判／ 202 頁

◆◆◆◆◆◆◆◆◆◆◆◆◆◆◆◆◆◆◆◆◆◆◆◆◆◆

例文で覚える
フランス語熟語集

モーリス・ジャケ，舟杉真一，中山智子 著

状況に合わせた熟語の知識は，例文とセットで覚えましょう．学習の目安にも便利な，重要度を 3 レベルで表示．仏和・和仏索引付.
■四六判／ 213 頁

白水社の
フランス語の
参考書

問題集

 CD付 ◆ A 5判

┌─────────────────────────┐
│   「仏検対策」の決定版！   │
└─────────────────────────┘

仏検対策5級問題集 三訂版 ■127頁
小倉博史 / モーリス・ジャケ / 舟杉真一 編著

仏検対策4級問題集 三訂版 ■147頁
小倉博史 / モーリス・ジャケ / 舟杉真一 編著

仏検対策3級問題集 三訂版 ■198頁
小倉博史 / モーリス・ジャケ / 舟杉真一 編著

仏検対策準2級問題集 三訂版 ■190頁
モーリス・ジャケ / 舟杉真一 / 中山智子 編著

仏検対策2級問題集 改訂版 ■207頁
モーリス・ジャケ / 舟杉真一 / 中山智子 編著

仏検対策準1級・1級問題集 改訂版 ■235頁
モーリス・ジャケ / 舟杉真一 / 中山智子 編著　 CD 2枚付

単語集

 CD付 ◆ 四六版

《仏検》3・4級 必須単語集（新装版）
久松健一 著
201 の短文から 1400 余の必須語彙を修得．《仏検》の 3・
4 級受験に学内テストに．付属 CD を活用すれば聞きと
りもディクテも対策は万全です．やさしい動詞活用の
しくみ付き． ■234 頁

《仏検》準1級・2級 必須単語集（新装版）
モーリス・ジャケ / 久松健一 著
興味尽きない仏文の一節を目で追い，CD で聞きながら，2000 余りの必須単語
が無理なく修得できます．《仏検》形式の演習問題で備えも万全．受験者はもち
ろん，一段上を目指す方々にも． ■209 頁

白水社
検定対策本